■ 高等职业技术教育提质培优行动计划成果系列（现代服务与旅游类）
■ 精品课程配套丛书

旅游职业礼仪

主　编　翟　玮　杨　莉
副主编　袁文芳　杨　艳　朱　悦

西南交通大学出版社
·成　都·

图书在版编目（CIP）数据

旅游职业礼仪 / 翟玮，杨莉主编. -- 成都 : 西南交通大学出版社，2024. 7. -- ISBN 978-7-5643-9921-4

Ⅰ. F590.63

中国国家版本馆 CIP 数据核字第 2024CR0065 号

Lüyou Zhiye Liyi

旅游职业礼仪

主　编／翟　玮　杨　莉

责任编辑／罗爱林

封面设计／成都三三九广告有限公司

西南交通大学出版社出版发行

（四川省成都市金牛区二环路北一段 111 号西南交通大学创新大厦 21 楼　610031）

营销部电话：028-87600564　　028-87600533

网址：http://www.xnjdcbs.com

印刷：四川玖艺呈现印刷有限公司

成品尺寸　185 mm × 260 mm

印张　15.5　　字数　369 千

版次　2024 年 7 月第 1 版　　印次　2024 年 7 月第 1 次

书号　ISBN 978-7-5643-9921-4

定价　59.50 元

课件咨询电话：028-81435775

前 言

党的二十大报告明确提出：“加大文物和文化遗产保护力度，加强城乡建设中历史文化保护传承，建好用好国家文化公园。坚持以文塑旅、以旅彰文，推进文化和旅游深度融合发展。”这一重要论述，为文旅行业把握新发展阶段，贯彻新发展理念，构建新发展格局，推动高质量发展提供了根本遵循，指明了方向路径，是未来五年乃至更长一段时间内文旅行业融合发展的行动指南，对文旅行业实现理念重构和实践创新起到了十分重要的现实指导意义。

中国旅游业仍处于黄金上升期，被称为“永远的朝阳产业”“国民经济提升的催化剂”等。文旅融合是新时代旅游业发展的必然趋势，是推动文化和旅游深度融合、相互促进，激发新动能、形成新优势、实现新发展，满足人民对美好生活的新期待的重要创新方式。作为一个充满活力和无限潜力的行业，中国文旅产业注定迎来巨大的变革和突破，迎来全面的升级和转型，为人们带来更加多样化、智能化的文化旅游体验。

同时文旅融合发展，也对传统旅游业态的品质提出了新的挑战。传统旅游业面临的变化趋势主要是社会对个性化和创新性的追求，使旅游消费者更重视个人体验的独特性。在消费者导向市场，传统的旅游产品和服务已经很难囊括所有旅游者的需求，定制化旅游成为旅游接待的行业趋势。因此，在培养文旅行业高素质人才的过程中，不仅要重视专业技能和服务意识，还要注重形象和言行举止，学会尊重消费者、关心消费者、理解消费者，用真诚的服务态度去感染每一位消费者。

本书与其他教材最大的不同在于，除了全面系统地概述礼仪的基本知识外，为了适应现代旅游业对从业人员的需求，还设置了酒店服务礼仪和现代旅游接待礼仪两个模块。本书主要介绍了旅游服务礼仪的基本概念、原则和实际应用，包括礼貌礼节、仪容仪表仪态、社交礼仪等多个方面，以帮助学生深入了解礼仪的内涵和外延，将所学礼仪知识转化为个人行为举止规范，从而树立良好的职业形象，提升沟通能力和人际交往能力，并在旅游服务中，通过模拟服务训练真正掌握标准的服务礼仪，为消费者提供优质高效的旅游服务。同时，融入了社会主义核心价值观、职业道德、职业素养等课程思政元素。另外，各模块中还添加了二维码资源，以结合教学内容，讲述重要知识点。

本书内容丰富、层次清晰，既重视基础理论，又聚焦行业发展实践，具有较强的可读性，不仅适用于高职高专旅游类专业学生，还适用于广大旅游从业者自主学习。

本书是贵州电子商务职业技术学院礼仪教学经验的总结，是编者多年理论和实践教学经验成果，由翟玮副教授、杨莉副教授担任主编，由袁文芳、杨艳、朱悦担任副主编，由周勤、陈龙昌担任参编，并邀请贵州省教育厅职业教育指导委员会委员、贵州省星级饭店评定员、贵州能辉酒店管理有限公司执行总经理彭敏参编。团队成员曾在全国乡村振兴职业技能大赛贵州赛区、全国职业院校技能大赛贵州赛区、贵州省第一届技能大赛、贵阳市第三届甲秀工匠大赛中担任旅游类比赛项目的裁判长或裁判，在国家导游资格证考试中担任现场导游考官，多次给贵州省内多家单位和景区做礼仪培训，有着丰富的礼仪实践经验。

本书在编写过程中参考了国内外相关学术著作以及旅游教育界相关资料，在此向作者表示真诚的感谢，同时对西南交通大学出版社的大力支持表示衷心的感谢！由于编者水平有限，本书难免存在疏漏和不足之处，恳请各位专家、同仁和其他读者批评指正。最后，感谢您选择本书，我们期待着与您共同探讨和学习旅游服务礼仪知识。

编　者

2023 年 9 月

目　录

项目一

彬彬有礼 传承文化

知识目标

1. 了解中国古代礼仪的演变阶段；
2. 掌握礼仪的基本概念；
3. 掌握礼仪的作用与原则。

能力目标

1. 能够认识到礼仪贯穿于服务工作的始终；
2. 增强服务意识，提升服务形象和服务水平；
3. 感受东西方礼仪的差异。

素养目标

1. 培养文化自信；
2. 树立工作中的道德底线；
3. 塑造良好文明的职业形象。

任务一　礼仪缘起

任务导入

公元前 521 年春，孔子得知他的学生宫敬叔奉鲁国国君之命，要前往周朝京都洛阳去朝拜天子，觉得这是个向周朝守藏史老子请教“礼制”学识的好机会，于是征得鲁昭公的同意后，与宫敬叔同行。到达京都的第二天，孔子便徒步前往守藏史府去拜望老子。正在书写《道德经》的老子听说誉满天下的孔丘前来求教，赶忙放下手中刀笔，整顿衣冠出迎。孔子见大门里出来一位年逾古稀、精神矍铄的老人，料想便是老子，便急趋向前，恭恭敬敬地向老子行了弟子礼。进入大厅后，孔子再拜后才坐下来。老子问孔子为何事而来，孔子离座回答：“我学识浅薄，对古代的‘礼制’一无所知，特地向老师请教。”老子见孔子这样诚恳，便详细地抒发了自己的见解。

回到鲁国后，孔子的学生们请求他讲解老子的学识。孔子说：“老子博古通今，通礼乐之源，明道德之归，确实是我的好老师。”同时还打比方赞扬老子，他说：“鸟儿，我知道它能飞；鱼儿，我知道它能游；野兽，我知道它能跑。善跑的野兽我可以结网来逮住它，会游的鱼儿我可以用丝条缚在鱼钩上来钓到它，高飞的鸟儿我可以用良箭把它射下来。至于龙，我却不能够知道它是如何乘风云而上天的。老子，其犹龙耶!”

资料来源：中国古代文明礼仪小故事[EB/OL].(2013-11-27)[2023-07-01]. http://jyg.wenming.cn/xgsw/201311/t20131127_914831.htm.

思考：

如何理解孔子的“礼”？

任务解析

孔子虽誉满天下，却屈身谦卑至此，他向我们诠释了一个圣人的人格魅力。尊师爱道，教之根本，中华千年之美德。在孔子“礼”的思想内涵里，“礼”既是帮助个体克己修身的一种外在的道德规范，又是协调人际关系、稳定社会秩序的礼节形式。

随着时代与社会经济的飞速发展，礼仪已融入社会生活的各个领域，已经成为一个国家、一个民族文明程度的重要标志，成为衡量社会公众教养和道德水准的尺度。因此，我们应学习礼仪知识，研究不同的礼仪文化和礼仪现象，提高个人的道德修养，按照礼仪规范去约束个人的行为。

一、礼仪的概念、起源与发展

礼仪的起源与发展

（一）礼仪的概念

在人类文明经过演进跨入21世纪的今天，礼貌礼仪已成为一个国家、一个民族文明程度的重要标志，成为衡量社会公众教养和道德水准的尺度。

在五千年的历史进程中，我国形成了一套完整的礼仪思想和礼仪规范，重礼仪、守礼法、讲礼信、守礼仪已成为民众的一种自觉意识而贯穿于社会活动的各个方面，成为中华民族的文化特征。孔子认为礼是治国安邦的基础："不学礼，无以立。""能以礼让为国乎，何有？不能以礼让为国，如礼何？"荀子把礼与法相提并论："礼仪者，治之始也""礼仪制而制法度"。管子则把礼仪视为立国的精神之本，曾经指出："国有四维……一曰礼、二曰义、三曰廉、四曰耻。""四维不张，国乃灭亡。"从孔子的"非礼勿视、非礼勿听、非礼勿言、非礼勿动"，到今天人们普遍倡导的"相敬如宾""礼尚往来""温良恭俭让"（做人要温和、善良、恭敬、节俭朴素、宽容忍让）的社会风尚，这些精辟的论述把礼仪的重要作用表现得淋漓尽致。

1. 礼仪的内涵

礼仪是一个非常广泛的概念，是表示敬意的统称，包括表示尊敬的言语或动作，是在长期的生活实践中由风俗习惯形成的为大家共同遵守的仪式。

礼仪是由"礼"和"仪"两个词组成的一个合成词。"礼"和"仪"两个词虽有联系，却有着不同的含义。

（1）礼。

孔子云："礼者，敬人也。"礼指人际交往中人们应具备的内在道德修养，是对人内在的要求，是人际交往的基础。但是，人际交往中仅有礼是不够的，礼还需要借助一定的形式表达出来，这就是"仪"。

（2）仪。

仪是人们在日常生活中，特别是在交往场合恰到好处地向别人表示尊敬、问候、祝颂、慰问以及给予必要的协助与照料的惯用形式、方式、方法，是人际交往中对人外在的要求。

（3）礼仪。

从广义上来说，礼仪是指在人际交往中通过约定俗成的程序、方式来表现的律己、敬人的行为规范。从狭义上说，礼仪是指人际交往中将对他人的友好尊敬通过恰当的方式表达出来，以获得良好的人际关系。人际交往，既要有礼，又要有仪。礼是尊重，仪是表达，既要坚持尊重为本，又要掌握合适的表达方式。

2. 礼仪的本质

古今中外，各个时代盛行于世的礼仪都表达了人们追求文明的理想。历史上，中国曾被视为"礼仪之邦""衣冠上国"。作为中华美德的重要内容之一的礼仪，历来为国人所推崇。

讲礼重仪的思想理念延续到了整个中华文明史，是中华民族世代相传的优秀传统。源远流长的礼仪文化是祖先留给后人的丰厚遗产。礼的本质是“诚”，有敬重、友好、谦虚、关心和体贴之意。

（1）礼仪是一种既有内在要求又有外在表现形式的行为规范。

“德诚于中，礼形于外。”礼仪既要有内在美德又要有外在表现形式，两者缺一不可。内在的良好道德品质和文化修养，只有通过一定的外在礼仪形式表现出来，才能被人们体会和接受。

在现代社会中，人人平等的现实社会制度能使人们以平等的心态进行社会交往。礼仪成为协调人际关系的润滑剂。礼仪为人们灵活处理各种复杂的人际关系、避免摩擦、减少冲突、化解纠纷和矛盾，提供了手段和方法。同时，礼仪也成为人们表现个人价值和树立自身良好形象的方式。

（2）礼仪的核心是尊重。

“尊敬之心，礼也。”尊重交往对象，为对方着想，是交往成功的前提。“不敬则礼不行”，失去尊重的礼仪，如同没有生命的绢花，徒有美丽的外表，没有鲜活的生命。

旅游服务人员应把旅客放在首位，一切为旅客着想，主动热情地满足旅客的各种合理需求和愿望，体现“宾客至上”的原则。而在旅客所有的需求和愿望中，求尊重的需求，是最强烈和最敏感的，同时也是正常的、合理的和起码的要求，是旅客的权利。

3. 相关概念的区分

礼貌、礼节、礼仪都体现了一个“礼”字，都是人们在交往中相互表示敬重、亲善和友好的行为规范，其本质都是尊重人、体贴人。礼貌、礼节、礼仪，在大多数情况下被视为一体，常混合使用。但从内涵上看，它们之间既有区别又有联系。

礼貌是指与人和谐相处的意念和行为，是人际交往对人内在道德修养的要求。礼节是人们在日常生活中，特别是在交际场合，相互表示尊敬、问候、祝颂、慰问以及给予必要的协助与照料的惯用形式，是人际交往中对人外在的要求。

礼仪是礼貌、礼节和各种仪式的综和。礼仪在层次上高于礼貌和礼节，其内涵更深、更广，是由一系列具体的礼貌、礼节所构成的。从领域、内容上划分，礼仪是社会公德，它的内容是社会公共生活中的行为规范和准则；从层次、形式上划分，礼仪是行为道德，礼仪作为礼、德的外部表现，主要是一种道德行为；礼仪的道德结构转换，遵循礼的意识、德的规范，再到礼仪行为的顺序，这是一个从思想观念到规范准则，再到行为活动的发展过程；从部门、行业上划分，礼仪是职业道德，它蕴含了不同的职业特征，适应不同的职业需要。

礼仪、礼貌、礼节相辅相成，密不可分。礼貌是基础，礼节是礼貌的具体表现形式，礼仪通过礼貌和礼节的共同作用得到体现。他们之间的关系用公式表示为：礼仪=礼貌+礼节。英国哲学家弗兰西斯·培根说：“行为举止是心灵的外衣。”真正的礼仪，应是内外一致，形神兼具，是自然的流露而非生硬的表演。

知识拓展

《论语》中的礼仪

原文：执圭，鞠躬如也，如不胜。上如揖，下如授。勃如战色，足蹜蹜，如有循。享礼，有容色。私觌，愉愉如也。

译文：（孔子出使别的诸侯国）拿着圭，恭敬谨慎，像是举不起来的样子。向上举时好像在作揖，放在下面时好像是在给人递东西。脸色庄重得像站栗的样子，步子很小，好像沿着一条直线往前走。在举行赠送礼物的仪式时，显得和颜悦色。和国君举行私下会见的时候，更轻松愉快了。

评价：上述文字，集中记载了孔子在朝、在乡的言谈举止、音容笑貌，给人留下了十分深刻的印象。孔子在不同的场合，对待不同的人，容貌、神态、言行都不同。他在家乡时，给人的印象是谦逊、和善的老实人；他在朝廷时，态度恭敬而有威仪，不卑不亢，敢于讲话；他在国君面前，温和恭顺，局促不安，庄重严肃又诚惶诚恐。所有这些，为人们深入研究孔子、研究中国古代礼仪，提供了具体的资料。

资料来源：一起学《论语》[EB/OL].(2018-10-21)[2023-07-01]. https://mp.weixin.qq.com/s?__biz=MjM5NjM0OTYwMg==&mid=2652000921&idx=3&sn=b32427183260743236c03362ee46763a&chksm=bd0c61548a7be842488fd8f258013ca8a66e490c55a8ddd405928a7c5bbfef26916090c552c7&scene=27.

（二）礼仪的起源与发展

礼貌、礼仪起源于礼，而礼的产生又可追溯到远古时代。自从有了人类，有了人类与自然的关系，有了人与人的交往，礼便产生和发展起来了。

1. 礼仪的起源

礼仪起源于原始社会和奴隶社会前期。关于礼仪的起源一直是人们颇感兴趣的话题，虽不科学，但反映了礼仪起源的某些历史现象，至今并无定论。

（1）天神生礼，强调礼是用来顺乎天意的，顺乎天意的礼合乎“天道”，是一种神崇拜的反映。

（2）礼是天地人统一的体现，这种观点是春秋以后兴起的一股思潮。它认为，天地与人既有制约关系和统一性，又具有高于人事的主宰性。

（3）礼起源于人性，这是儒家的创见，儒家学派将礼和人性结合起来。孔子以仁释礼，一方面把“礼”作为处理人际关系的总则，另一方面把“仁”当作“礼”的遵循。克己以爱人，就是“仁”；用仁爱之心正确而恰当地处理好人际关系，就是“礼”。

（4）礼起源于风俗。原始人经过长期的共同生活，逐渐形成了共同遵守的习惯，这种习惯经过长期使用并统一规范，就沿袭为礼仪。比如原始社会的人们都赤身裸体，后来为了保暖遮羞以衣蔽体，人人都这样做，自然便形成了习俗。从此，人类就开始修饰自己的仪容仪表。

（5）礼起源于祭祀。该观点认为礼仪源于祭祀。原始社会的人类对自身的认识和对自然的把握都很欠缺，于是便有了万物有灵的原始观念，想象出各种神灵并加以崇拜。后来，人类的自然崇拜逐渐扩展到人类自身。首先转移到那些在与自然界斗争中创造了奇迹，做出了贡献的“英雄”身上，如传说中造人补天的女娲氏、教民农桑的伏羲氏、教民取火的燧人氏、尝百草的神农氏等。随后，祖先也成为人类崇拜和祭祀的对象。这种仪式在祭祀活动的历史发展中不断得到完善，进而形成一种统一规范。礼仪就这样产生了。

2. 礼仪的形成时期

正式的礼仪，形成于奴隶社会。尧舜时期已经有了成文的礼仪制度，如“五礼”，即“吉、凶、宾、军、嘉”，内容涉及祭祀、人际交往、军事和生老病死等，可以说无所不包，将礼制扩充和应用于规范整个社会生活。特别是周代《周礼》《礼仪》《礼记》三部礼仪著作的出现，标志着周礼已达到了系统化的阶段。

3. 礼仪的变革时期

春秋战国时期，学术界百家争鸣，礼仪思想出现分化与发展，有了国礼与家礼、大礼与小礼之分。礼仪制度为国礼，民众交往的礼俗为家礼。大礼为国家典籍制度，小礼为平民日常居处礼俗。尤为突出的是，这一时期以孔子、孟子、荀子为代表的诸子百家对礼仪的起源、本质和功能进行了系统阐述，第一次在理论上全面而深刻地论述了社会等级秩序划分及其意义。

4. 礼仪的发展时期

秦统一六国以后，实行中央集权制，奠定了封建体制的基础。董仲舒提出“天人感应”学说，使皇权神圣化。他把儒家礼仪具体概括为“三纲五常”，使封建社会的人伦道德关系更加规范化。董仲舒的学说被皇权采纳后，儒家礼教推行至全国，对后世产生了巨大的影响。其后，在漫长的历史演变过程中，“礼”逐渐被统治者所利用，成为妨碍人类个性自由发展、禁锢思想自由的桎梏。

5. 礼仪的现代发展

辛亥革命的胜利，结束了统治中国 2000 多年的封建制度。新的礼仪礼俗也就随之出现。这一时期的礼仪，体现了近代自由、平等的原则，因此，资产阶级的平等思想、文化习俗和审美观点开始渗透到社会生活中的各个方面，冲击了森严的封建意识和等级观念，对当今中国社交礼仪产生了重大影响。辛亥革命后，西方文化大量传入中国，一些西方礼仪开始逐步取代了中国的一些古礼，新的礼仪标准开始得到推广和传播。新型的社会关系和人际关系的确立，标志着我国礼仪进入了一个新的历史时期。这一时期，确立了同志式的合作互助关系和男女平等的新型社会关系，而尊老爱幼、讲究信义、以诚待人、先人后己、礼尚往来等中国传统礼仪中的精华则得到继承和发扬。

知识连接

习近平总书记在纪念孔子诞辰 2565 周年国际学术研讨会暨国际儒学联合会第五届会员大会开幕会上的讲话强调："文明特别是思想文化是一个国家、一个民族的灵魂。无论哪一个国家、哪一个民族，如果不珍惜自己的思想文化，丢掉了思想文化这个灵魂，这个国家、这个民族是立不起来的。"

自古以来，中国在教育上都将礼仪作为思想教育当中的一项重点内容。中国的礼仪教育是由春秋时期的孔子开创的，至此，"礼治"成为思想教育中的核心内容被确立了下来。随着时代的发展，虽然礼仪在内容上有所变化，但是，礼仪的内涵并没有发生变化。

目前，中国经济快速发展，中国的礼仪文化被世界瞩目，成为世界关注的焦点。中国要展现负责任的大国形象，首先就要在礼仪上成为世界的典范。

二、旅游服务礼仪的特征、原则与作用

（一）旅游服务礼仪的特征

1. 广泛性

现代旅游包括食、住、行、游、购、娱六大环节，是综合性强、跨度大的服务性行业，其接待与服务工作涵盖面非常广。旅游的六大环节都需要按照一定的礼仪规范，做好服务与接待工作。旅游礼仪贯穿于旅游活动的全过程，任何一个工作环节出现差错，都会影响旅游活动的整体效果。因此，只有提高全行业的礼仪素质，在每个环节都严格按照旅游礼仪规范接待宾客，并注重各行业（部门）间的协调与配合，才能满足旅游者的消费需求。

2. 针对性

将礼仪直接服务于旅游行业，是礼仪在旅游活动中的具体应用，具有很强的实用性和针对性。不同的旅游服务门类各有特点，接待程序操作规范也不相同，因此，相对应的岗位都有针对性很强的礼仪规范。如酒店、旅行社都有自己的一整套礼仪规范，在交通服务方面，飞机、火车、轮船和汽车的接待服务礼仪也有区别。

3. 民族性

旅游服务礼仪作为约定俗成的行为规范，在具有共通性的同时，又表现出明显的民族差异性。礼仪是伴随着民族而出现的，不同的民族的礼仪习俗各具特色。中国是一个统一的多民族国家，56 个民族各有自己的礼仪形式。世界上许多国家也都是由多民族组成的，所以礼仪作为约定俗成的行为规范在拥有个性的同时，又表现出一种较为显著的民族差异性。中华民族在长期的历史发展过程中，一方面，形成了一套完整的礼仪思想和礼仪规范，重礼仪、守礼法、讲礼信已成为民众的自觉意识，贯穿于社会活动的各个方面，成为中华民族重要的文化特征；另一方面，我国各民族在长期的发展过程中，在

饮食、起居、节庆、婚宴、礼仪、禁忌等方面又有本民族独特的风俗习惯。比如：汉族的婚礼和维吾尔族的婚礼就有着较大的区别；东方民族含蓄内敛，西方民族直率开放；东方人见面习惯拱手、鞠躬，西方人见面习惯接吻、拥抱等。这些差异，有着强烈的民族性。我国之所以能够吸引越来越多的外国友人前来旅游，最重要的缘由就是我们拥有博大精深的民族文化和众多的历史文物古迹。因此，在旅游接待过程中，旅游服务人员更应当尊重各民族的不同习惯，敬重他们的风俗，敬重他们的礼仪。在旅游服务中应遵守党的民族政策，尊重各民族的宗教信仰、特殊礼仪和各种禁忌。

4. 国际性

旅游服务礼仪作为一种文化现象，是全人类的共同财富。尽管不同国家、不同民族的旅游服务礼仪有一定的差异性，但在服务过程中，在“律己敬人”原则基础上形成的国际旅游服务礼仪，已被各国人民所接受并广泛采用，特别是在当今世界经济走向一体化的情况下，现代旅游服务礼仪兼收并蓄，融汇各国礼仪之长，使国际旅游服务礼仪更加趋同化。讲文明、懂礼貌、互相敬重原则基础上形成的礼节形式，已为世界各国人民所接受并共同遵守。

5. 沿袭性

沿袭性首先表现为礼仪具有广泛性的特点，主要是指礼仪在整个人类社会的发展过程中普遍存在，礼仪无处不在、无时不在。其次礼仪被人们广泛认同，还具有普遍认同性的特点。认同是全社会的约定俗成，是全社会共同认可、普遍遵守的准则。一般来说，礼仪代表一个国家、一个民族、一个地区的文化习俗特征，具有全人类的共同性。例如，问候、打招呼、礼貌用语、各种庆典仪式、签字仪式等，大体都是一样的。礼仪的普遍认同性，主要源于共同的经济生活和文化生活。经济的共同性必然导致礼仪的变化。比如现代经济的快节奏、高效率，使现代礼仪向简洁、务实方向发展。礼仪的认同性表明社会中的规范和准则，必须得到全社会的认可，才能在全社会中通用。

礼仪的沿袭性特点是在风俗和传统变化中形成的行为规范，在这一发展过程中，表现为一种继承和发展。礼仪一旦形成，就有一种相对独立性。我们今天的礼仪形式就是从历史中继承下来的，优秀的还要继续传承下去，而那些糟粕，则会被逐渐抛弃。所以交际礼仪的沿袭和继承是一个不断发展的过程。世界上任何事物都是发展变化的，礼仪虽然有较强的独立性和稳定性，但它也毫不例外地随着时代的发展而发展。社会交往范围的扩大，各国民族的礼仪文化都会互相渗透，尤其是中国引入西方礼仪文化后，中华礼仪在传统民族特色的基础上，发生了更文明、更简洁、更实用的变化。

6. 实用性

旅游服务礼仪的实用性表现在它对现实生活的指导意义，特别是在工作中，旅游服务人员如何着装，如何向客人表达友好之情，如何回答客人的疑问等问题都可以在旅游服务礼仪里找到答案。正是由于其具有较强的实用性，旅游服务礼仪才成为每一位旅游服务人员必须了解和把握的内容。

（二）旅游服务礼仪应遵循的原则

现代礼仪作为社会交往中的行为规范准则，是由人们共同完善、共同认可的。在人际交往和沟通过程中，在商务活动、旅游接待与服务工作中，人们应当自觉学习和遵守现代礼仪，照章办事。胡作非为、我行我素，都是违背现代礼仪要求的。现代礼仪应遵循自律、宽容、适度、平等、尊重等原则。

1. 自律原则

礼仪的最高境界是自律，即从业人员在没有任何监督的情况下，仍能自觉地按照礼仪规范约束自己的行为。旅游服务人员不仅要了解和掌握具体的礼仪规范，而且要在内心树立起一种道德信念，加强行为修养，从而获得内在的力量。这就要求旅游服务人员在对客服务中从自我约束入手，时时检查自己的行为是否符合礼仪规范，严格遵守礼仪规范接待和服务宾客，而且要做到有没有上级主管在场都一样，客前客后都一样，把礼仪规范变成自觉的行为、内在的素养。

2. 宽容原则

在旅游服务与交往活动中，旅游服务人员既要严于律己，又要宽以待人，更要“得理也饶人”。对他人不同于自己的行为予以更多宽容。要多体谅、多理解他人，学会与服务对象进行心理换位，而不要求全责备、咄咄逼人。比如，在服务工作中，旅客有时可能会提出一些无理甚至是失礼的要求，旅游服务人员应冷静且耐心地加以解释，不要反驳旅客甚至把旅客逼到窘境，否则会使旅客产生逆反心理，形成对抗。特别是当旅客有过错时，要“得理也饶人”，要运用沟通技巧，让旅客体面地“下台阶”。

3. 适度原则

在旅游服务过程中，旅游服务人员必须坚持礼仪规范，讲究运用技巧，把握分寸，适度得体。比如在交际活动中，既要彬彬有礼，又不低三下四，既要热情大方，又不阿谀奉承。尤其在接待外宾时，要以“民间外交家”的姿态出现，要特别注意维护国格和人格，做到“自尊、自爱、不卑不亢”，既不盛气凌人，也不妄自菲薄。

4. 平等原则

在旅游活动中，允许旅游服务人员应根据不同的交往对象采取不同的应对方法，但前提是必须坚持平等原则，即尊重所有的旅客，对所有的旅客以礼相待，这是旅游服务的核心要求。旅游服务人员应做到敬人之心常存，处处不可失敬于人。失敬就是失礼，尤其不可侮辱对方的人格，做到对任何服务对象都一视同仁，真诚关心，给予同等程度的礼遇。无论是外宾还是内宾，是官还是民，都要热情服务，不可看客施礼，更不能“以貌取人，以财取人”。

5. 尊重原则

在各种类型的人际交往活动中，人与人之间应当以相互尊重为前提。所谓尊重的原则，就是要求我们在服务过程中要将对旅客的重视、恭敬、友好放在第一位，这是礼仪的重点与核心。因此，在服务接待过程中，必须尊重旅客的人格尊严，尊重是礼仪的情感基础。在服务活动中必须尊重彼此的人格，维护彼此的人格尊严。无论旅客的年龄大小、职务高低，都应一视同仁，不能看客施礼。旅游服务人员在工作中要接触到各种不同身份和地位的旅客，要特别注意不能厚此薄彼。尊重对方，不损害对方利益的同时又要保持自尊，尤其是在国际交往中，要始终注重维护国家利益和民族尊严，维护自己的人格尊严，不卑不亢。在社会交往中，人与人之间只有彼此尊重，才能保持和谐愉快的关系。

（三）旅游服务礼仪的作用

明末清初思想家颜元曾对礼仪做过如下描述："国尚礼则国昌，家尚礼则家大，身尚礼则身正，心尚礼则心泰。"礼仪作为一种行为规范或行为模式，在人类社会生活的各个方面都发挥着重要的作用，在现代旅游活动中更起到至关重要的作用。

1. 有助于旅游服务人员与旅游者之间的交流和沟通

吃、住、行、游、购、娱是旅游活动的具体表现，旅游本身就是社交活动，旅游服务人员与旅游者之间需要不断地交流、沟通与协调。从心理学的角度讲，人际交往之初，由于交往的双方还是陌生的，相互之间不十分了解，不可避免地会产生某种戒备心理或距离感。如果交往双方在交往之初都能做到以礼相待，则可以消除当事人之间的心理隔阂，拉近双方的距离。

在旅游活动中，旅客与旅游服务人员由于不了解，存在距离感。旅客是客人，那么相对而言，旅游服务人员就是主人，作为主人，应该首先对客人施之以礼。当旅客来到一个新的环境，听到一句热情的问候，看到一个亲切的微笑，心里就会生出浓浓的暖意来。这时，礼仪就像春风与美酒，滋润着人们的心灵，沟通着人们的情感。旅游服务人员通过热情周到的礼仪服务，向旅客表示真诚的尊重和友好，可使旅客产生亲切感、信任感。基于这种朋友般的亲切与信赖，当旅客有特别的旅游需求或在旅游中遇到个人困难时，他们会愿意向工作人员倾诉或咨询，工作人员也能及时了解并解决旅客的需要和难处，从而真正实现旅游工作人员与旅客之间的相互了解和沟通。

2. 有助于妥善处理旅游纠纷

旅游服务工作面对的旅客形形色色，由于职业、年龄、素质、宗教信仰等方面的不同，对服务质量的要求多样化，无论服务人员的工作如何出色，都难免出现纠纷。

纠纷发生，无论是什么原因，不管是旅游服务方面的问题，还是旅客本身的问题，有礼有节地进行处理都是第一原则。如果是旅游服务方的问题，要主动向旅客道歉，并尽快妥善处理。如果是旅客的问题，切不可得理不饶人，要先耐心听其讲完，再礼貌地解释说明。

3. 有助于约束旅游服务人员的行为

礼仪对于人们的社会行为，特别是非礼貌的、不道德的行为具有很强的约束作用。在社会生活中，人们很多不文明、不道德的行为无法通过行政或法律手段去干预，而往往要依靠道德规范、社会舆论来引导和约束。在旅游服务工作中，从业人员也同样自觉或不自觉地受到旅游礼仪的约束。一方面，旅游礼仪中的具体行为准则，可以规范和约束从业人员在工作当中的行为表现；另一方面，礼仪作为道德的载体，也影响着从业人员的工作意识和态度，进而约束他们的行为。

旅游行业讲究职业道德，职业道德和旅游礼仪是密切相关的。一个从业人员在工作中有时可能会受到外界因素或自身主观意识的影响，做出一些不文明的行为。这时，道德标准可以起到约束的作用，让从业人员具有判断是非曲直、辨别善恶美丑的能力。例如，一个具有高尚道德品质、懂得礼仪规范的人会明白破坏集体荣誉、损坏公物的行为会受到鄙视，违反操作规程会受到批评，刁钻耍滑的工作作风会受到指责。等明白了孰对孰错，就能知道在工作中哪些行为该做，哪些行为不该做，这就是职业道德意识和旅游礼仪规范的力量。

旅游服务人员面对的不仅有我国的旅客，还有其他国家或地区的旅客。从一定意义上来说，他们代表的是国家的形象和风貌，所以他们的行为是否符合礼仪标准尤为重要。旅游工作中，自觉地接受旅游礼仪约束的人才能被人们认可，才能符合旅游行业的要求。如果一个人我行我素，不能遵守礼仪要求，就会受到人们的谴责和反对，最终会被旅游行业甚至社会淘汰。

4. 有助于提高服务质量

在旅游业的竞争中，其根本是质量的竞争。服务质量是旅游业的生命线，是旅游业的中心工作，它不仅关系着旅游业的经营、效益、声誉，更关系着旅游业的兴旺与发展。为此，服务质量越来越受到行业人士的关注。

良好的服务礼仪是旅游业服务质量的核心。服务质量的高低，在很大程度上是由礼仪服务水平的高低所决定的，因此，要求旅游业管理者和员工践行“质量就是生命，质量就是效益，质量的关键是服务，服务的核心是礼仪”这一理念。

服务态度是影响服务质量的主要因素之一。在旅游服务中，优质的服务态度能使旅客在感官上、精神上有“亲切感”，有“宾客至上”“宾至如归”的感觉。这种亲切的情绪体验往往源于服务人员提供的实质性的服务内容和他们彬彬有礼、得体大方的言行举止、仪容仪表。良好的服务态度来自服务人员对所从事的服务工作的正确认识和热爱，来自服务人员对旅客的理解和尊重。

服务人员如果能够讲究旅游礼仪，秉持礼貌的服务态度，主动应用服务技巧，使旅客在旅游过程中对服务人员有亲切感、温暖感、信任感，对其服务工作表示认可和满意，那么就达到了提高服务质量的要求。

5. 协调功能

人们受教育程度不同，成长环境不同，加之个性、职业、年龄、性别等方面的差异，使人们在人际交往中会形成不同的角色取向。在人际交往中，人们为了维护自身利益，在行为方式上往往有不同程度的利己排他的倾向，这就必然会使交往双方发生不同程度的矛盾和冲突。礼仪的原则和规范约束着人们的动机，指导着人们立身处世的行为方式。从一定意义上说，礼仪是人际关系和谐发展的调节器。人们在交往时按礼仪规范去做，有助于加强人与人之间相互尊重、友好合作的新型关系，可以缓和或避免某些不必要的情感对立与障碍，从而协调人与人之间的关系、人与社会的关系。如家庭中尊老爱幼、夫妻恩爱、兄弟姐妹之间情同手足，朋友之间真诚相待，同事之间无私相助等，都能造就和谐的人际关系。而不和谐的人际关系同样可以借助礼仪来进行有效的调节。如宴会、聚会、联谊活动的开展不仅有助于改善不和谐的人际关系，还可使原本和谐的人际关系得到更健康的发展。

6. 教育功能

礼仪是现代文明的集中体现。从大的方面讲，它可以衡量一个国家的文明程度和国民素质的高低；从小的方面讲，具体到个人，是否讲礼节、懂礼貌，则是衡量其综合素质高低的一个重要标准。礼仪蕴含着丰富的文化内涵，体现着社会的要求与时代的精神。让国民都接受礼仪教育，可以从整体上提高国民的综合素质。

知识拓展

首轮效应

首轮效应又称首因效应，是指一个人或一个组织给他人产生的第一客观印象。它属于一种有关个人形象、组织形象的成因及其理论塑造。首轮效应的理论核心在于：人们在日常生活中初次接触某人、某物、某事时产生的即时印象，通常会对该人、该物、该事的认知有着明显的甚至举足轻重的作用。具体而言，首轮效应是由第一印象、心理定式、制约因素3个主要内容所形成的整体。

旅游业是我国的“窗口”服务行业，要发挥好旅游业的“窗口”作用，就要提高其服务质量。因而，旅游服务人员就要做到两点：一方面，要继承和发扬中华民族在礼仪方面的优良传统，遵守具有时代特色的礼仪规范；另一方面，要在一个新的高度上将旅游服务与国际礼仪接轨，使我国对外的旅游交往与服务更符合国际通行的礼仪规范。这对于改善国际交往、增进各国人民之间的了解和友谊，展示中华民族的精神风貌和维护我国的声誉、传播社会主义精神文明等有着重要的现实意义，从而有利于形成良好的第一印象，真正体现“窗口”行业的作用。

任务实施

英国的一位公爵曾经主持了一个招待宴会。在宴会结束时，侍者为每位客人端来了洗手盆。让人意想不到的是，当客人看到那精巧银质的器皿里盛着亮晶晶的水时，便以为是英国皇室的待客之道，于是端起来一饮而尽。这一举动让英国贵族目瞪口呆，不知如何是好，只是愣愣地观察公爵。公爵神色自如，不露声色，一边与客人继续谈笑风生，一边也端起自己前面的洗手水，自然地仰起头来一饮而尽。于是，大家也都纷纷端起自己前面的洗手水，效仿着公爵。宴会在热烈而又祥和的气氛中结束了。

思考：

饮尽洗手水是怎样的智慧？

资料来源：宴会上的洗手水[EB/OL].(2023-05-07)[2023-07-01]. https://www.jianshu.com/p/6f03e030a70e.

思考练习：

1. 为什么说“人无礼则不立，事无礼则不成，国无礼则不宁”？
2. 结合实际谈谈学习服务礼仪的意义。

技能技巧训练：

1. 5 人一组进行分组，思考并讨论礼仪的概念、礼仪的起源与发展。
2. 分小组编写旅游服务礼仪情景剧剧本，进行正反面的情景剧展示，讨论在旅游接待工作中如何体现尊重旅客。

增强礼仪意识、职业道德与礼仪修养

任务二　行成于思

任务导入

3 分钟时间的感谢

一家业内知名公司的面试和笔试都十分烦琐，一轮轮淘汰下来，最后只剩下 5 人。这 5 人都很优秀，都有较好的外表条件和学识，都毕业于名牌大学。公司通知 5 人，聘用哪个人还得由经理层会议讨论后才能决定。于是 5 人安心地回家等待公司的最后决定。几天后，其中一位的电子邮箱里收到一封信。信是公司人事部发来的，内容是经过公司研究决定的：“你落聘了，但是我们欣赏你的学识气质，因为名额有限，实是割爱之举。公司以后若有招聘名额，必会优先通知你，你所提交的资料录入电脑档案后，不日将邮寄返还于你。另外，为感谢你对本公司的信任，随寄去本公司产品的优惠券一份。祝你开心。”

他在收到电子邮件的一刻，知道自己落聘了，十分伤心，但又为这家公司的诚意所感动。两天后，他收到了寄给他的材料和一份优惠券，十分感动，顺手花了 3 分钟时间，用电子邮件给那家公司发了一封简短的感谢信。但两个星期后，他收到那家公司的电话，说经过经理层会议讨论，他已被正式录用为该公司职员。后来他才明白，这是公司最后一道考题，公司给其他 4 人也发了同样的电子邮件，也送了优惠券，但是回信感谢的只有他 1 人。

思考：

他能胜出的关键因素是什么？

任务
解析

他能胜出，只不过因为多花了3分钟时间去感谢，懂得礼貌地回应。

中国记载着“六艺”：礼、乐、射、御、书、数。由此可知，古人将“礼”排在首位，足以彰显当时人们对礼仪的重视程度。从小学开始我们就开设了思想品德课，到大学也有思想政治课，我们似乎从小到大一直在接受思想品德教育。在奋力推进中国式现代化的今天，大学生作为一个特殊的群体，寄托了祖国的美好期望：培养德智体美劳全面发展的高素质人才。因此，应该加强对大学生文明礼仪教育，增强大学生的礼仪意识、职业道德与礼仪修养。

一、大学生礼仪素养缺失的现状

（一）着装打扮方面礼仪素养缺失

随着经济的快速发展、时代的进步，人们也一直在强调创新的重要性。部分大学生以此为托词，在着装打扮方面过分追求与众不同，凡事都希望通过自己的独特来展现自己的个性，完全忘记了着装打扮的一些基本准则，过分追求服装的“新”“奇”“特”。而不根据场合和需要来选择服饰和妆容是对他人的不尊重，也会被认为没有社会常识，缺乏行为规范。

（二）言辞方面礼仪素养缺失

如今社会虽然言论自由，但是并不意味着可以口无遮拦。大学生接受了那么多年的教育，照理应该在言辞方面谨慎克己。但是事实是，我们常会看到有的大学生甚至连一些最基本的文明用语也不会使用。在称呼陌生人或者是一些服务场所的服务人员时，有时会非常没有礼貌地直接叫“喂”；在请求别人帮助时，不会使用“请”；在接受了别人的帮助后，也不会说“谢谢”；在给人带来了麻烦和困扰时，也不会说“对不起”。部分大学生在与人交谈时，语气语言使用不当，有的甚至以嚣张跋扈的口吻与人交谈。有时我们还会看到，有的大学生为了一些鸡毛蒜皮的事就破口大骂，言辞污秽，毫无形象可言。有些大学生完全忘记了“祸从口出”的古训，丝毫不注意自己的言辞。这些大学生不仅表现了自身礼仪素养缺失，更有损大学生群体的形象。

（三）行为方面礼仪素养缺失

大学生行为方面礼仪缺失体现在生活中的方方面面。在学校中，大学生行为礼仪素养缺失的表现有插队、在桌面和墙面乱写乱画、进门不敲门，未经他人允许擅自使用他人物品等。在家庭生活中，大学生行为礼仪素养缺失的表现有：在家聚会到深夜，大声喧哗严重影响家人和邻居休息，不尊老爱幼，在有客人来访时没有按待客之道接待客人等。在社会生活中，大学生行为礼仪缺失的表现有：在公共场所大声喧哗打闹，在公交车上不给老幼病残孕让座，随地乱扔垃圾，破坏公共设施等。

二、增强大学生礼仪意识

增强大学生礼仪意识，需要优化社会环境，营造和谐的社会氛围。良好的文化环境、舆论环境是大学生礼仪教育持续开展和不断创新的保障。

（一）营造良好的文化环境

中华优秀传统文化是在长期历史发展中形成的，积淀着中华民族最深层的精神追求，代表着中华民族独特的精神标识，为中华民族生生不息、发展壮大提供了丰厚滋养。礼仪文化作为我国优秀传统文化的重要组成部分，为我国社会的和谐发展设定了规范要求，同时也提供了文化根源。习近平总书记在纪念孔子诞辰 2565 周年国际学术研讨会上强调："优秀传统文化是一个国家、一个民族传承和发展的根本，如果丢掉了，就割断了精神命脉。我们要善于把弘扬优秀传统文化和发展现实文化有机统一起来，紧密结合起来，在继承中发展，在发展中继承。"在大学生礼仪教育的过程中，应该让大学生感受到礼仪文化的独特魅力和深远影响，不断激发他们向往文明礼仪的心理情感，使之内化为道德信念，外化为现实生活中文明的行为举止。

营造良好的文化环境，需要做到以下两点：

首先，加强学习礼仪的科学理论知识。礼仪作为人们之间交往的行为规范准则，在古代的许多书籍中都有记载。我们可以通过阅读书籍来感受礼仪文化，其中以孔子为代表的儒家典籍《论语》《大学》《仪礼》《礼记》《诗经》等，以老子为代表的道家典籍《道德经》以及李毓秀的《弟子规》等都阐述了礼仪文化的重要性。这些经典著作对于传统礼仪的记载，不断加深了大学生对礼仪文化的认识，有利于激起他们对礼仪文化的浓厚兴趣，从而增强他们学习礼仪文化的主动性，树立和强化他们的礼仪意识。

其次，充分利用我国的传统节日。中国的传统节日，是中华民族文化的重要载体，是民族精神的写照和民族情感的凝结。我国传统节日的风俗习惯蕴含了许多中华民族优秀的礼仪文化。例如：春节是所有中国人最为重视的传统节日，扫尘、祭灶王、过小年、除夕夜守岁、正月里互相拜年等节日习俗，都是春节礼仪文化的体现；清明节组织扫墓，缅怀逝去的亲人，祭奠用生命换来国家安稳的革命烈士等。这些节日礼仪都能够让大学生感受到礼仪文化的重要性，同时也使中华传统礼仪文化的时代价值得到充分的彰显。习近平总书记在主持中共中央政治局第十三次集体学习时强调："要建立和规范一些礼仪制度，组织开展形式多样的纪念庆典活动，传播主流价值，增强人们的认同感和归属感……要利用各种时机和场合，形成有利于培育和弘扬社会主义核心价值观的生活情景和社会氛围，使社会主义核心价值观的影响像空气一样无所不在、无时不有。"因此，我们要以优秀传统礼仪文化为载体，利用和协调社会各种资源，为大学生营造出一个良好的文化环境。

（二）营造良好的舆论环境

步入社会是大学生的必然选择。那么，如何在复杂的社会生活中帮助大学生树立正确的世界观、人生观和价值观便成为亟须攻克的难题。

首先，要坚持正确健康的舆论导向。利用现代化手段传播积极向上的文明礼仪知识，引导舆论，对能够促进社会进步的文明举措加以正面报道和宣传，帮助大学生形成正确的价值观，防止大学生的思想被一切不正确的舆论导向所腐蚀。在实际生活中，我们应该大力弘扬具有礼仪意识和礼仪文明行为的先进的人或事，用健康正确的舆论引导大学生，坚持正确的舆论导向不动摇，不断宣传社会正能量。同时，对不文明行为进行曝光，并且加以舆论批评，使大学生对这些不良行为感到不齿，使礼仪文明真正植根于大学生的内心深处。

其次，发挥大众媒体的宣传力度，积极创新宣传载体。想要取得宣传成效，宣传平台尤为重要。政府部门要充分利用现有的大众媒体进行宣传，如报纸、广播、电视等，为大学生提供一个良好的宣传平台。报社应多刊登一些有关礼仪的故事，电视台也可以邀请社会认可的公众人物来参与文明礼仪的实践活动，还可以在电视上播放礼仪的公益广告和宣传片，加大礼仪文化的宣传力度。除此之外，政府部门还应积极创新宣传载体，拓宽宣传渠道。比如，可以通过微信公众号发布与礼仪有关的文章到朋友圈，通过人们的转发宣传，使更多的人认识到礼仪的重要性；通过微电影、微视频、动漫作品的制作和传播，宣传中华优秀传统礼仪文化，宣传与传统礼仪文化有关的人物和历史故事等。

最后，加强对网络媒体的监管。随着网络技术的飞速发展，人们获得信息的方式发生了巨大改变，从“纸质时代”转变为“电子时代”。网络的发展为人们的生活提供了便捷，与此同时，网络上也充斥着大量不良信息。这些不良信息会腐蚀大学生的思想，使他们的行为出现偏差，无法树立正确的价值观念。因此，应该加强对网络媒体的监管，制定出相关的网络法律法规，健全网络道德规范，建立专门的大学生礼仪教育网站。同时还应该加强对媒体的监管，运用媒体推进大学生礼仪教育，提高媒体工作者的职业道德素质，对他们进行礼仪教育，提高他们的道德素质，使他们时刻坚持正确的舆论导向，为大学生营造一个积极向上的社会舆论环境。

（三）注重实践活动，养成文明习惯，提高礼仪修养

开展礼仪教育活动，不仅要让大学生学习理论知识，而且要让大学生学会如何运用理论知识去指导实践，让他们在实践中亲身体会，从而提高礼仪修养。《三国志·蜀书·先主传》中记载：“勿以恶小而为之，勿以善小而不为。”所以，首先，大学生的礼仪实践应该注重从自己身边的小事儿做起，养成文明的行为习惯。例如，见到长辈或朋友，要主动微笑地打招呼；进入老师的办公室之前先敲门询问，离开办公室时随手关门；不在公共场合大声喧哗，不随地吐痰等。“千里之行始于足下。”大学生要端正自身的态度，切勿好高骛远，脚踏实地地做好身边的每一件小事儿，当量的积累达到一定程度就会发生质的飞跃。大学生在这个过程中，就会潜移默化地养成文明的礼仪习惯；同时可以感染身边的人，带动他们共同践行礼仪行为，改善礼仪教育的环境氛围。

其次，大学生要积极参加社会公益活动。只有积极参加公益活动，才能调动自身参与社会实践的积极性，从而提高大学生参与社会生活的能力。通过参与公益活动，大学生可以逐渐提高礼仪意识，在实践中感受礼仪文化的重要作用。社会道德组织和礼仪团体组织应该定期开展礼仪活动，如到敬老院、福利院慰问演出，举办诗词鉴赏大会、读书会等，引导全体大学生积极参加礼仪活动。参加公益活动，能够磨炼大学生的道德意志，自觉遵守礼仪规范，达到礼仪思想与礼仪行为相统一，营造文明和谐、彬彬有礼、

互帮互助的社会环境。

礼仪是中华优秀传统文化，是人们道德修养的外在表现，是人际交往中的桥梁和纽带。然而，由于多元文化和市场经济中的负面影响、高校对大学生礼仪教育的重视程度不够、家庭忽视礼仪教育以及大学生自身道德修养欠缺等原因，大学生没有形成强烈的礼仪意识。缺乏礼仪意识，大学生在成长的过程中就会表现出不得体的行为举止，不利于提高大学生自身的道德修养，限制了大学生未来的自我发展，甚至会阻碍社会和谐稳定的发展。因此，为了提高大学生的礼仪意识，我们应该采取切实有效的解决对策，对大学生进行礼仪教育。大学生礼仪教育是一项长期而艰巨的任务，是思想政治教育中关于价值观教育的延伸和拓展，需要构建一整套完整的、科学的、系统的大学礼仪教育体系。高校应充分发挥礼仪教育的主阵地作用，增强大学生礼仪意识，并积极养成文明的礼仪行为习惯。家庭对大学生礼仪教育的作用也不可小觑。大学生礼仪教育要想取得实效，良好的社会风气以及和谐的家庭氛围必不可少。

知识拓展

汉文帝刘恒（前 202 年—前 157 年），汉高祖刘邦第四子，母薄姬，汉惠帝刘盈之弟，西汉第五位皇帝。汉文帝对待诸侯王，采取以德服人的态度。后元七年（前 157 年）六月己亥，汉文帝崩于长安未央宫，葬于霸陵。

汉文帝曾经亲自为母亲薄氏尝药，深具孝心。对待自己的母亲，汉文帝做到了“目不交睫，衣不解带”。一个皇帝能够在母亲生病时“亲尝汤药”，这种至孝的行为自然能够成为万民表率，在无形中起到教化的作用，这就应了孔老夫子所说的“一人有庆，兆民赖之”那句话。在古代，有夺取天下之功的称为祖，有治理天下之德的称为宗。所以，其庙号太宗，谥曰孝文皇帝，也是《二十四孝》中亲尝汤药的主角。

资料来源：二十四孝之汉文帝《亲尝汤药》[EB/OL].(2018-06-03)[2023-07-01]. https://www.163.com/dy/article/DJDDSP210521KAGQ.html.

任务实施

礼仪观察，要求与说明：

1. 将全班同学分成 5 人一组，选择广场、商场、酒店、校园等公共场所，观察人们的言行举止。

2. 观察时做好记录，注意不要侵犯他人的肖像权。

3. 小组成员共同整理观察资料，归类并分别列出符合礼仪要求和不讲礼仪的现象，分析其原因。

4. 学员利用业余时间独立写出观察报告。

思考练习：

1. 如何增强大学生的礼仪意识？
2. 如何提高大学生职业道德与礼仪修养？

技能技巧训练：

5 人一组进行分组，收集资料，讨论当代大学生为什么要增强礼仪意识、职业道德与礼仪修养。

任务三　学贯中西

任务导入

难道我的评价不中肯？

一位英国老妇到中国旅游观光，对接待她的导游小姐评价颇高，认为她服务态度好，语言水平也很高，便夸奖导游小姐说：“你的英语讲得好极了！”导游小姐马上回应说：“我的英语讲得不好。”英国老妇一听很生气：“英语是我的母语，难道我的夸奖不够中肯，不具有权威性吗？”

思考：

东方人和西方人在性格上的差异有何体现？

中西方礼仪文化差异——拜访礼仪

任务解析

东方人的性格受儒家思想的影响一般比较含蓄内敛，常常表现为谦虚的态度，并看作一种美德。而西方人的性格一般则比较直白张扬。

随着我国改革开放迈出新步伐，跨国交际日益增多，中西方礼仪文化的差异愈发显露，这种差异带来的影响不容忽视。中西方礼仪应当要有完美的融合，因此，我们有必要了解这些礼仪的差异。

一、中西方文化差异形成的原因

由于各国的历史与文化底蕴不同，各国人民在进行礼仪交往时的习惯也有较大差异，特别是中西方之间礼仪上的差别很大。因不了解这些差异而引起的误会并不少见，因此了解中西方礼仪交往之间的习惯差异是很有必要的。随着东西方文化的不断发展，东西方的礼仪正在相互融合，西方人逐渐接受了东方文化中重情感等因素，东方人也逐渐接受了西方文化中先进文明的礼仪和交往方式。但在现实生活中，东西方文化的差异对礼仪产生的影响还有很多。

（一）受到历史传统思想的影响

中国历史文化悠久，儒家倡导的“仁”是其核心思想，同时提倡以和为贵、守礼守诚等。儒家也十分注重血亲关系和伦理道德，十分重视伦理之间的关系，甚至在科举中也要求读书人熟读理解四书五经。儒家思想对中国人的固有思想的形成有着举足轻重的作用，对社会各阶层的人士都有着较大的影响。而西方曾在十六世纪进行文艺复兴运动，人们的思想彻底颠覆，人文精神就此诞生，许多人冲破传统思想的束缚，寻求尊严、自由等。

（二）受不同价值观念的影响

中国人接受传统的儒家思想，受到孔子礼教思想的影响，以礼为尊观念根深蒂固。中庸之道自古以来是我国的传统文化之一，中国人讲究以和为贵，既不要求太突出，也不至于让自己沦为末流。所以大部分中国人都十分注重礼貌和礼节，无论是在见面交流，还是在书信交流之中，都十分注重用词用语的习惯和使用表达尊敬的词语等。相对于中国人，西方人的表达方式则更强调个性化，他们往往主要表达自己的个人意愿，把自己的个人利益放在首要位置，讲究价值的实现，而轻视交流双方之间的情感传递。

二、对比中西方文化中拜访与待客的差异

（一）邀请与预约

西方人对于个人生活的规划非常在意，也不会轻易发出邀请，如果发出邀请，通常是以非常正式的方式来邀请，也需要对方给出明确的回复。如果收到对方的邀约，在确定时间和地点之后，要确定自己是否能够应邀，并且应尽快告知对方以及对对方表示感谢。中国人有时候去朋友家拜访不会提前通知，有可能直接拜访，也可能在即将出发或者到达的时候才告诉对方：我们即将到达你的家来拜访你。另外，当朋友邀请自己去家里做客时，中国人拒绝的方式也很委婉，通常不直接拒绝，而是说“到时候再定好吗”“如果有空一定来”。

（二）到访与迎客

中国的拜访很多时候是临时通知，主人收到通知后，就会准备各种招待客人的事宜。到别人家拜访，一般都需要带些礼物，空手去会被认为是不礼貌的。可以带的礼物包括保健品、水果、特产、烟酒等。现代人的观念不断在变化，也有越来越多的人会选择带一些鲜花之类的礼品。主人收到礼物，通常会客气地说：“人来就好了，还带什么礼物。”在西方国家，拜访别人应该准时到达。如果不能准时到达，应该联系主人说明因为什么迟到，大约什么时候能够到达。同样，到西方家庭拜访，也应该随身带上拜访的礼物，可以是酒类、鲜花以及特产等表达心意。西方人通常不会像中国人一样客套，他们会高兴地收下客人带来的礼物，并表示非常喜欢和感谢。

（三）告辞与送客

当中国客人想要告辞的时候，通常会说“实在抱歉，已经打扰很久了”“打扰你们休息真是太不好意思了”之类的话来表达自己的客气以及即将告辞的意图。主人则表示，完全没有打扰，有时候甚至会给出自家的“土特产”来表达对客人的欢迎。主人送客的时候，把客人送出门，送到楼下甚至车上被认为是热情的表现。而西方人很难理解这种行为，他们通常就只把客人送到门口，通常会在送别的时候表示“非常欢迎你的到访，并希望你以后再次来访”。

1. 交际语言的差异

日常打招呼，中国人大多使用“吃了吗”“上哪儿”等语言，这体现了人与人之间的一种亲切感。可对西方人来说，这种打招呼的方式会令对方感到唐突、尴尬，甚至不快。因为西方人会把这种问话理解成为一种“盘问”，易感到对方在询问他们的私生活。在西方，日常打招呼时，他们只说一声“hello”（你好），或按时间来分，说声“早上好”“下午好”“晚上好”就可以了，而英国人见面会说“今天天气不错”。

称谓方面，在中国，一般只有彼此熟悉、亲密的人之间才可以“直呼其名”；但在西方，“直呼其名”比较常见。在西方，常用“先生”来称呼男性；对十几岁或二十几岁的女子可称呼“小姐”，对已婚的女性可称“女士”或“夫人”等；家庭成员之间，可互称姓名或昵称。在家里，孩子可以直接叫爸爸妈妈的名字，对所有的男性长辈都可以称“叔叔”，对所有的女性长辈都可以称“阿姨”，这在中国是不行的。我们必须要分清楚辈分、老幼等关系，否则会被认为不懂礼貌。

中西方语言中有多种不同的告别语。如在和病人告别时，中国人常说“多喝点水”“多穿点衣服”“早点休息”之类的话，以表示对病人的关心。而西方人绝不会说多喝水之类的话，因为这样说会被认为有指手画脚之嫌，他们会说“多保重”或“希望你早日康复”之类的话。

2. 餐饮礼仪的差异

中国有句话叫“人以食为天”，由此可见，饮食在中国人心目中的地位很高。中国菜往往注重色、香、味、形、意俱全；西方人多注重食物的营养而忽略了食物的色、香、味、意、形。在餐饮氛围方面，中国人在吃饭的时候喜欢热闹，喜欢很多人围在一起吃吃喝喝，说说笑笑，营造一种欢快的用餐氛围。而西方人在用餐时，喜欢幽雅、安静的环境。

中西方宴请礼仪也各具特色。在中国，从古至今大多以左为尊，在宴请客人时，要将地位很尊贵的客人安排在左边的上座，然后依次安排。在西方则是以右为尊，男女间隔而坐，夫妻也分开而坐。女宾客的席位比男宾客的席位稍高，男士要替位于自己右边的女宾客拉开椅子，以示对女士的尊重。

（四）服饰礼仪的差异

西方男士在正式社交场合通常穿保守式样的西装，内穿白衬衫，打领带，穿黑色的皮鞋。西方女士在正式场合要穿礼服套装，另外女士外出有戴耳环的习惯。西方国家，尤其是美国，人们平时喜欢穿休闲装，如T恤和牛仔服。

当今中国人穿着打扮异彩纷呈，传统的服装有中山装、旗袍。在正式场合，男女着装与西方并无多大差异。在平时的生活中，人们穿着服饰以美观大方为主。在不同的场合，一般会选择不同的服饰。

（五）谦虚观念的差异

在东方文化中，谦虚被看成是一种美德，是对别人的尊重。西方人崇尚个人奋斗，尤其为个人取得的成就而自豪，从来不掩饰自己的自信心、荣誉感以及获得成就后的喜悦。而相反中国文化却不主张炫耀个人荣誉，而提倡谦虚谨慎。例如，在中国做会议报告时，报告人在发言的开头总是要谦虚几句："我没有什么准备，水平也不高，随便说几句，不对的地方请大家批评指正。"西方人则不能理解，既然没什么准备，又没有高水平，为什么要耽误大家的时间呢？实际上，会议报告人已做了充分准备，只不过要表示一下自己的谦虚态度而已。按照中国的习惯，主人宴请客人时，总会客气地说："今天请各位吃点便饭，没有什么好吃的，大家随便吃。"这话如果对西方客人说，他们会觉得奇怪：既然没什么好菜为什么要请客呢？甚至会怀疑主人故意怠慢。但事实上却有很多美味佳肴、好菜好酒。这令西方人纳闷。主人招待客人喝茶，问客人："喝不喝茶？"客人会谦虚地说："不用麻烦了，我一会儿就走。"也许他想喝，也渴了，这只是谦虚客套，表示不想给主人添麻烦。

因此，在涉外交往中，我们应该直率和坦诚，对西方人不要过分谦虚。过分谦虚可能会使外宾认为我们不自信或没有诚意。

三、如何解决跨文化交往中所面临的问题

随着社会的不断发展与进步，各个国家之间的交流也日益频繁。由于中西方的文化差异，所以跨文化交际过程中也面临着许多问题。对于如何解决跨文化交往中拜访待客所面临的问题，更好地实现跨文化沟通，本书提出了以下几个对策：

（一）求同存异，尊重对方文化

文化没有好坏之分，更没有对错之分，每种文化都有自己的特色。在跨文化交往中，我们对待异域文化，应该采取宽容的态度，尽可能地接受文化之间的差异并且要尊重对方的文化。人类从来都不是要对抗外来先进的文化，固守自己落后的文化，而是要学习融合使自己更强大。在跨文化交往中，应该多为对方考虑，从而避免一些误会。在国际交流中，不断深化对异域文化的认识，了解不同的文化模式，以更好地处理文化差异，实现共赢的局面。

（二）互学互鉴，双方共同成长

从文化的民族性来说，并没有高低优劣之分，每种文化都有它存在的价值和意义。中西文化也同样具有不同的文化特征，各有所长。要学习一种新的文化，不能只认可，也不能一味否认，而是要取其精华去其糟粕，形成自己更高水平的民族文化。虽然中西

方文化差异很大，但在这个经济、文化一体化的时代，我们通过沟通与交流可以彼此接受和融合，形成一个多元化的文化格局，形成和谐共生、共同发展的局面。如今，各国各民族之间交往密切，互相吸收优秀文化精髓。这有利于双方文化发展进步，使各国和各民族文化共同繁荣，共创美好未来。

（三）注意禁忌，避免禁忌尴尬

在跨文化交往中，禁忌语在中西方礼仪文化差异中不可忽视，否则会导致跨文化交往的失败。尤其是一些多数西方人比较忌讳的话题，切忌轻易提及，以免让对方感觉你失礼。比如西方人对自己的年龄讳莫如深，女士尤为如此。西方人认为婚姻纯是个人隐私，他人无权干涉。西方人将收入视为个人脸面，与个人的能力和地位有关，他人不宜过问，只有自己和老板知道。西方人认为，他人留给自己的地址，就是邀请自己上门做客，而他们不习惯随便请人来家做客。西方人不会轻易让人知道自己的过往。西方人认为宗教信仰是非常严肃的，不能信口开河。在送别客人时，客人不能说留步，主人不能说“走好”“慢走”“再来啊”。清楚西方人所禁忌的内容对于跨文化交往的顺利进行十分必要。

四、中西方礼仪融合的意义

礼仪是一种文化，是文化就有纵向的传承与发展，横向的渐进与融合。随着全球化步伐的不断加快，在经济、文化高速碰撞融合的大背景下，西方文化大量涌进中国，中国传统礼仪正不断受到西方礼仪文化的冲击。如何保护中华民族传统礼仪，并与西方礼仪进行合理融合，成为人们思考和探索的话题。越来越多的人认识到，中西方礼仪文化必将相互渗透，不断发展。

不可否认，当今国际通行的礼仪基本上是西方礼仪。西方人从小就接受这种礼仪的教育与熏陶，所以礼仪能够自然地表现在人的行为之中。

如今，中西方礼仪文化的融合，更多的还是借鉴西方的礼仪标准。但无论是借鉴西方的礼仪，还是我们自创一套礼仪系统，在形式上都不难，难的是我们也能有一个完整的价值体系，有对自身文化的高度认同和深刻觉悟。一方面，我们要借鉴西方礼仪；另一方面，要树立文化自信心，形成文化感染力。民族的复兴不仅是国力的复兴，而且是文化的复兴。只有别人也认同我们的文化，才能使我们的礼仪通行于世界。

人无礼则不立，事无礼则不成，国无礼则不宁。一个缺乏礼仪的社会，是不成熟的社会，而一个礼仪标准不统一甚至相互矛盾的社会，则是一个不和谐的社会。礼仪，是整个社会文明的基础，是社会文明直接、全面的表现方式。创建和谐社会，必须先从礼仪开始。如今中国面临着前所未有的挑战，无论是物质、精神还是文化等各个方面，都急迫地需要一套完整而合理的价值观进行统一，而礼仪文化无疑是这种统一标准的“先行军”。将中西方礼仪文化进行合理的融合，有助于我们建立适合中国当代社会的礼仪文化体系，实现中华民族伟大复兴的中国梦。

知识连接

为什么西方人喜欢用刀叉，而中国人喜欢用筷子？

刀叉和筷子是餐桌上最常用的用具，对于不同的饮食文化和传统起到了至关重要的作用。它们的形状、功能在很大程度上反映了西方和中国的饮食需求及用餐习惯。

一、形状和功能的差异

刀叉和筷子对于西方和中国的饮食文化有着不同的需求及应对方式。西方的饮食注重同时食用肉类和蔬菜，因此刀叉成为最好的选择。与此形成鲜明对比的是，中国的传统饮食文化认为，品尝食物应刻意放慢，并且仔细品味每一口，以充分感受食物的味道和质感。筷子是一种非常灵活的工具，可以夹取各种食物并将其送到口中，也可以控制吃饭的速度，让人掌握食物的消化过程。

二、历史和哲学的影响

刀叉和筷子的起源、文化传承与不同的历史背景和哲学体系相关联。西方人使用刀叉的习惯可追溯到古罗马帝国时期，而筷子的诞生历史则可以追溯到中国三千年前的商朝时期。在中世纪的欧洲，刀叉仅在王室和贵族餐桌上使用，而普通百姓则只使用手，这说明了欧洲的餐桌礼仪和普遍的社会等级观念。

三、交流与融合

随着时间的变迁和两种文化之间的交流，刀叉和筷子的使用方式不断发生变化，也展示了两种不同饮食文化之间的交流与融合的进程。如今，越来越多的饭店、家庭也开始提供刀叉和筷子两种餐具，旨在给人以混合文化和综合审美的视觉效果。

因此，无论是刀叉还是筷子，它们背后的文化遗产都是值得我们探讨和尊重的。尊重和理解不同文化的差异，可以促进良好的交流和融合，拓宽我们的思维和生活世界。

2023年6月2日，习近平总书记在文化传承发展座谈会上的讲话强调："要秉持开放包容，坚持马克思主义中国化时代化，传承发展中华优秀传统文化，促进外来文化本土化，不断培育和创造新时代中国特色社会主义文化。要坚持守正创新，以守正创新的正气和锐气，赓续历史文脉、谱写当代华章。"

资料来源：为什么西方人喜欢用刀叉，而中国人喜欢用筷子？[EB/OL].(2023-06-11)[2023-07-01]. https://baijiahao.baidu.com/s?id=1768399429343074358&wfr=spider&for=pc.

任务实施

一群商人在一条船上谈生意。突然，船出了故障，开始下沉，船上的人只有跳水才能逃生。船长根据商人们的不同文化背景，采取不同的方式一一说服他们。船长对德国商人说："我是船长，现在跳水，这是命令！"德国人纪律严明，服从命令听指挥，马上跳水。船长对英国商人说："跳水是一种运动。"英国人崇尚运动，听罢即跳。船长对法国商人说："跳水是一种时髦，你没看见有人在跳吗？"法国人爱赶时髦，就跟着跳水了。船长对现实的美国人说："跳吧，反正有人寿保险。"意大利人多有逆反心理，于是船长对意大利商人说："乘坐别人的船遇险可以跳水，但在我的船上不准跳。"话音未落，意大利人已跳入水中。最后船长对中国商人说："你家里上有老、下有小的，你不跳，怎么对得起家人呢？"

思考：

不同国家的人体现出了什么不同的文化礼仪？

思考练习：

如何对东西方礼仪文化进行合理融合？

技能技巧训练：

学习以下商务礼仪小知识：

1. 标准商务握手礼，虎口相对，满把相握，身体前倾，面带微笑，点头示意（见图 1-1）。

图 1-1　标准商务握手礼

2. 持红酒杯敬酒时，手握杯柄（见图 1-2）。

图 1-2　红酒杯敬酒礼仪

项目二

提升形象 品位优雅

知识目标

1. 了解有关仪容、仪表和仪态的相关知识；
2. 掌握面部化妆的程序和技巧；
3. 掌握旅游服务人员的服饰要求；
4. 了解基本举止仪态；
5. 学会用目光、微笑等表情与人交流。

能力目标

1. 能塑造良好的旅游服务人员形象，并能通过自我审视完善自我职业形象；
2. 能够按照化妆的程序和技巧独立完成化妆；
3. 在旅游服务工作中能够正确搭配服饰；
4. 学会正确的站姿、走姿、坐姿、蹲姿等，并能够在旅游服务工作中熟练应用；
5. 在旅游服务工作中能够使用得体的表情和微笑。

素养目标

1. 培养学生日常交往中的文明意识；
2. 培养学生良好的职业规范道德；
3. 塑造学生良好文明的职业形象。

任务一　颜容雅致 修容有道

任务导入

某集团公司董事长受邀接受电视台的采访，为了郑重起见，特意向个人形象顾问咨询有无特别注意的事项。个人形象顾问专程赶来之后，仅仅向他提了一项建议：换一个较为儒雅而精神的发型，并且一定要剃去鬓角。个人形象顾问的理由是，发型对一个人的上镜效果至关重要。

果不其然，改换了发型之后的董事长在电视上亮相时形象焕然一新。得体的发型使他显得精明强干，自信的谈吐使他显得深刻稳健，两者相辅相成，令观众为之倾倒。

思考：

发型在个人形象塑造上有何作用？

任务解析

发型是人体美的重要组成部分，是自然美与修饰美的结合。发型不仅反映人们的物质、文化生活水平，而且也能体现时代的精神风貌。发型的选择应与脸型、年龄、职业、性格、气质、爱好相符。

一、头发

在正常情况下，人们观察一个人往往是从头开始的，而头发生长于头顶，位于人体的“制高点”，所以更容易先入为主，引起重视。因此，修饰仪容通常应当“从头做起”。

（一）头发的整理

1. 洗发

要勤于梳洗头发，作用有三个方面：一是有助于保养头发；二是有助于消除异味；三是有助于清除异物。若是懒于梳洗头发，弄得自己蓬头垢面，满头汗馊味、油味，发屑随处可发，甚至生出寄生物来，是很有损个人形象的。

2. 理发

（1）应当定期理发。

通常情况下，男士应半月左右理发一次，女士可根据个人情况而定。如果经年累月拒绝理发，个人的形象必惨不忍睹。有些特殊的时候，如参加重要的庆典、宴会时，为显示自己郑重其事，特意临时再理一次发，也是非常必要的。

（2）应当慎选理发方式。

理发可分为剪、刮、洗、染、吹、烫等各种不同的方式。旅游服务人员对其中一些具体方式可以根据个人爱好，进行自由选择。但是有些方式，则需要三思而行。如染发，旅游服务人员应尽量保持黑发，符合中国人传统的审美习惯。若执意把黑发染成黄、红、绿、蓝等各色，甚至将其染成数色并存的彩色，则与自己的身份不符。

（3）应当留意头发长度。

对于男士头发的标准长度，一般要求是：既不宜理成光头，也不宜将头发留得过长。为了显示出旅游服务人员的精明干练，同时也为了方便其工作，通常提倡以短为宜。因此，在理短发时，必须做到：头发前不覆额，侧不掩耳，后不及领，并且面不留须。

对于从事旅游业的女士来说，可剪短发，在工作岗位上一般要求头发长度不宜超过肩部，更不允许将自己的一头秀发随意披散开来，尽管会使自己的“女人味”倍增，但是在旅游服务中是不允许的。如果留披肩发，应根据岗位，对其稍加处理，如将其盘起来，或者束起来。干净利落的发型，意味着整洁和效率。

3. 梳发

梳发，是保持头发整洁、美观不可缺少的日常修整之一，可以去掉头发上的浮皮和脏物，还能按摩头皮，给头皮适度的刺激，以促进血液循环，使头发柔软而有光泽。

旅游接待人员应随身携带一把小梳子，出门上班前，换装上岗前，摘下帽子后以及其他必要的时候梳理一下自己的头发。但梳理头发也不是随时随地都可以，应注意以下几点：

（1）不可当众梳理头发，尤其是不能当着客人的面梳理头发。

（2）不可乱扔断发和随便拍落头屑。

（3）梳理完头发后，应检查一下自己的制服上有没有头发和头皮屑，切不可带着满身的头皮屑去见客人。

（二）如何选择适合自己的发型

1. 发型与脸型协调

人的脸型一般可分为 8 种，其中鹅蛋脸（又称瓜子脸）属标准型，可以做任何发型。设计发型时，只有对发型设计及化妆的原则有深刻的认识，针对脸型处理发型，进行平衡和调和，才能弥补脸型的不足，创造美丽和满意的效果。正确处理发型的方法如下（见图 2-1）：

（1）圆形脸：将头发安排在头顶，用前刘海盖住双耳及一部分脸颊，即可减少脸的圆度。

（2）菱形脸：增加上额和下巴的丰满度，保持头发贴近颧骨线，可创造出鹅蛋形脸的效果。

（3）长形脸：可适当用刘海掩盖前额，一定不可将发帘上梳，头缝不可中分，尽量加重脸型横向感，使脸型看上去圆一些。

（4）方形脸：类似于圆形脸，其发式应遮住额头，并将头发梳向两边及下方，并可以烫一下，造成脸部窄而柔顺的效果。

（5）鹅蛋脸：通过发型的曲线感来中和面部圆润感，尽量拉高颅顶优化视觉重心，额头前、鬓角留些许碎发修饰脸型。

（6）心形脸：将中央部分刘海向上卷起或倾斜地梳向一边，在下级线加上一些宽度。

图 2-1　根据脸型选择发型

2. 发型与发质协调

各人的发质不一，不同的发质适合不同的发型。我们以女士为例来说明发质与发型的搭配方法。

（1）自然的卷发。

自然卷曲的头发，能做出各种漂亮的发型。这种发质如果将头发剪短，卷曲度就不太明显，而留长发才能显示出其自然的卷曲美。

（2）服帖的头发。

这种发质的特点是头发不多不少，非常服帖，只要能巧妙修剪，就能使发根的线条以极美的形态表现出来。这种发质的人，最好将头发剪短，前面和旁边的头发，可以按自己的爱好梳理，而后面则一定要用能显示出发根线条美的设计，这才是理想的发型。修剪时，最好能将发根稍微打薄一点，使颈部若隐若现，以给人清新明媚之感。

（3）细少的头发。

这种发质的人应该留长发，将其梳成发髻才是最理想的。因为这样不但梳起来容易，同时也能比较持久。通常这种发质缺乏时感，可以辅之以假发。如果梳在头顶上，适合正式场合；梳在脑后，是家居式；而梳在后颈上时，则显得高贵典雅。

（4）直硬的头发。

这种发质要想做出各种各样的发型是不容易的。在做发型之前，最好能用油性烫发剂将头发稍微烫一下，使头发能略带波浪，稍显蓬松。烫卷发时最好能用大号发卷，看起来比较自然。由于这种头发很容易修剪得整齐，所以设计发型时最好以修剪技巧为主，同时尽量避免复杂的花样，做出比较简单而且高雅大方的发型。

（5）柔软的头发。

这种发质比较容易整理，不论想做哪一种发型，都非常方便。柔软的头发比较服帖，因此俏丽的短发比较适合，能充分表现出个性美。

3. 发型与年龄相协调

年长者适宜的发型是短发或盘，能给人以精神矍铄、温婉可亲的印象，而年轻人则适合那些活泼、简单、富有青春活力的发型。女生以齐耳短发、自然式束发、运动式短发等为主；男生以板寸、平头、分头等为主。男女生都不宜披发。

4. 发型与身材相协调

（1）短小身材的发型。

个子矮小的人给人一种小巧玲珑的感觉，应强调丰满与魅力，在发型选择上要与之相适应。发型应以秀气、精致为主，避免粗犷、蓬松，否则会使头部与整个形体的比例失调，给人产生头大身体小的感觉，从整体比例上，应注意长度印象的建立，不宜留长发，也不宜把头发处理得粗犷、蓬松，可利用盘发增加身体高度，而且要在如何使头发秀气、精致上下功夫。烫发时应将花式、块面做得小巧、精致一些。

（2）高瘦身材的发型。

这种体型的人容易给人细长、单薄、头部小的感觉。为弥补这些不足，要求发型生动饱满，避免将头发梳得紧贴头皮，或将头发搞得过分蓬松，造成头重脚轻。一般来说，高瘦身材的人比较适宜于留长发、直发，应避免将头发削剪得太短薄，或盘高发髻。头发长至下巴与锁骨之间较理想，且要使头发显得厚实、有分量。

（3）矮胖身体的发型。

矮胖者往往显得健康，要利用这一点营造一种有生气的健康美。矮胖的人要尽可能通过发型设计来弥补自身的缺点。整体发型向上，如选择运动式发型。此外，也可选用有层次的短发、前额翻翘式等发型，不宜留长波浪、长直发。矮胖者一般脖子显短，因此不要留披肩长发，尽可能让头发向高处发展，显露脖颈以增加身体高度感，同时应避免头发过于蓬松或过宽。

（4）高大身材的发型。

该体型给人一种力量美，但对女性来说，缺少苗条、纤细的美感。为适当减弱这种高大感，应努力追求大方、健康、洒脱的美，减少大而粗的印象。一般以留简单的直短发为好，或者是大波浪卷发；直长发、长波浪、束发、盘发、中短发式也可酌情考虑。切忌发型花样繁复、造作，头发也不要太蓬松。总的原则是简洁、明快、线条流畅。

5. 发型与服饰协调

头发为人体之冠，为体现服饰的整体美，发型应根据服饰的变化而变化。如穿着礼服或制服时，可选择盘发或短发，以显得端庄、秀丽、文雅；穿着轻便服装时，可选择各种适合自己脸型的发型。

6. 发型与职业协调

从事不同职业的人，有不同的发型风格。如果从事时尚行业工作，夸张一些的发型不会受到指责。从事旅游服务工作，发型应当相对传统和职业。

（1）运动员和体育爱好者的发型：头发宜短，线条简单流畅，波纹平淡自然，发型持久，易于梳理。这种发型对露天操作的工人、农民也较为适宜。

（2）戴工作帽职业者的发型：既要简洁，又要美观，一般以中长发和短发为宜，戴帽时头发不外露，脱帽后又能保持优美的发型，如医务工作者、商业服务人员的发型。

（3）文艺工作者的发型：要求新颖多样，突出个性，富有艺术气息。

（4）接待服务人员的发型：大饭店、大公司的服务人员、导游、外贸接待人员，接触面广，发型应以整洁美观为主，既具有民族特点，又富有时代气息，给人以健康明朗、文明礼貌的良好印象。

（5）教师、机关工作人员的发型：要求线条简单、波纹平淡自然，发型优美大方、朴实端庄。

知识拓展

头发的特殊护理

一、头发开叉

头发开叉建议用柔软的发刷从头皮梳向发端，将头皮的天然油脂带到发端，而平日尽量用阔齿的发梳来梳理头发，同时不要忘记在每次洗发后使用护发素，以避免加剧头发开叉的情况。另外，切忌用毛巾大力绞擦，脆弱的发丝需要温柔摩挲。

二、头皮屑过多

头皮屑过多宜立刻医治，以免头皮屑堵塞头皮毛孔、妨碍毛发的生长，或破坏毛囊组织，演变为皮肤病。头皮屑过多的人，应避免过度用力梳头，也忌用手过度抓搔，造成伤口滋生细菌，形成恶性循环。应注意饮食，避免摄入过量的糖、淀粉和脂肪，宜多吃一些新鲜蔬菜、水果、瘦肉、鱼等。应经常定期洗头，保持头皮与头发的清洁。应选择有去头屑功能的洗发剂，或是加入一匙杀菌剂或醋，也很有效。焦躁不安的人头皮屑也会增多，因此，经常保持愉悦的精神状态，对减少头皮屑也很重要。

三、脱发

脱发的种类有很多。按脱发的诱因来划分，有精神性脱发、营养性脱发、药物性脱发、生理性脱发等。因而，可以采取以下措施来缓解脱发：

（1）消除精神紧张，保持精神愉快。

（2）头发的生长需要体内良好的营养成分，多进食有益于滋养头发的食物，即富含维生素、矿物质和低脂肪的食物，如各种新鲜水果、蔬菜、蛋黄、瘦肉、牛奶等，适当进食黑豆、黑芝麻、核桃等，以补充氨基酸、钙、铁等多种微量元素。

（3）应选用木梳梳头。用尼龙梳子梳头，容易起静电反应，让头皮与头发产生离合作用，导致毛发脱落。

（4）定期洗头。长时间不洗头，会影响毛囊的呼吸，从而出现脱发或加重脱发。

（5）要戒除烟酒，避免其对头发产生不良影响。患有脂溢性脱发的人应忌食辛辣食物，否则会加重脱发。

（6）不要经常烫发、染发，也要尽量避免用化学合成药品来滋润头发。因为由化学原料制成的染发剂、烫发剂、护发剂，对皮肤和毛发都存在着不同程度的刺激作用。

四、游泳后头发护理

海边：由于海水的含盐量高，当盐分积聚在头皮或发表后，会阻碍头发的生长，亦令头发表皮层剥落，使头发变得又枯又干，所以游泳后应立即冲洗头发。

游泳池：水中所含的氯对头发损伤极大，泳后要彻底冲洗头发。

任务导入

好形象是成功的资本

一位商人曾经说过："我怎么也不能相信那个穿着旅游鞋牛仔裤，头发如同干草说话结结巴巴的小伙子，会向我要五百万的投资。他的形象和个人素养都不能让我信服，他不是一个懂得如何处理商务的领导人。"

资料来源：你的形象价值千万.喜马拉雅[EB/OL].(2020-10)[2023-07-01]. http://news.cntv.cn/2012/10/23/ARTI1350971225709712.shtml.

思考：

为什么说好形象是通向成功的必经之路？

任务解析

罗伯特·庞德认为："大多数不成功的人之所以失败是因为他们首先看起来就不像成功者。再者，他们看起来就不想成功，或者根本不知道什么是成功，或者当成功的机会到来时，他们不知道如何把握成功。"

形象，并不是一个简单的穿衣、外表、长相、发型、化妆的组合概念，而是给人留下一个综合全面素质、外表与内在相结合的整体印象。形象的内容宽广而丰富，包括穿着、言行、举止、修养、生活方式、知识层次、家庭出身、结交的朋友等。它们无声而准确地在讲述你的故事——你是谁、你的社会地位、你如何生活？你的发展前途是什么？……形象的综合性及其丰富内容，为我们塑造成功的形象提供了很大的空间。

二、面部

（一）面部的清洁

清洁养护是面部修饰的基础，也是仪容礼仪的基本要求。干净整洁的面部，通常会给人以清爽怡人、淡雅美丽之感。要做好面部的清洁养护，不仅需要具备一定的洁容知识和洁容工具，还需要做好以下细节工作：

（1）根据容貌及身体部位选择相应的洗护用品，洗脸时应选择洗面奶，女士洗脸，如果化过妆，还应使用卸妆水。在选择洗护用品时，应根据自己的肤质进行选择。目前测定肤质的方法很多，有专门鉴别肤质的仪器，也有简单的观察辨别法。

（2）使用洗面奶时应将洗面奶放在手上揉搓起泡，泡沫越细越不会刺激肌肤，要利用无数泡沫在肌肤上游动来吸走污垢，而不是用手去用力搓揉，应轻轻地用指肚由内朝外画圆圈滑动清洗；冲洗时用流水充分地去除泡沫，冲洗次数要适度。较冷的季节，需要使用温水，以免毛孔紧闭而影响清洗效果。洗完后，将毛巾轻贴在脸颊上，让毛巾自然吸干水分。

（3）鼻翼及鼻梁两侧皮脂腺分泌旺盛，额头、鼻子下方、下巴容易长青春痘，应用指尖轻揉，仔细地清洗，以洗净多余的皮脂，防止出现油光和长青春痘。

（4）洗脸时要记得洗脖子、下巴底部、耳下等位置。

（二）面部的保养

1. 化妆水的使用

化妆水的作用是补充水分、紧锁肌肤，使肌肤变得柔软，有利于乳液的渗入。使用化妆水的方法如下（见图 2-2）：

（1）用两片化妆棉重叠，倒入充足的化妆水，使水分刚好浸透整片化妆棉。

（2）首先由中心朝外侧浸染；其次浸湿易流汗的 T 区及鼻翼四周；最后由下而上拍打整个脸部，直到肌肤觉得冰凉为止。注意：眼部和唇部也要补充水分。

图 2-2　化妆水的使用

2. 乳液的使用

乳液是每日保养肌肤不可缺少的产品，它的主要目的是恢复肌肤的柔软性，并为接下来的化妆做好准备。

使用乳液时，应用手掌温热脸部，使毛孔张开，这样有利于乳液渗透，且能加强滑润感。将乳液涂抹在脸上，按由内朝外、由下而上的顺序边画圈边涂抹均匀，并轻柔地按摩眼睛四周的敏感部位。脸部涂好后，用手掌裹住脸部，让乳液渗入皮肤并去除黏腻感。

除用化妆水与乳液外，面霜也是一种护肤佳品。它能为干性皮肤补充水分，同时对油性皮肤也有益处，特别是对油脂多但水分相当缺乏的油性皮肤，面霜更能帮助皮肤保持水分。

（三）面部化妆

爱美之心，人皆有之，化妆能更好地帮助我们修饰脸上的瑕疵，其目的是强调脸部的优点，掩饰其缺点。

1. 化妆的原则

对于旅游业女性工作者来说，恰到好处地化妆，可以更加充分地展示自己容貌上的优点，使自己容光焕发，神采奕奕，展现旅游服务人员的风采。面部化妆应该注意以下几个原则：

（1）自然。妆容的浓淡要根据时间、场合而定，但旅游服务人员只能化淡妆，不能浓妆艳抹，要选择适合自己的化妆品，色彩要和谐，给人以美的享受。

（2）得体。化妆是一门艺术，也是一门技术。要认真学习，选择合适的化妆品并能够正确使用，还要知道什么场合应该化什么样的妆。比如，工作时应该化淡妆，出席宴会时应该化稍浓点的妆。

（3）协调。化妆要讲究整体的协调，应根据自己的身份、发型、服装、气质、出席的场合等来化妆，突出自己的品位。

一般来说，礼貌的妆容要遵循 3“W”原则，即 When（时间）、Where（场合）、What（事件）。不同场合化不同的妆容，是得体形象的定位与诠释。

2. 化妆应遵循的礼仪规范

（1）化妆要视时间场合而定。

建议女士在社交场合尽量不要素面朝天，应该略施脂粉，以最佳的状态示人。男士在某些特定场合可以略施脂粉，调整出良好的面色和外在表现，但是不可以太露痕迹。在工作时间、工作场合只允许工作妆（淡妆）；外出旅游或参加运动时，不宜化浓妆，否则在自然光下会显得很不自然；吊唁、丧礼场合不可化浓妆，也不宜抹口红。在一些特殊的宴会中可化浓妆。

（2）避免当众化妆或补妆。

常常可以见到一些女士，不管置身于何处，只要稍有闲暇，便立刻掏出化妆盒来，替自己补一点香粉，涂唇膏，描眉型。化妆尤其是在工作岗位上这样做是很不庄重的，并且还会使人觉得她们对待工作不认真。在许多公司，一般都设有专门的化妆间，它就是为有必要随时化妆或补妆的人预备的，女士要补妆最好去专门的化妆间或去卫生间。特别需要提到一点，女士尤其不要当着异性的面化妆或补妆。

（3）忌劣质芳香。

职场化妆礼仪要求使用任何化妆品都不能过量，尤其是芳香型化妆品或者香水。化妆与为人处世一样，都要含蓄一些，才有魅力，才有味道。

通常认为，与他人相处时，自己身上的香味在 1 米以内能被对方闻到，不算是过量。如果在 3 米开外，自己身上的香味依旧能被对方闻到，则肯定是过量使用香水。

旅游业有其特殊性，因此，旅游服务人员尽量不用香水，如果要用，需慎重选择，不要使用味道怪异或过于浓郁的香水，以避免“摧残”客人的嗅觉，引起对方的反感或不快。

（4）不要借用他人的化妆品。

借用他人的化妆品很不卫生，因此不要借用他人的化妆品。

（5）力戒与他人探讨化妆问题。

每个人的审美观未必一样，所以不值得在这方面替别人忧心忡忡，更不要评价、议论他人化妆的得失。当面指出对方的妆容失误会招致对方不快，甚至会因此与对方产生矛盾。

（6）力戒自己的妆面出现残缺。

在工作岗位上，要保持妆面的完整性，要时常检查。用餐之后、饮水之后、休息之后、出汗之后、沐浴之后，一定要及时为自己补妆。如果妆面深浅不一、残缺不堪，必然会给他人留下十分不好的印象。

3. 化妆的基本程序

（1）基面化妆。基面化妆又叫打粉底，目的是调整皮肤颜色，使皮肤平滑。化妆者可根据自己的皮肤特质选择适合的粉底，并根据面部的不同区域特点，分别敷深浅不同的底色，以增强面部的立体效果。粉底涂好后，可用粉饼蘸少量香粉由上而下均匀地轻轻抹在面部，起到定妆的作用。

（2）涂眼影，画眼线。眼影有膏状与粉质之分，颜色有亮色和暗色之别。亮色的使用效果是突出、宽阔；暗色的使用效果是凹陷、窄小。眼影色的亮暗搭配，能够强调眼部的立体感。

眼影的使用方法：在眼窝处先打底，由内眼角沿睫毛向上向外描绘，以不超过眉角和眼角连线为宜。再在上眼睑 1/3 处开始向外画上第二个颜色，宽度以稍微超过眼皮为原则。涂眼影时，以眼球最高处为限涂暗色，越靠眼睑处越深，越向眉毛处越浅（见图 2-3）。

图 2-3　涂眼影

（3）眉毛修饰。眉毛的生长规律是两头淡，中间深；上面淡，下面深。标准的眉形是在眉毛的 2/3 处有转折。修饰眉毛时，应根据个人的脸型特点，确定眉毛的造型（见图 2-4）。一般是先用眉笔勾画出轮廓，然后用棕色或黑色眉笔顺着眉毛的方向一根根地画出眉型，把杂乱的眉毛修掉，最后用小刷子顺着眉毛生长的方向轻轻梳理，使眉毛保持自然。

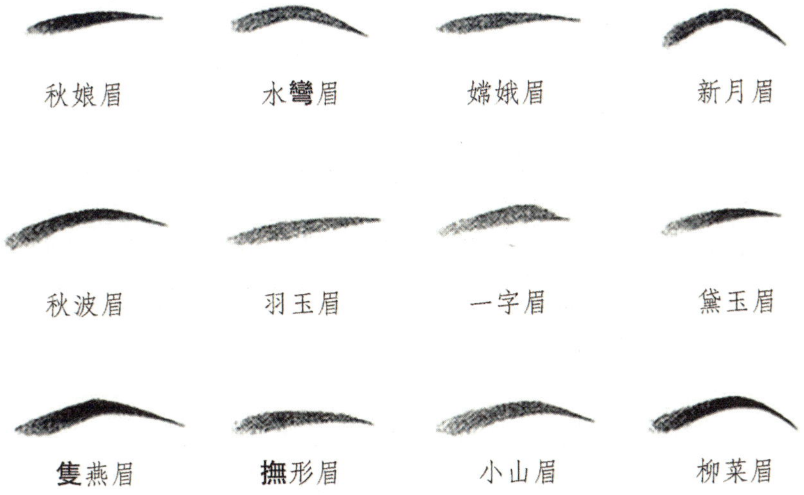

图 2-4　眉型的选择

（4）涂口红。涂口红时，先要选择口红的颜色，再根据嘴唇的大小、形状、厚薄等用唇线笔勾出理想的唇线，然后涂上口红。唇线要干净、清晰，轮廓要明显，要略深于口红色。口红不得涂于唇线外。

（5）涂腮红。涂腮红的部位以颧骨为中心，根据每个人的脸型而定（见图 2-5）。长脸型要横着涂，圆脸型要竖着涂，但都要求腮红向脸部原有肤色自然过渡。颜色的选用，要根据肤色、年龄、着装和场合而定。

图 2-5　腮红的位置

化妆的程序总结如图 2-6 所示。

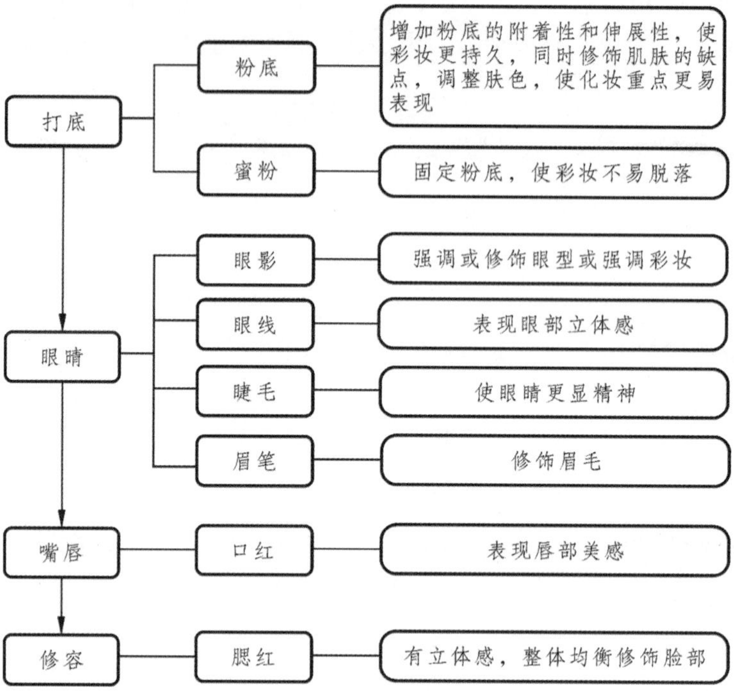

图 2-6　化妆的程序

4. 不同场合的化妆礼仪规范

（1）职业妆的礼仪。

职业妆应具有较强的包容性，切忌过浓过艳。妆容应讲究精细，以淡雅的色彩为主，既要适于与人近距离的接触与交流，也要能够表现自己的品位。

①眼妆：清晰的眼线可以提亮眼神，还可以强调妆容的职业感。用黑色眼线笔从眼头开始描画出在眼尾微微拉长的眼线，以最容易展现出色泽感的珠光银色眼影为重点，用中号眼影刷刷在上下眼睑。清爽的色彩正是利用了清晰的眼线来凸显东方情调和清爽干练的职业感。

②睫毛：使用黑色的睫毛膏。其他颜色只会让人显得失礼并且怪异。

③唇妆：使用有透明感的唇彩，可以不用勾勒唇线，选择与自己唇色接近或略深的色泽，轻而薄地涂于唇上。

④底妆：长时间待在空调房里，室内照明也是冷调的光源。因此，底妆要选择有保湿效果的粉底，色彩也要选择适合冷光的暖色调。健康肤色和小麦色是较好体现生机的粉底色，偏白的象牙色、贵族白最好作为提亮色使用。

⑤颊妆：职业妆的腮红不可浓于唇彩，重点在于利用柔和的色彩使整个妆容更加亮丽，缓和办公室的紧张气氛。

⑥指甲：修长漂亮的指甲固然吸引眼球，但不适合工作；如果剪得秃秃的，也会给人不修边幅的感觉。

（2）宴会妆的礼仪。

宴会妆有高贵、优雅、性感、冷艳 4 个主题。无论塑造哪一个主题，不仅需要适应相应的场合，还要与自己的服饰、气质、风度相配合。晚妆的亮点是眼睛、口红和腮红，色彩上宴会妆着色较平日更浓重一点，不过切忌走向极端，过于浓艳的女人容易被看成是粗俗与不受欢迎的人。（见图 2-7）

图 2-7　宴会妆的色彩

知识拓展

旅游服务人员，尤其是酒店餐饮部服务人员，在服务的过程中，双手时常展露于客人面前，因此，双手好比第二张脸，双手的清洁卫生尤为重要。护理双手的步骤：首先，将手洗净，用蒸过的手巾将手严密地包裹起来，一分钟后皮肤变得柔软并达到补充水分的滋润效果。其次，涂上足够多的擦手油，反复按摩，并用纤维尼龙手套把整个手密封起来，待毛孔受热扩张后，油脂更容易渗透到皮肤中去。最后，戴上胶皮手套 30～40 分钟，手部皮肤便能光滑柔润。

任务实施

黄先生与两位好友小聚，来到某知名酒店，接待他们的是一位五官清秀的服务员，接待服务工作做得很好，可是她面无血色，显得无精打采。黄先生一看到她就觉得心情欠佳，仔细留意才发现，这位服务员没有化工作淡妆，在餐厅昏黄的灯光下显得病态十足。上菜时，黄先生又注意到传菜员涂的指甲油缺了一块，他的第一反应就是："不知是不是掉进我的菜里了？"但为了不惊扰其他客人用餐，黄先生没有将他的怀疑说出来。用餐结束后，黄先生呼唤服务员结账，而服务员却一直对着反光玻璃墙面修饰自己的妆容，丝毫没注意到客人的需要。自此以后，黄先生再也没有去过这家酒店。

思考：

1. 请指出案例中服务员在仪容上存在的问题。
2. 本案对你有哪些启示？

思考练习：

1. 选择发型时应考虑的因素有哪些？
2. 在职场中化妆应注意哪些事项？

技能技巧训练：

我的发型你来设计

训练要求：

1. 5人一组进行分组，每组选出1名模特。
2. 根据模特的脸型、发质、身材、年龄、性格、气质等特点，设计出合适的发型。
3. 小组分析发型设计原理并展示设计作品。
4. 小组间进行评价并打分。

技能技巧训练：

妆容设计

训练要求：

1. 备齐化妆品，通过教师示范和播放相关视频，学生进行自我化职业淡妆的练习。
2. 全班2人一组进行分组，学生相互化妆并进行对比评价。

任务二　仪表堂堂 落落大方

任务导入

职业女性的着装艺术：如何塑造出干练优雅形象

职业女性着职业装时，可选用对比色，营造"惊艳"之感，如无色系的白、黑、灰为整体色调，用色泽饱满度高的红、蓝、绿等作为点睛之笔，突出颜色在整体比例上的"小而精"，丝巾、衣领等往往是吸引人的一处亮点。通常情况下，白色西服与黑色西服，更能展现出职业女性干练、庄重的风采。

思考：

职业女性的形象塑造重要吗？

任务解析

在精彩的世界中，人们的生活丰富多彩，这一切突出体现在自然环境中色彩的变化方面。色彩能够刺激人的感官，不同的色彩可以带给人们不同的心理反应。一般来说，色彩搭配的效果可以增强美观度，从而让观众感受到生活中的各种“美”。所以人物形象设计中的服饰色彩搭配就显得尤为重要，如有的色彩可以向众人传递一种情感，有的色彩可以间接向众人传达人物的个性特征和气质。由此可见，服饰色彩搭配对人物形象的塑造有着重要作用。

一、服饰色彩搭配

（一）色彩的性格

不同的色彩能引起知觉者不同的心理效应，有着不同的象征意义。

红色：最能引起人们兴奋和快乐，情感的颜色象征着生命，火焰象征着热烈、活泼与浪漫。

黄色：显得高贵华丽，引人瞩目，引人激情外露。

蓝色：象征着宁静、智慧、庄严、冷静，它能使人联想到天空和海洋，给人以高远深邃的感觉。

绿色：一种清爽、宁静的色彩，象征着生命活力与和平。绿色能使人想到青春、活力与朝气。

紫色：一种华贵、充盈的色彩，比红色冷艳，比蓝色神秘，给人以高雅脱俗的感觉。

黑色：一种庄重、肃穆的色彩，象征着冷淡、高贵、孤傲、典雅，也可以代表悲伤、恐怖与暗淡。

白色：一种纯净、祥和、朴实的色彩，象征着清高、纯洁和坦荡，给人以明快无华的感觉。

（二）着装的色彩搭配

现代服装很少由单一色彩构成，而是由许多色彩相互交错、辅助、点缀等方式搭配而成。经搭配后的色彩所引起的观赏者的心理效应，较单色明显不同。例如，暖色调让人能产生温暖的感觉，于是人们利用这种感觉，可在冬天穿暖色调服装，夏天穿冷色调服装。又如，明亮的衣服色调使人产生轻感，深暗的衣服色调则使人产生重感。因此，年轻人常使用“上深下浅”的服装色彩搭配，以便让人有活泼、轻松、飘逸的动感，中老年人则在服装色彩搭配上较多采用“上浅下深”的方式，以便给人以稳重、踏实、沉着的静态感。

着装的色彩搭配要注意以下几点：

1. 服装色彩的选择应与肤色相协调

因为服装的色彩能影响甚至改变人的肤色在他人感官中的印象，以达到服装色调与肤色相映生辉的效果。一般来说，面色红润的人适宜穿茶绿或墨绿色衣服，肤色黄白的人适宜穿粉色、橘色等柔和的暖色调的衣服。面色偏黄者适宜穿蓝色或深蓝色上装，可使偏黄的肤色衬托得洁白娇美。肤色偏黑的人适宜穿浅色调、明亮些的衣服，如浅黄、浅粉、月白等色彩的衣服，这样可衬托出肤色明亮感。气色不好的人适宜穿白色衣服，显得健康。此外，还可以通过化妆来调节面部肤色，以便有更多颜色的衣服可供选择。

（1）春季型肤色（暖色系）。

肤色特点：浅暖型肌肤薄且细腻通透，会发亮。

适合颜色：春季型肤色的人的服饰基调属于暖色系中的明亮鲜艳色调，选颜色以橙色、橘色为主。服饰中的画龙点睛之笔是鲜艳亮丽的颜色，如亮黄绿色、杏色、浅水蓝色、浅金色等（见图 2-8）。

色彩搭配原则：不适合黑色，颜色不能太旧、太暗，应鲜明、对比地突出自己的俏丽。

图 2-8　春季型肤色搭配暖色系

（2）夏季型肤色（冷色系）。

肤色特点：浅冷型，呈现暗哑色，小麦色皮肤。

适合颜色：适合穿深浅不同的各种粉色、蓝色和紫色，以及有朦胧感的色调，在色彩搭配上避免反差大的色调，适合在同一色相中进行浓淡搭配（见图 2-9）。

色彩搭配原则：选择颜色要柔和、淡雅，以蓝、紫色调为佳，不适合深重、纯正的颜色。

图 2-9　夏季型肤色搭配冷色系

（3）秋季型肤色（暖色系）。

肤色特点：暖色皮肤，皮肤偏黄调，暗驼色或黄橙色皮肤。

适合颜色：适合棕色、金色和苔绿色，选择红色时选砖红色和与暗橘红相近的颜色，不太适合强烈的对比色，只有在相同的色相或相邻色相的浓淡搭配中才能突出华丽感(见图 2-10）。

色彩搭配原则：颜色要温暖浓郁，基调是暖色系中的沉稳色调。穿黑色会显得皮肤发黄，可用深棕色代替。

图 2-10　秋季型肤色搭配暖色系

（4）冬季型肤色（冷色系）。

皮肤特点：偏白、偏青底调，看不到红晕的肤色。

适合颜色：最适合纯色，黑、纯白、灰。在各国国旗上使用的颜色都是冬季型人最适合的色彩，如红、绿、宝石蓝、黑、白等为主色，冰蓝、冰粉、冰绿、冰黄等皆可作为配色点缀其间（见图 2-11）。

色彩搭配原则：冬季型人的色彩基调要体现“冰”色，适合以冷峻惊艳为基调的颜色。

图 2-11 冬季型肤色搭配冷色系

2. 服装色彩的选择要和体型协调

人们常用色彩的明度差来改变视觉效果。

（1）肥胖型：宜穿墨绿、深蓝、深黑等深色系列的服装，因为冷色和明度低的色彩有收缩感。颜色不宜过多，一般不要超过 3 种颜色。线条宜简洁，细长的直条纹服饰为佳。

（2）瘦小型：宜穿红色、黄色、橙色等暖色调的衣服，因为暖色和明度高的色彩有膨胀的感觉。不宜穿深色或竖条图案的衣服，也不宜穿大红大绿等冷暖对比强烈的服装。

（3）健美型：夏天适合穿各种浅色的连衣裙，宜稍紧身，并缀以适量的饰物。要突出身材上的优势，还可以注意上衣下装的深浅搭配，突出一深一浅的时尚感。可以是上衣浅色下装深色，也可以是上衣深色下装浅色。如果身材比例都很协调，无论怎样搭配都可以。但是，如果你头部偏大且上身比较胖，下身比较瘦，一定要避免上衣太浅下装太深的情况，否则看起来就给人头重脚轻的感觉。其实，上衣太浅下装太深这样的颜色搭配是比较难驾驭的，也属于颜色搭配禁忌，如果没有完美的身材比例，建议不要尝试。

3. 注意服装色彩的合理搭配，以产生和谐美

服饰礼仪的“三色原则”

（1）服饰礼仪的“三色原则”，顾名思义就是指在搭配服装时，全身上下最多只使用 3 种颜色来组合搭配，以避免颜色过于杂乱，影响整体效果。

运用好三色原则，可以让人看起来更加简洁、精致，也更容易让人记住你的穿衣风格，帮助我们更好地进行搭配，让整体造型更加和谐美观。首先，我们需要了解一些基础的颜色搭配规则。例如，相邻的颜色会产生渐变的效果，而互补的颜色则会产生对比的效果。在使用三色原则时，可以选择一种主色调，再加上一种相邻的颜色和一种互补的颜色。这样的搭配方式可以让整套服装看起来更加统一而不失个性。其次，需要考虑

颜色的明暗度和饱和度。明暗度是指颜色的明亮程度，饱和度则是指颜色的鲜艳程度。在搭配服装时，可以使用明暗度相同但饱和度不同的颜色，或者饱和度相同但明暗度不同的颜色来达到平衡的效果。

三色原则搭配时需要注意以下几点：

①选择主色调：在 3 种颜色中，选择一种作为主色调，其他两种作为辅色。主色调通常是服装的基调，如黑色、白色、灰色、蓝色等。

②避免过于鲜艳或深沉：艳色包括玫红色、玫紫色、宝蓝色、黄色、牛油果绿色、荧光色以及浅蓝色等。

艳色的衣服穿起来很醒目，能提升自己的气色，但是在服装的颜色搭配上，最好不要有过于鲜艳的颜色，这样容易让整个搭配看起来过于刺眼。尤其是艳色搭配艳色，给人很俗气的感觉，如用玫红色与黄色搭配。

艳色不能配艳色，沉色同样不能配沉色，这是同一个道理。沉色有深紫色、深褐色、深咖啡色、黑色等。这些颜色如果与黑色搭配，会给人一种“抢色”的感觉，让整体颜色搭配看起来没有重点，给人沉闷无趣感。

③选择相近色调：3 种颜色最好是相近的色调，这样可以让整个搭配看起来更加和谐（见图 2-12）。

图 2-12　相近色调

④注意比例：在搭配时，每种颜色的比例也很重要。一般来说，主色调的比例应该占到整个搭配的 70%左右，辅色占 20%，第三种颜色占 10%左右。

⑤重点突出：如果想要在搭配中突出某种颜色，可以选择将它作为配件的颜色，如鞋子、包包、围巾等。

无论采用哪种方式，都需要注意：颜色的搭配要合理，不要出现颜色过于芜杂或者过于单调的情况。同时，也要根据自己的肤色、身材、气质等因素来选择适合自己的颜色搭配方式，找到最佳的穿衣风格。

（2）应用对比色进行搭配与组合。各种色彩都有与之相对应的色彩，如红与蓝、黄与蓝、黄与紫、绿与紫、黑与白等，都是常见的对比色。从本质上讲，一对对比色实际上是由两种相互排斥的色彩组成的，如应用得当，可以相映生辉，给人以清新明快、耳目一新的感觉。如女士穿上一件黑色的真丝旗袍，再配以洁白的珍珠项链或白色的钻石胸针时，白色首饰就会更加醒目、更加迷人。

知识拓展

通常把色相环上相距 120 度到 180 度的两种颜色，称为对比色。距离越远，色相差别越大，对比越强，两种分明的颜色构成明显色彩差别。有对比才有强弱之分，对比配色一定是相对的，是赋予色彩以表现力的重要方法（见图 2-13）。

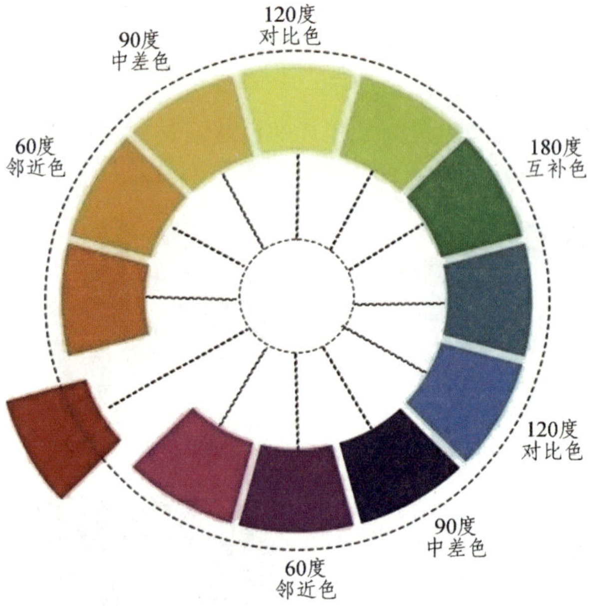

图 2-13　对比色色环

任务导入

智慧之光

我深信，再也没有比人的外表（与其说是外表本身，不如说是对外表动人不动人的信念）对于人的发展会有这样惊人的影响。

——列夫·托尔斯泰

没有一种礼貌会在外表上叫人一眼就看出教养的不足，正确的教育在于使外表上的彬彬有礼和人的高尚的教养同时表现出来。

——歌德

思考：

在社交场合，衣着得体有什么重要意义？

任务解析

随着时代的发展，服装的作用不仅仅局限于遮羞、御寒，它在一定程度上反映了个人的审美情趣和文化素养，传递着个人的个性、职业、心理状态等多种信息，彰显了个人的精神面貌。古语讲“佛靠金装，人靠衣装”，科学巧妙地运用服饰搭配，与人构成和谐、统一的整体，会为个人的魅力锦上添花。由此可见，服饰对于提升个人形象大有裨益。

二、男士西装的款式分类

西装通常是正式场合男士着装的首选。西装之所以长盛不衰，很重要的原因是它拥有深厚的文化内涵，主流的西装文化常常被人们打上“有文化、有教养、有绅士风度、有权威感”等标签。西装的主要特点是外观挺括、线条流畅、穿着舒适。配上领带或领结后，则更显得高雅典朴。商务男士的西装选择，有以下几种分类：

（一）按西装的件数来划分

按西装的件数来划分，分为单件西装、两件套西装（上装和下装）、三件套西装（上装、下装、西装背心）。在正式的商务交往中，男士所穿的西装必须是西服套装，在参与高层次的商务活动时，以穿三件套的西服套装为佳（见图 2-14）。

图 2-14　三件套西装

（二）按西装的纽扣来划分

按西装上衣的纽扣排列来划分，分单排扣西装上衣与双排扣西装上衣。

单排扣的西装上衣，最常见的有一粒扣、两粒扣、三粒扣3种（见图2-15）。一粒扣、三粒扣的单排扣西装上衣穿起来较时髦，而两粒扣的单排扣西装上衣则更为正规一些。男士常穿的单排扣西服款式以两粒扣、平驳领、高驳头、圆角下摆款为主。

图2-15　单排扣西装

双排扣的西装上衣（见图2-16），最常见的有两粒扣、四粒扣、六粒扣3种。两粒扣、六粒扣的双排扣西装上衣属于流行的款式，而四粒扣的双排扣西装上衣则明显具有传统风格。男士常穿的双排扣西装是六粒扣、枪驳领、方角下摆款。

图2-16　双排扣西装

西服后片开衩分为单开衩、双开衩和不开衩，单排扣西服可以选择三者其一，而双排扣西服则只能选择双开衩或不开衩。

（三）按适用场合不同来划分

按穿着场合，西装可以分为礼服和便服两种。其中礼服又可以分为常礼服（又叫晨礼服，白天日常穿）、小礼服（又叫晚礼服，晚间穿）、燕尾服（见图 2-17）。礼服要求布料必须是毛料、纯黑，下身需配黑皮鞋、黑袜子、白衬衣、黑领结。便服又分为便装和正装。

图 2-17　晨礼服与燕尾服

男士西装穿着礼仪

三、男士西装穿着礼仪

（一）西装外套的穿着礼仪

男士穿着西装时，西装上衣的扣子在站着的时候应该扣上，坐下时才可以敞开。单排扣西装的扣子并不是每一粒都要系好，单排扣一粒的扣与不扣都无关紧要，但正式场合应当扣上；两粒的应扣上上面的一粒，下面的一粒为样扣，不用扣；三粒扣子的扣上中间一粒，上下两粒不用扣。双排扣的西装则要把扣子全系上。（见图 2-18）

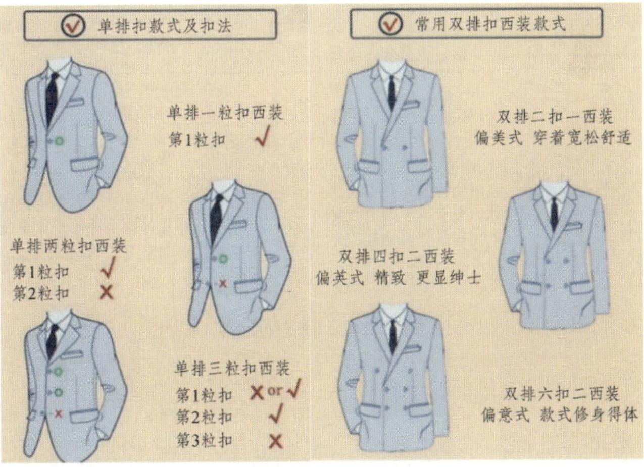

图 2-18　西装外套穿着礼仪

（二）西装内搭衬衫的穿着礼仪

与西装配套的衬衫应为“正装衬衫”。一般来讲，正装衬衫具有以下特征：

（1）面料：应为高织精纺的纯棉、纯毛面料，或以棉、毛为主要成分的混纺衬衫。条绒布、水洗布、化纤布、真丝、纯麻皆不宜选。

（2）颜色：必须为单一色。白色为首选，蓝色、灰色、棕色、黑色亦可；杂色、过于艳丽的颜色（如红、粉、紫、绿、黄、橙等）有失庄重，不宜选。

（3）图案：以无图案为最佳，有较细竖条纹的衬衫在商务交往中有时也可以选择。

（4）领型：以方领为宜，扣领、立领、翼领、异色领不宜选（见图 2-19）。衬衫的质地有软质和硬质之分，穿西装要配硬质衬衫。尤其是衬衫的领头要硬实挺括，要干净，不能太软，或油迹斑斑，否则最好的西装也会被糟蹋。

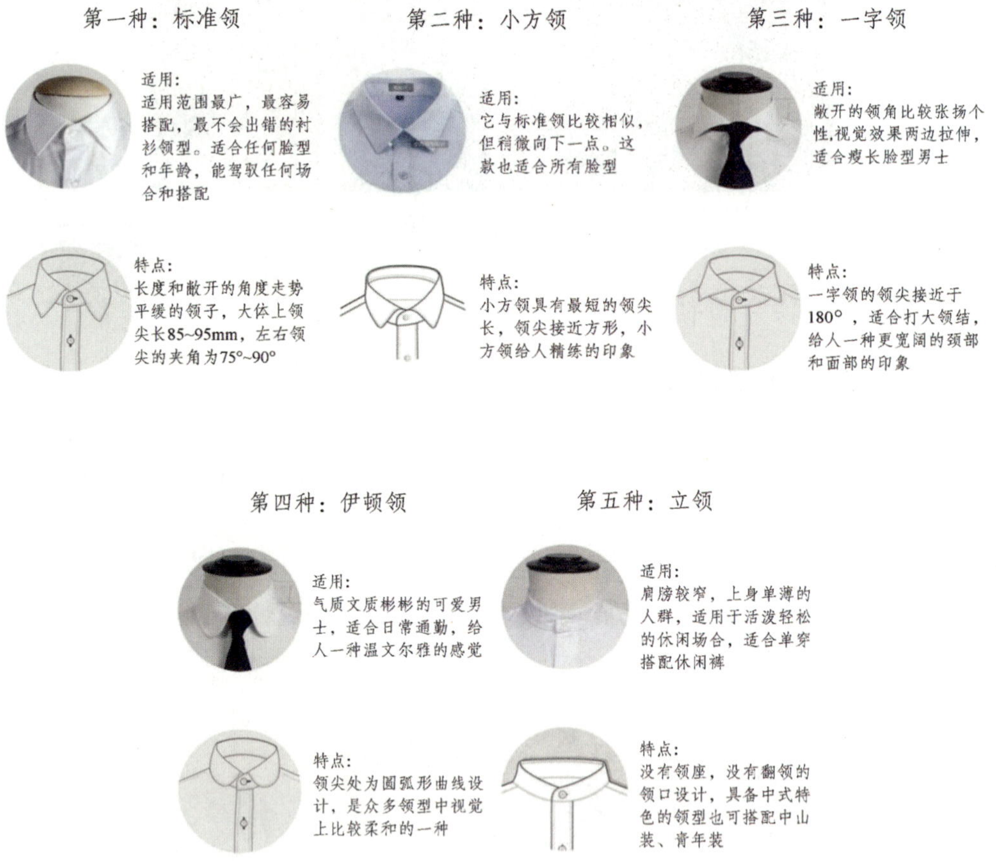

图 2-19　衬衫领型

（5）衣袖：正装衬衫应为长袖衬衫（见图 2-20）。

图 2-20　衣袖的要求

衬衫的袖口一般以露出西装袖口外 1.5 厘米为宜，不能露出太长，这样既美观又干净（见图 2-21）。

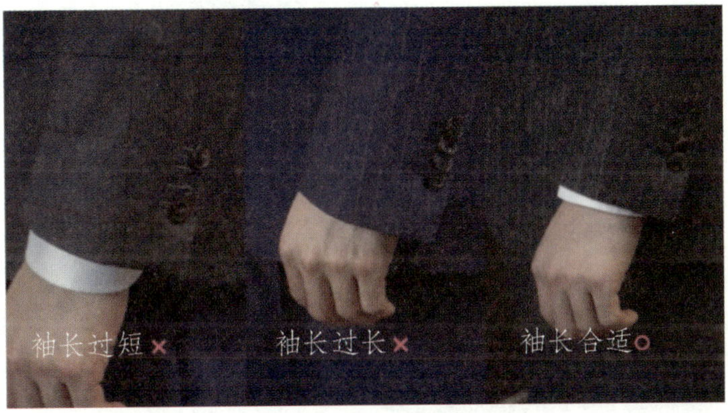

图 2-21　衬衫袖口

（6）衬衫扣子：衬衫的第一粒纽扣，穿西装打领带时一定要系好，否则松松垮垮，给人极不正规的感觉。相反，不打领带时，一定要解开，否则给人感觉好像忘了打领带似的。再有，打领带时衬衫袖口的扣子一定要系好，且绝对不能把袖口挽起来。

（7）下摆：衬衫的下摆不可过长，而且要塞到裤子里。我们经常见到某些服务行业的员工，穿着统一的制式衬衫，系着领结，衬衫的下摆却没有塞到裤裙中去，给人一种不伦不类、很不正规的感觉。

（8）不穿西装外套只穿衬衫打领带仅限室内，且正式场合不允许。

（三）系领带的礼仪

领带是男士在正式场合的必备服装配件之一，它是男西装的重要装饰品，对西装起着画龙点睛的重要作用。所以，领带通常被称作“男士服饰的灵魂”。

（1）面料：质地一般以真丝、纯毛为宜，尼龙的档次稍低点。绝不能选择棉、麻、绒、皮革等质地的领带。

（2）颜色：一般来说，服务人员尤其是酒店从业者应选用与自己制服颜色相称、光泽柔和、典雅朴素的领带为宜，不宜选用过于显眼花哨的领带（见图 2-22）。所以，颜色一般选择单色（蓝、灰、棕、黑、紫色等较为理想），多色的则不应多于 3 种颜色，而且尽量不要选择浅色、艳色。

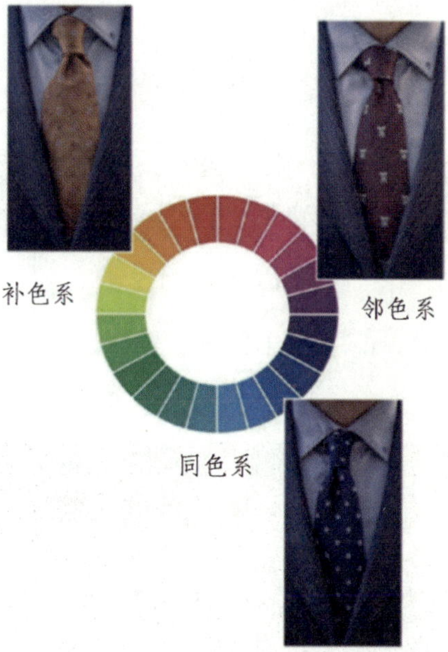

图 2-22　领带的颜色

（3）图案：领带图案的选择应坚持庄重、典雅、保守的基本原则，一般为单色无图案，宜选择蓝色、灰色、咖啡色或紫色，或者选择点子或条纹等几何图案。

（4）款式：不能选择简易式领带（如“一拉得”）。

（5）质量：外形美观、平整、无挑丝、无疵点、无线头、衬里毛料不变形、悬垂挺括、较为厚重。

（6）打法讲究：

①注意场合：打领带意味着郑重其事。

②注意与之配套的服装：西装套装非打不可，夹克等则不能打。

③注意性别：领带为男性专用饰物，女性一般不用，除非制服和装饰用。

④长度：领带的长度以自然下垂最下端（即大箭头）及皮带扣处为宜，过长过短都不合适。领带系好后，一般是两端自然下垂，宽的一片应略长于窄的一片，绝不能相反，也不能长出太多，如果穿西装背心，则领带尖不宜露出背心。（见图 2-23）

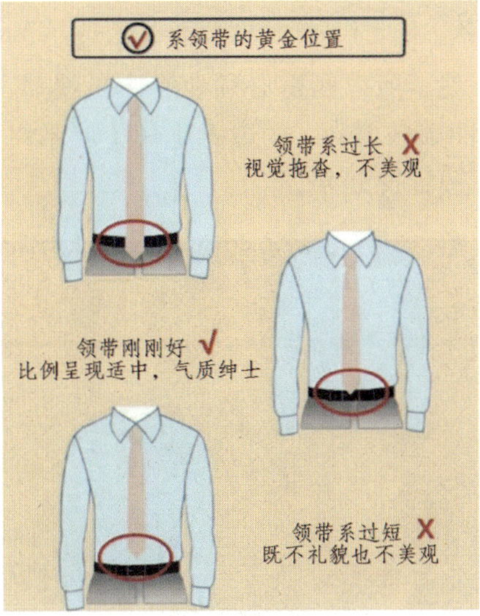

图 2-23　领带的长度

⑤结法：挺括、端正、外观呈倒三角形（见图 2-24）。

图 2-24　领带的结法

（四）西裤的穿着礼仪

（1）因西装讲究线条美，所以西裤必须要有中折线。

（2）西裤长度以前面能盖住脚背，后边能遮住 1 厘米以上的鞋帮为宜（见图 2-25）。

（3）不能随意将西裤裤管挽起来。

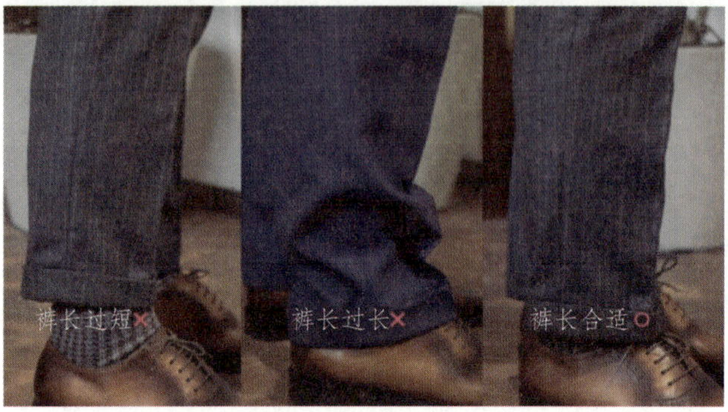

图 2-25　西裤的长度

（五）皮鞋和袜子的穿着礼仪

1．皮鞋

首先，穿整套西装一定要穿皮鞋，不能穿旅游鞋、便鞋、布鞋或凉鞋，否则会显得不伦不类。

其次，在正式场合穿西装，一般穿黑色或咖啡色皮鞋较为正规。但需要注意的是，黑色皮鞋可以配任何颜色的西装套装，而咖啡色皮鞋只能配咖啡色西装套装。白色、米黄色等其他颜色的皮鞋均为休闲皮鞋，只能在游乐、休闲的时候穿着。皮鞋的款式如图 2-26 所示。

图 2-26　皮鞋的款式

2. 袜子

穿整套西装一定要穿与西裤、皮鞋颜色相同或较深的袜子，一般为黑色、深蓝色或藏青色，绝对不能穿花袜子或白色袜子。在国际上，很多人把穿深色西装白袜子的男子戏称为“驴蹄子”，认为是没有教养的男子的典型特征。

另外，男子袜子的质地一般以棉线为宜，长度要高及小腿部位，不然坐下后会露出皮肉，非常不雅观（见图 2-27）。

图 2-27　袜子的礼仪

（六）其他穿着礼仪

1. 西装的口袋

西装讲求以直线为美，尤其强调平整、挺括的外观，即线条轮廓清楚，服帖合身。所以，西装上面有很多口袋为装饰袋，是不能够装东西的。如果穿西装时不注意，一个劲地往口袋里装，弄得鼓鼓囊囊，那么肯定会破坏西装的直线美感，这样既不美观又有失礼仪。如要携带一些必备物品，可以装在手提袋或手提箱里。这样不但看起来干净利落，也能防止衣服变形。

西装上衣口袋，必要时可装折好花式的手帕。左胸内侧衣袋，可以装票夹（钱夹）、小日记本或笔，右侧内侧衣袋，可以装名片夹等。

裤兜也与上衣袋一样，不能装物，以求裤型美观。但裤子后兜可以装手帕、零用钱等。把两手随意插在西装衣袋和裤袋里，也会有失风度。

2. 男士着西装“三个三”

（1）三色原则：男士在出席正式的商务活动时，西服套装全身上下的颜色不能超过 3 种或 3 个色系，以显示庄重、正式。

（2）三一定律：男士穿西服套装时，身上的 3 个重要配件（腰带、皮鞋与公文包）应该是一种颜色或者色系，最理想的搭配是皆为黑色。

（3）三大禁忌：一忌穿西装时不拆袖子上的商标。二忌穿西装时里面加穿毛衣。由于色彩与图案繁杂,扣式的开领单毛衫或羊绒衫与西装搭配往往会给人一种过于休闲、随意的感觉。三忌穿西装时穿不协调的袜子。在重要的商务场合，有两种袜子不能穿：一是尼龙袜；二是浅色袜子 （穿白皮鞋时除外）。

知识拓展

西装的领型

一般来说，西装领型分为平驳领、戗驳领、青果领 3 种类型（见图 2-28）。

一、平驳领

平驳领是比较传统正式的一种领型，因为领子的上半片和下半片通常都有一个 75° ~90°的夹角，给人一种沉稳的感觉。在 3 种基础领型当中，平驳领堪称万能领型。这类西装穿着场合比较广泛，从休闲到商务宴会都是不错的选择。

二、戗驳领

戗驳领设计有双尖头和笔直折线，驳领朝向双肩，多用于双排扣西服中。早在 20 世纪二三十年代，单排扣的戗驳领西装就被视为相当出挑的绅士造型。戗驳领西装既有平驳领的稳重、经典，又有礼服款的精致、优雅，也可以说是平驳领的另一种升级。男影星们出席各种重要的娱乐场合，如颁奖典礼、明星慈善夜，都常穿着戗驳领的西服。

三、青果领

青果领又名大刀领，是翻驳领的一种变形，因领面形似青果而得名。这种领型由维多利亚时代吸烟装的领型演化而来，如今多用于正式或半正式的无尾礼服。青果领气质高贵，因而格外适合参加隆重宴会时穿。

图 2-28　西装的领型

知识连接

服饰是一个国家、民族礼仪文化的载体，是其道德价值取向的名片。新中国成立以来，我国一直没有明确规定礼服的样式，我国领导人就以中山装为礼服，不穿西式礼服。我国外交官在遇到需要穿西式礼服的场合，也多以中山装应之。按照国际习惯，民族服装具有礼仪功能，因而亚、非、拉和阿拉伯世界很多国家的民族服装，以及我国中山装、旗袍等，都可以出现在国际礼仪活动场合。

中山装是中国传统的代表性服饰之一，起源于20世纪初。作为中国革命的一种象征，中山装承载着丰富的历史与文化内涵。其设计简约大方，体现了中国人民在建设祖国的过程中所追求的坚定与刚毅。在外交场合，外交官们基本都选择穿着中山装，以体现对中国传统文化的重视，同时也向世界展示中国人民的自信与豪情。

习近平总书记和夫人彭丽媛身着崭新的中式礼服，在荷兰、比利时亮相，让世人眼前一亮，让国人为之振奋。习近平总书记所穿的中式礼服，形似中山装，又不同于传统的中山装，而是对中山装的关键部位进行了改良，既保留了中式服装的传统，又采纳了西服某些元素，使之巧妙结合在一起，给人以耳目一新之感。这款中式服装，放弃了中山装的翻领、风纪扣、明扣，采用3个暗兜，上身只有左胸兜，无兜盖、饰帕巾（这是我国领导人首次使用口袋巾），既展示出中华文化风采，又传递出时代信息。夫人彭丽媛在阿姆斯特丹王宫身着青绿色中式长裙，外衣对襟，过腰，门襟袖口均以绣花镶边，典雅大气，既有传统风格，又富现代感，与习近平总书记的中式礼服相呼应，彰显出东方人的优雅、大方、沉稳、自信。

习近平总书记这次亮相的礼服，是顺应民心之举，因而受到广泛关注。它是新式中国礼服，代表了中国礼服的设计理念。

资料来源：马保奉.就习近平主席出访着装——再议中国的礼服[EB/OL].(2014-04-05)[2023-07-01].人民网，http://cpc.people.com.cn/n/2014/0405/c64387-24832447.html?ivk_sa=1024320u.

女士西装套裙穿着礼仪

四、女士西装套裙穿着礼仪

（一）科学选择

女士西服套裙比男士西服套装的选择余地要大很多。不过，在面料、色彩、图案、款式等方面的选择也十分讲究，应注意以下几个方面：

1. 布料的选择

女士西服套裙应选用质料上乘的纯天然质地的面料，而且上衣与裙子所使用的面料应该一致。女士呢、薄花呢、人字呢等纯毛料的面料为最佳，高档丝绸、亚麻、麻纱、府绸、毛涤也可供选择，但必须匀称、平整、光滑、柔软、挺括，并且弹性要好，不易起皱。

2. 色彩的选择

色彩是视觉中最具冲击力的形式，它传递信息，表达情感，蕴涵寓意，是服装的精华所在。色彩上浅下深或上深下浅，式样上简下繁或上繁下简，花色上轻下杂或上杂下轻，可以搭配出动感和活力，适合女士在不同场合穿出不同的风貌。

工作场合中不宜穿色彩过艳的服装，应以冷色为主，要求典雅、端庄、稳重、清新、凝重。西服套裙的色彩应呈中性，也可偏暗，上下一色显得端庄，有成熟感，以黑色、藏青色、灰褐色、灰色等冷色调为宜，不可选择过于鲜亮耀眼的色彩。为了使其富有动感与活力，除采用适当的领花、丝巾、胸针等饰物点缀外，还可以用上衣与裙子色彩上的深浅颜色变化或对套裙的衣领、兜盖、前襟、下摆等处进行适当的修饰。但要注意，无论采取哪种装饰方法，点缀宜少不宜多，宜精不宜滥。

3. 图案的选择

西服套裙一般不能带图案。若想使套裙静中有动，充满活力，可选用或宽或窄的格子，或大或小的圆点，或明或暗的条纹图案面料。

4. 款式的选择

西服套裙是西装上衣与半截裙的固定搭配，不能随意乱穿，胡乱搭配。西服套裙的款式主要表现在上衣与下裙的长短比例，以及裙子自身的长短、宽窄两个方面（见图2-29）。西服套裙强调上衣不宜过长，裙子不宜过短。一般认为裙短不雅、裙长无神，裙的下摆恰好到小腿中部为好。但在现实生活中已经发生了很大的变化。一般认为在正式场合，套裙的下裙最短不得短于膝盖以上 15 厘米。裙子以贴身为美，故以窄为主。西服套裙的上衣分为紧身式和松身式两种。一般认为紧身式的上衣较为正统，而松身式的上衣则显得时髦。但无论是紧身上衣还是宽松上衣，若配以宽窄适度的裙子，都可以表现出着装者的不同风采。不过，西服套裙既不宜过于肥大，也不宜过于瘦小，否则会显得散漫或轻浮。

西服套裙的上衣衣领也是多种多样的，以 V 字领、U 字领、一字领为多见，可根据各自的身材选择适合自己的衣领。西服套裙裙子的款式也很多，西装裙、一步裙、围裹裙、筒裙等线条优美，风格端庄；百褶裙、人字据、喇叭裙、旗袍裙等飘逸洒脱，美丽高雅，与西服上衣搭配也可产生各种不同的风格和效果。不过，选择裙子时，既要注意裙摆的长度，又要考虑自己的年龄、工作性质和腿形。

图 2-29　女士西装款式

（二）合理搭配

女士西服套裙要成套着装，且合理搭配，主要应注意以下几个方面：

1．衬衫的搭配

衬衫与套裙搭配是否适当是极其关键的。女士衬衫的款式、面料、色调是多种多样的，但必须选择能与西服套裙相匹配的衬衫。一般情况下，要选择轻薄柔软的面料，丝绸是最好的衬衫面料，纯棉次之。但衬衫不宜透明，免得显现内衣，否则有失身份。衬衫色彩宜简不宜繁，宜纯不宜杂，应选择能与套裙具有层次感的、高雅端庄的色调，不带任何图案的单色为最佳，不过于鲜艳、与套裙的色彩不互相排斥的色彩也可考虑。与套裙搭配的衬衫款式（领型、袖子、门襟、轮廓、点缀等）不要过于新颖、华丽和夸张（见图 2-30）。

图 2-30　衬衫的搭配

2．鞋袜的搭配

穿套裙一定要配纯色连裤袜或长筒丝袜。穿套裙时着丝袜，不仅是礼仪的需要，而且还能掩饰腿部的缺陷，增加腿部的美感。袜子的颜色要与裙、鞋的颜色相协调，以肉色为佳。腿较粗的人适合穿深色的袜子，腿较细的人适合穿浅色的袜子。一般情况下，多色、亮色、有图案花纹、过于繁杂的袜子均不宜穿着。穿丝袜时，袜边不能外露，穿一双明显跳纱破损的丝袜是不雅和失礼的。

要根据穿着舒适、方便、协调而又不失优雅的原则选择不同款式的鞋子。鞋子应是船式或盖式款式的高跟、半高跟皮鞋，以黑色牛皮鞋为最佳。不能穿明亮颜色或浅色的皮鞋，更不能穿布鞋、旅游鞋、凉鞋、轻便鞋等。一般个矮的人可以选择高跟鞋，个高的人可以选择偏低的鞋跟，但不能是平跟鞋。年纪稍大和身体较胖的女性选择的鞋跟不可过高、过细。鞋袜的搭配如图 2-31 所示。

图 2-31　鞋袜的搭配

3. 饰品的搭配

为了使套裙在稳重中透着生动，在保守中显出活泼，可以采用领花、丝巾、胸针、围巾等饰品加以点缀，但不可过多，有点明之处即可（见图 2-32）。

图 2-32　饰品的搭配

（三）得体穿着

1. 合身合体

西服套裙要大小适度，无论上衣和裙子都不可过长过短，过肥过窄。上衣最短可齐腰，而不可再短，最长可齐臀，而不可再长。下裙最长可达小腿中部，而不可再长，最短可在膝盖以上 15 厘米左右，而不可再短。上衣袖长以盖住手腕为宜。上衣紧身以显示着装者身材优美为宜，切不可暴露自己体形发胖的不足。上衣宽松以遮盖上身不足为度，而不可过宽。裙子以贴身为美，故以窄为主，裙窄以充分展现下身优势为度，而不可过窄。裙宽以遮盖下身不足为宜，而不可过宽。

2. 穿着到位

正式场合上衣领子要完全翻好，衣袋盖子要盖住衣袋，衣扣要扣好，上衣要穿好并系好纽扣，不能披在身上或搭在身上。衬裙色彩以单色无图案为宜，且应与外裙子的色彩相协调，衬裙的裙腰不可高于套裙的裙腰。裙侧拉链或纽扣要整理好，衬衫下摆必须掖入裙腰内。在公开场合不可随意脱下上衣或解开上衣衣扣。鞋袜大小要合适且不能有破损。西服套裙的衣袋里除装一条清洁的手帕外，不要装其他物品。

穿着睡衣到公共场所是非常不雅和无礼的。在公共场合不能不加掩饰随意地整理衣服，如感到穿着不舒适，应就近寻找洗手间，在洗手间内得体处理。此外，还应注意个人服饰卫生，保持良好的卫生习惯。

3. 举止文雅

女士穿着西服套裙时，要特别注意自己的举止仪态，站要亭亭玉立，坐要优雅端庄，行要轻盈碎步。

（四）女士穿职业裙装需注意“五不准”

1. 不准穿黑色皮裙

在正式场合绝对不能穿黑色皮裙，这是国际惯例。因为黑色皮裙会给人不正经的刻板印象。

2. 不准光腿

正式场合不能光腿。

3. 不准袜子出现残破

残破的袜子不能再穿，应随身带一双备用袜。

4. 不准鞋袜不配套

穿套裙不能穿便鞋，与袜子更要配套，穿凉鞋不穿袜子，穿正装时穿双包鞋（前不露脚趾后不露脚跟）。

5. 不准出现三节腿

裙袜之间无空白，否则被称为“三节腿”。

知识拓展

职场日常通勤丝巾系法如图 2-33 所示。

9种
长丝巾系法
#1
基础绕脖一圈
#2
绕圈的基础上打个结
#3
侧边结
#4
单圈正蝴蝶结
#5
双圈侧蝴蝶结
#6
小领巾系法
#7
对折水手结
#8
双圈水手结
#9
对折红领巾结

图 2-33　丝巾的系法

任务导入

珍珠给人的感觉往往是纯净、优雅、婉约。在亚洲许多地区，女子出嫁时，母亲往往会把珍珠当做出嫁的礼物。东方人佩戴珍珠，比西方人更多了一种含蓄之美。这种含蓄的气质像珍珠一样散发着淡淡的光，引起世人的赞叹。

思考：

为什么说佩戴首饰是一种无声的语言？

任务解析

在社交礼仪中，饰品佩戴是十分必要的，不但可以体现个人仪表形态，还能从细微之处体现个人品位。

饰品佩戴要求

五、饰品佩戴

（一）饰品的分类

饰品是指能够起到装饰作用的物件，是服饰的一个辅助物品，相对独立，是实用性与艺术性的结合体。

饰品主要分为两大类：一类是服装配饰，如帽子、领带、眼镜包、腰带、鞋子等；另一类是首饰配件，如耳环、项链、戒指、手镯等。饰品的佩戴应讲究整体的效果，与服饰相协调，起到点缀美化服饰的作用。适当的佩戴能让人更加光彩照人，是仪表美的重要组成部分。

旅游服务人员在选择和佩戴饰品时，要注意符合服务工作的性质。饰品应大方得体，不要过分炫耀、夸张、华贵和刻意堆砌，应少而简洁。

（二）饰品佩戴原则

1. 符合身份

旅游服务人员的工作性质是为旅游者提供服务，一切要以接待对象为中心，要把美丽和高贵留给旅客，满足其求尊的心理，不能突显服务人员的外在魅力，甚至在旅客面前炫耀，这是对旅客的不尊重。服务人员应摆正自己的位置，在工作岗位上佩戴饰品时一定要符合自己的身份，一般不选择张扬个性、另类夸张的饰品，以及高贵华丽的珠宝类饰品。

2. 恰到好处

旅游服务人员在工作场合一般要求穿正装，以展现端庄、庄重、职业感强。选择合适的饰品既符合所处的环境又可点缀服饰、增添美感。饰品的选择要注意是否能突出自己的优点、掩盖缺点，必须配合自己的体型、脸型与服饰。比如：脸短脖粗型的人，要戴长一些的项链；长脸型的人，要戴短一些的项链。

3. 以少为佳

旅游服务人员佩戴的饰品在数量上要少，品种上也要少，可佩戴个别精致的小饰品。在选择佩戴饰品时，一般不宜超过两个品种。佩戴某一品种的饰品，则不宜超过两件。饰品多则杂，不但不能增添美感，反而会画蛇添足。

4. 同质同色

饰品种类繁多，佩戴方法多样，佩戴上讲究搭配与和谐。佩戴两种或两种以上的饰品时要注意同色同质。同色即同一种色系，如项链是金色的，戒指也应是金色的。同质即同一种质地，如项链是银制的戒指就不宜是金制的。

旅游服务人员穿着制服时，不宜佩戴有明显装饰性的戒指、项链、手镯、手链、脚链等，餐饮服务人员不得佩戴戒指、项链、手镯等饰品。

知识拓展

不同饰品佩戴的礼仪

饰物佩戴的目的是提升人的气质，增加美感，达到“锦上添花”的效果。但是某些饰物的佩戴并非是随意的，往往有着约定俗成的意义。对此，只有了解，才能在达到高雅美丽的同时，又合乎礼仪规范。

一、佩戴戒指的礼仪

购买戒指时，须选配与手指形状、肤色相配的戒指。戒指一般戴在左手上，最多不要超过两个。但要注意的是，若戴两个戒指要在左手连着戴或左右对称。

二、佩戴项链的礼仪

项链是戴于颈部的环形首饰，男女均可使用，种类繁多，是佩戴时间长、范围广泛的重要首饰。男士所戴的项链一般不应外露且不应多于一条，但可将一条长项链折成数圈佩戴。戴项链时，要与服装、颈部和肤色相协调。从长度上区分，项链可分为4种：一是短项链，适合搭配低领上装；二是中长项链，可广泛使用；三是长项链，适合女士用于社交场合；四是特长项链，适合女士在隆重的社交场合佩戴。

三、佩戴手镯、手链的礼仪

手镯是女性的装饰物，因纤丽精巧受到现代女性青睐。戴手镯和手链很有讲究。在普通情况下，手链应仅戴一条，并戴在左手上。一只手上戴多条手链、双手同时戴手链或手链与手镯同时佩戴，是不得体的。在一些地方，所戴手镯、手链的数量、位置，可用以表示婚否。手镯戴在右臂上，表明佩戴者是自由而不受约束的；如果戴在左臂上，表明已经结婚。一般来讲，手链与手镯均不应与手表同戴在一只手上。如果戴手镯、手链和耳环等首饰，一般可以省去项链，或只戴短项链为宜，以免三者在视觉上重复，影响美感。

四、佩戴耳环的礼仪

耳环也叫耳坠，是女性耳垂的特殊饰物，种类繁多，主要有有穗式和无穗式两大类。耳环的设计可分为穿耳洞、夹式和扭转式。穿耳洞的耳环佩戴较麻烦，但是样式精巧，选择也多。女性可根据自己的脸型选择合适的耳环。

五、佩戴胸针与胸花的礼仪

胸针可别在胸前，也可别在领口、襟头等位置。胸针式样要注意与脸型协调。长脸型宜佩戴圆形的胸针；圆脸型应佩戴长方形胸针；方脸型应佩戴圆形胸针。

任务实施

我国有许多出色的女外交官，如今已 70 多岁的女外交官傅莹，被称为“最美外交官”。在任时，她不仅业务能力强，而且每次出席各种场合时，得体的穿搭更是给人留下了深刻的印象。除了穿西装，傅莹在很多正式场合也会选择中式礼服，让东方美学赋予自己得体的魅力。在向英国女王递交国书时，傅莹亲挑了一块黄底青花的织锦缎面料，做成新中式唐装。青蓝色滚边强调了立领设计，拉伸脖子线条让体态更挺拔，盘扣和印花图案都非常具有古典韵味，让她整体显得非常沉稳睿智。这是身份的象征，也是气场的体现，其形象和气势让人有深深的敬畏感！

懂得服装穿搭技巧，既能凸显气质，又能融入时尚，还能起到扬长避短的效果。

资料来源：东方女人老去后有多高雅，尽显大国之美 [EB/OL].(2023-07-01)[2023-07-15].https://zhuanlan.zhihu.com/p/643695455.

思考：

外交官的服装色彩搭配给了你什么启示？

任务实施

一名刚毕业的大学生准备参加招聘面试，他买了一件新衬衫，在面试当天才拆开。他并不在乎衬衫上有皱痕，因为穿上西装就能挡住。但是没料到，面试过程中，房间温度较高，主试官让他把西装外套脱了。他当时就傻眼了，满脑子想的都是衬衣上的皱痕。

思考：

本案例给了你什么启示？

任务实施

小李去一家外企参加应聘总经理助理的面试。为确保万无一失，她做了精心的打扮：一身前卫的衣服、时尚的手环、造型独特的戒指、亮闪闪的项链、新潮的耳坠，身上每一处都是焦点，简直是无与伦比、鹤立鸡群。她的对手只是一个相貌平平的女孩，学历也并不比她高，所以小李觉得自己胜券在握。

但结果却出乎意料，她并没有被这家外企所认可。主考官抱歉地说："你确实很漂亮，你的服装配饰无不令我赏心悦目，可我觉得你并不适合干助理这份工作，实在很抱歉。"

思考：

小李为什么没有面试成功？假如你是小李，你打算怎样准备这次面试？

思考练习：

1. 着装的色彩搭配应掌握的技巧有哪些？
2. 在正式场合，我们的着装应该注意哪些问题？
3. 在面试时，应该怎样穿戴才得体？
4. 在正式场合中，应该怎样佩戴饰品才得体？

技能技巧训练：

我的服饰你来设计

训练要求：

1. 全班 5 人一组进行分组，每组选出 2 名模特。
2. 根据模特的特点，运用所学知识，为模特设计一套适合导游人员的休闲装和正式的职业套装。
3. 小组分析设计原理并展示设计作品。
4. 小组间进行评价并打分。

技能技巧训练：

打领带练习

训练要求：

1. 全班 2 人一组进行模拟训练，每个人准备一条领带，色彩和面料质地不限。
2. 两人面对面检查西装、衬衫及领带的搭配是否协调。要求每组至少有一条领带。
3. 反复练习打领带的方法（4 种打法任选）。（学生、教师及时进行点评和指导）。
4. 选出打领带较成功的一组，共同交流，体会正确的方法。

技能技巧训练：

系丝巾练习

训练要求：

1. 每人准备一条丝巾，色彩和面料质地不限，2 人一组进行模拟训练。

2. 两人面对面检查套裙、衬衫及丝巾的搭配是否协调。要求每组至少有一条丝巾。
3. 反复练习打丝巾的方法（4 种打法任选）。（学生、教师及时进行点评和指导）。
4. 选出打丝巾较成功的一组，共同交流，体会正确的方法。

技能技巧训练：

面试形象设计

训练要求：

1. 5 人一组进行模拟面试训练，每组选出 1 名学生进行面试形象设计。
2. 每组之间互评服饰、妆容及配饰的搭配是否符合人物特点及场合要求。

任务三　仪态万千 举止有度

任务导入

职业成功案例：小李凭借整洁的仪表和得体的穿着，在面试中给招聘者留下了良好的第一印象，最终成功获得了一份理想的工作，由此展示了仪态在求职过程中的重要性。一个整洁得体的仪表能够增加个人魅力，提高被录用的可能性。

商务洽谈成功案例：王总在一次商务洽谈中，通过整洁的仪表和得体的穿着，成功吸引了合作伙伴的注意，为公司带来了丰厚的订单。这表明在商务场合中，仪态不仅是个人形象的展现，也是商业成功的关键因素之一。

个人形象提升案例：小张通过重视仪表整洁，不仅在工作中得到了同事和领导的认可，还在生活中吸引了更多的朋友。案例说明了仪态对于个人形象的提升有着显著的影响，良好的仪态能够增强个人的社交魅力。

优雅仪态的案例：旗袍作为我国的一种传统服饰，要求穿着者具备优雅的仪态。通过学习旗袍仪态，女性不仅能够提升自己的气质，还能在生活中找到更多的自信和幸福感。该故事强调了优雅仪态对于女性形象和心理健康的积极影响。

历史故事：孟子的故事告诉我们，即使在古代，仪态教育也是培养个人完善人格的重要组成部分。孟母通过日常生活中的小事来教育孟子，让他从小就明白仪态的重要性。这表明仪态教育是贯穿个人一生的重要课题。

历史故事：齐顷公因不尊重他国使臣的仪态引发了四国联军讨伐齐国的严重后果。这个故事说明了仪态不仅是表面的礼貌，而且是关系到国家尊严和国际关系的重要方面。

思考：

总结仪态的重要性。

任务解析

这些故事都强调了仪态的重要性不仅在于个人的修养和气质，还在于它能够影响人际关系和个人在社会中的地位，乃至国家的尊严和国际关系。通过良好的仪态，个人可以展现出自己的内在修养，从而给人留下积极的印象。

仪态举止，看似简单，看似很微小，却能像“蝴蝶效应”似的不断扩大，不断产生影响，然后改变未来的状态。可能一个小小的微笑服务，就能让客户从心底感到温暖，感到舒服，愿意和你交流，进而赢得客户。

一、仪态的概念

仪态，是指人的身体姿态和风度，又称体态。仪态是一种非文字语言，包括人的体态姿势、动作和表情。肢体语言是用人体的动作、表情作为词汇来象征人的心灵、表达人的思想感情的一种非文字语言。在交谈中，一个眼神，一个表情，一个手势，都可以传递出非常丰富的内心世界，真可谓“此时无声胜有声”。

（一）正确认识仪态

（1）尽管仪态有着口头语言无法替代的作用，但它毕竟是无声的，在传递信息的功能上，口语要比肢体语更优越、更重要，因此两者不可偏颇，必须完美结合，才能“声情并茂”，全面、准确地表达思想感情，具体、生动地传递信息。

（2）尽管优美的仪态是一种美，可以起到很大的感染作用，但是它毕竟是外在的，是表象的，不可因为刻意追求这种外在美，而忽略了心灵美这个基础。只有真、善、美的心灵与优美的仪态相结合，才能相辅相成、相得益彰，展现一个完美的自我。

（3）优美的仪态不是天生就有的。要获得优美的仪态，应当积极主动地参与形体训练，掌握正确的方法，纠正不良的习惯，尽力达到自然美与修饰美相结合的最高境界。

（二）仪态礼仪的原则

（1）公共场合动作以少为好，行为举止要文明敬人。

（2）要尽量做到“站如松”“坐如钟”“行如风”。

（3）男性的举止要体现刚健潇洒之美，女性的举止要展示娇柔优雅之美。

（三）旅游职业人员仪态的作用

（1）良好的仪态是服务工作的要求，是礼貌服务的重要内容，是向客人表示尊重和友好的礼节礼貌。良好的仪态往往反映了健康的身体、健康的心理和健全的人格，反映个人的修养水平、受教育程度和可信任程度，在人际关系中能塑造良好的个人形象。

（2）良好的仪态是得体优美的体态语言，可以向客人表达欢迎、尊重、真诚等意愿，满足他们对尊重和审美的需要，创造和谐、高雅的气氛，调节人际关系，增进合作和友谊。

（3）旅游服务人员的仪态主要包括规范的站姿、优雅的坐姿、优美的走姿、正确的蹲姿、亲切的表情和恰当的手势。得体优雅的仪态能给人留下良好的第一印象，所以，旅游服务人员要刻苦训练，努力使自己的仪态规范得体。

二、站姿

站姿

常言说“站如松”，就是说站立应像松树那样端正挺拔。站姿是静力造型动作，显现的是静态美。站姿是人际交往中最基本的姿态，也是旅游服务人员最基本的服务姿态。在对客服务的过程中，绝大多数情况下旅游服务人员都是站立服务的，所以站姿是旅游服务人员仪态礼仪中最基本的仪态。同时站姿又是训练其他优美体态的基础，是表现不同姿态美的起始点。

这种规范的礼仪站姿，同部队战士的立正是有区别的，礼仪站姿较立正多了一些自然、亲近和柔美。旅游服务人员的标准站姿，要做到身体立正挺拔，通过身体的端正来体现旅游服务人员的内在道德修养，做到古人所说的立容德。

（一）站姿的基本要领

（1）头正。头部要端正，两眼平视前方，嘴微闭，收颌梗颈，表情自然，稍带微笑。

（2）肩平。两肩平正，微微放松、展开，稍向后下沉。

（3）臂垂。两肩平整，两臂自然下垂，中指对准裤缝。

（4）躯挺。胸部挺起，腹部往里收，腰部正直，臀部向内向上收紧。

（5）腿并。两腿立直、贴紧，脚跟靠拢，两脚夹角成 60°。

（二）站姿的种类

人际交往中男士和女士的站姿是不同的，在仪态礼仪中男性的举止要求做到稳健，女士则要求尽量做到优美。这里主要介绍旅游服务人员在服务岗位上的正确站姿。

1. 男士站姿

男士站立时一般采取双脚并拢或平行站立两种形式。双脚并拢姿势与军人的立正姿势大致相同，但不必那么刻板。要求双脚并拢，双腿伸直，上身保持正直，双臂自然下垂，头部平视前方。双脚平行站立时，两脚可以保持平行状态分开，双脚距离大致与肩同宽，其他与双脚并拢要求相同（见图 2-34）。

图 2-34　男士站姿

2. 女士站姿

女士站姿要体现出女性的优美姿态，任何站姿都要保证双脚是靠在一起的，不能叉开。站立时挺胸、收腹，目视前方，双手在腹前交叉，双脚呈丁字形站立（见图 2-35）。

图 2-35　女士的 3 种站姿

以上两种站姿中双脚平行的为男士独有，女士不可采取此种站姿。丁字形步态为女士独有，男士一般不宜采用。

除了这两种站姿外，其他站姿一般是男女通用的。如手的摆放可以分为前腹式（双手在腹前交叉）（见图 2-36）、后背式（双手在背后交叉）（见图 2-37）、单臂式（一只手单臂后背，另一只手下垂）（见图 2-38）。这几种方式不管男士还是女士都可以使用，旅游服务人员可以根据具体情况来选择。丁字步站姿，双脚可以有左丁字步和右丁字步之分，这种步态多为女士适用。

图 2-36　前腹式站姿

图 2-37　后背式站姿

图 2-38　单臂式站姿

（三）不良站姿

在日常生活中，我们常看到一些不雅的姿态，如身体歪斜，头偏歪，脖间斜，蜷腿等。例如：趴伏一靠，身体斜靠在门、墙、桌子上；弯腰驼背，缩肩含胸；手位不当，常见的有抱臂叉腰、手抱在脑后；脚位不当，内八字或外八字，站立的时候脚踩踏在其他物体上。

旅游服务人员在工作岗位上应时刻保持良好的精神状态，时刻做好为顾客提供服务的准备。因此，不管采用何种站姿，不管是男是女，都要避免以下几种情况（见图 2-39）：

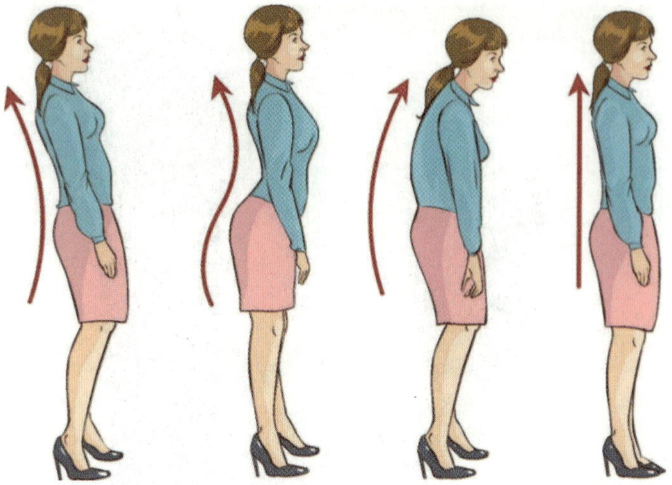

图 2-39　不良站姿

1. 两腿叉开过大

女士站姿中，任何时候都不允许双脚叉开，可以采取双脚并拢或丁字步态。男士虽然双脚可以叉开，但不能叉开过大，一般与肩宽相同，20 厘米内为宜。

2. 弯腰驼背、身体歪斜

如果站立时间久了，可以换一种站姿或转换身体重心，但绝不允许弯腰驼背、身体歪斜。不管哪种站姿都要保证上身笔直、端正。

3. 双手随意乱放

旅游服务人员的双手要时刻做好为顾客服务的准备，不可随意乱放，更不允许有多余的动作，不允许挖耳朵、抠鼻子、挠头发等。

4. 两脚随意乱动

旅游服务人员双脚步态不必时刻保持一种姿势，如果站立时间长了可以适当变换步态，但不能太过频繁，每一种步态都要保持一定的时间。

5. 目光转移不定

站立时要时刻保持微笑，双目一般保持平视。依据工作的内容和周围环境的变化，目光可以适当转动，但切忌东张西望。

（四）站姿的训练

优美的站姿是可以训练出来的，但需要采用科学、有效的方法。

1. 五点靠墙训练

练习者背墙站立，脚跟、小腿、臀部、双肩和头部靠着墙壁，以训练身体的控制能力（见图 2-40）。为增加两腿夹紧的程度，两大腿间夹上一张纸，保持纸不松、不掉，停留 10 分钟，重复练习 5 次。

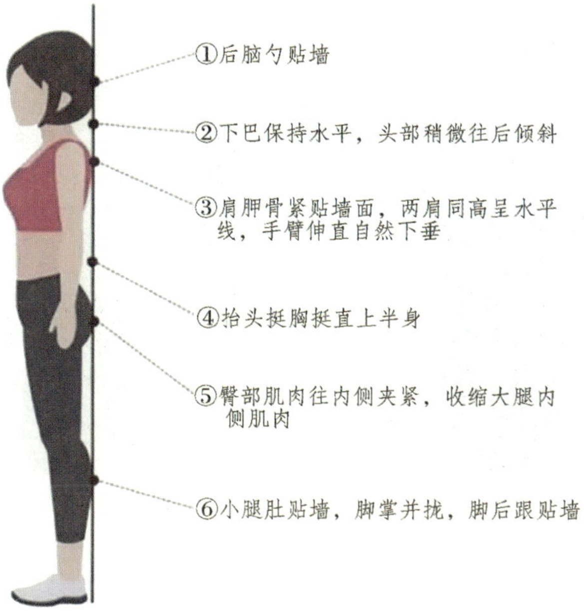

图 2-40 站姿：五点靠墙训练

2. 头上顶书训练

练习者按正确的站立姿态站立，头上顶一本书，两大腿间夹上一张纸，停留 5~10 分钟（见图 2-41）。

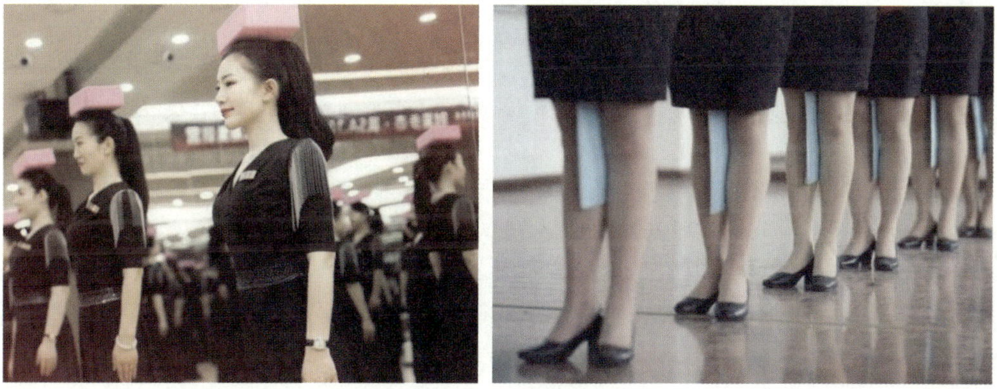

图 2-41 站姿训练（1）

此练习能让练习者充分体会正确身体姿态的身体感觉，锻炼身体的平衡与控制能力，从而形成优雅的站姿（见图 2-42）。

图 2-42　站姿训练（2）

三、坐姿

中国有句古话叫“坐如钟”，那么怎样才能做到“坐如钟”呢？端庄的坐姿要做到挺胸、收腹、肩平、头正、眼看前方、四肢摆放规矩。

坐姿

知识拓展

大至国家治理，小到日常行走坐卧，我国都有丰富的文化积累。“站有站相，坐有坐相”，这是人们用来教育子女的一句常用话。由此也可以看出，坐姿是仪态的一种体现。从更深层次而言，坐姿是一种社交礼节，关乎礼仪。

古人对坐姿很有讲究，在不同的场合要采取不同的坐姿，主要有 3 种：趺坐，即双足交叠，盘腿而坐；箕踞，即两脚张开，两膝微曲地坐着，形状像簸箕形状；跽，即跪坐，臀部压在后曲的小腿和脚上。在没有宾客时，坐姿可以随意一些，如上面的前两种，但是如果和尊者、长者、朋友交谈，或在议事、宴会和招待客人时，就要采用礼貌的姿势——跽，即跪坐了。

（一）影响坐姿的要素

坐是一种静态造型，在日常工作和生活中，是非常重要的仪态。对男士而言，更要做到“坐如钟”，而女士则要求端庄优美的坐姿，给人以文雅、端庄、大方的美感。不正确的坐姿，会显得不雅观和没教养。一般而言，影响坐姿的要素有 3 个，分别是角度、深浅、舒展度。

1. 角度

当我们坐在椅子上之后，身上会形成两个比较大的角度，一个就是上身和大腿之间，另一个就是大腿和小腿之间。当两个夹角都是 90° 时，就显得非常庄重严肃，就是我们常说的正襟危坐；如果角度小于 90° ，看起来就显得比较疲惫，有时候甚至看起来有些猥琐；如果角度大于 90° ，就显得比较放松，看起来也会有一些懒散。

2. 深浅

深浅是指我们坐在椅子上之后，臀部所占的面积。如果全部坐满甚至是后背靠上椅背就显得比较自信，甚至有些傲慢；如果坐的位置过于小，就显得有些胆怯，甚至忐忑不安。一般而言，我们坐在椅子的 2/3 处是比较合适的位置，这样既显得恭敬，又显得比较端庄。

3. 舒展度

坐下之后，我们的手脚四肢要比较自然地摆放，不要过于紧张，手足无措或者到处乱摸都欠妥。当然，坐姿也取决于我们所处的场合和与交往对象的关系。当我们到领导办公室去谈话的时候，最好是正襟危坐；当我们在家里看电视，或者在一些私人的场合就可以比较放松。

（二）坐姿礼仪

1. 入座礼仪

（1）入座时，从椅子后面入座。如果椅子左右两侧都空着，应从左侧走到椅子前。

（2）背对椅子双脚成小丁字步，一脚向后撤半步，使小腿触及椅子，以确定位置。

（3）女性若穿的是裙装，在落座时应用双手把裙子从上至下拢一下，以防坐出褶皱或因裙子被打折坐住而使腿部裸露过多，同时也显得更优雅、端庄。

（4）坐下时应该大方自然，轻轻落座，不要太快或太慢、太重或太轻，坐椅子的 2/3 为宜。

（5）坐下之后，上半身保持直立，两肩放松，下颌向内微收，颈直，挺胸收腹立腰。女性双脚并齐，双腿并拢；男性两脚和两腿可稍微分开，但以不超过肩宽为宜。

2. 男士坐姿

（1）标准（端坐）式。上身挺直，两肩平正，下颌微收，双腿自然弯曲垂直于地面，两腿间距离应不超过肩宽，双手放在双膝上或扶手上（见图 2-43）。

图 2-43　男士标准坐姿

（2）前伸式。在标准坐姿的基础上，左脚向前半脚，脚尖不要翘起，双手放在双膝上或扶手上（见图 2-44）。

图 2-44　男士前伸式坐姿

（3）前交叉式。在前伸式坐姿的基础上，右脚后缩，与左脚交叉，两踝关节重叠，两脚尖着地，双手放在双膝上或扶手上（见图 2-45）。

图 2-45　男士前交叉式坐姿

（4）曲直式。在端坐式的基础上，右（左）脚前伸，左（右）小腿后屈，大腿靠紧，两脚前脚掌着地，并在一条直线上（见图 2-46）。

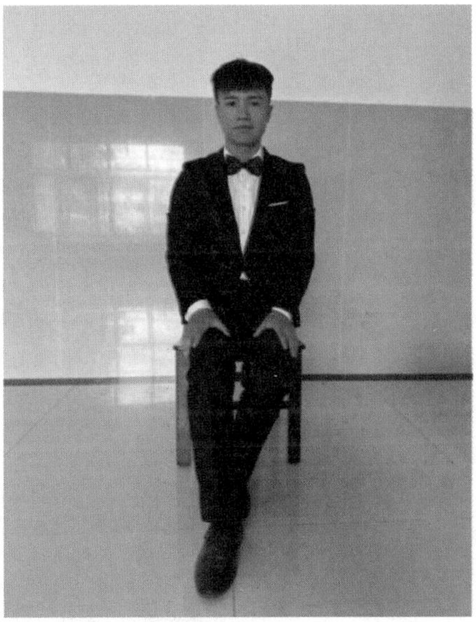

图 2-46　男士曲直式坐姿

（5）重叠式。重叠式又称“二郎腿”或“标准式架腿”，左（右）小腿垂直于地面，右（左）腿在膝上部重叠并向里收，贴住另一腿，脚尖自然地向下垂（见图 2-47）。这种坐姿不正式，在正式的社交场合不建议使用。

图 2-47　男士重叠式坐姿

3. 女士坐姿

（1）标准（端坐）式。上身挺直，两肩平正，下颌微收，双腿自然弯曲垂直于地面，双膝并拢，两脚靠拢或成丁字步，两手自然交叉放在两腿上（见图 2-48）。若着膝盖以上的裙装，两手自然交叉放在裙子边缘。

图 2-48　女士标准坐姿

（2）曲直式。在端坐式的基础上，右（左）脚前伸，左（右）小腿后屈，大腿靠紧，两脚前脚掌着地，并在一条直线上（见图 2-49）。

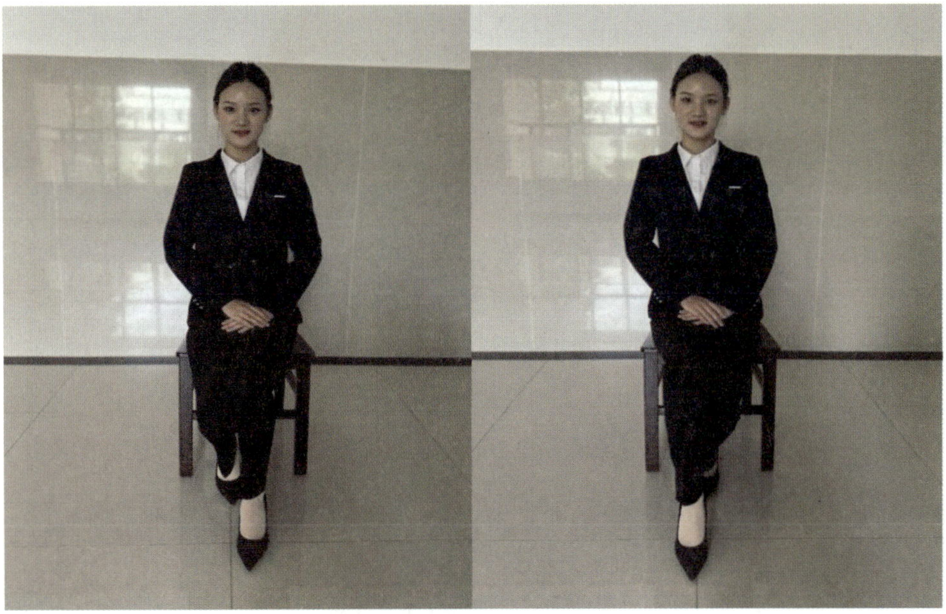

图 2-49　女士曲直式坐姿

（3）侧点式。两小腿向左（右）斜出，两膝并拢，右（左）脚跟靠拢左（右）脚内侧，右（左）脚掌着地，左（右）脚尖着地（见图 2-50）。注意大腿小腿之间要成 90°，小腿要充分伸直，尽量显示小腿长度。

图 2-50　女士侧点式坐姿

（4）斜交叉式。在前伸式坐姿的基础上，右脚后缩，与左脚交叉，两踝关节重叠，脚尖着地（见图 2-51）。

图 2-51 女士斜交叉式坐姿

（5）侧挂式。在侧点式基础上，左（右）腿后屈，脚绷直，脚掌内侧着地，右（左）腿提起于左（右）腿上，用右（左）脚面贴住左（右）踝，膝和小腿并拢（见图 2-52）。

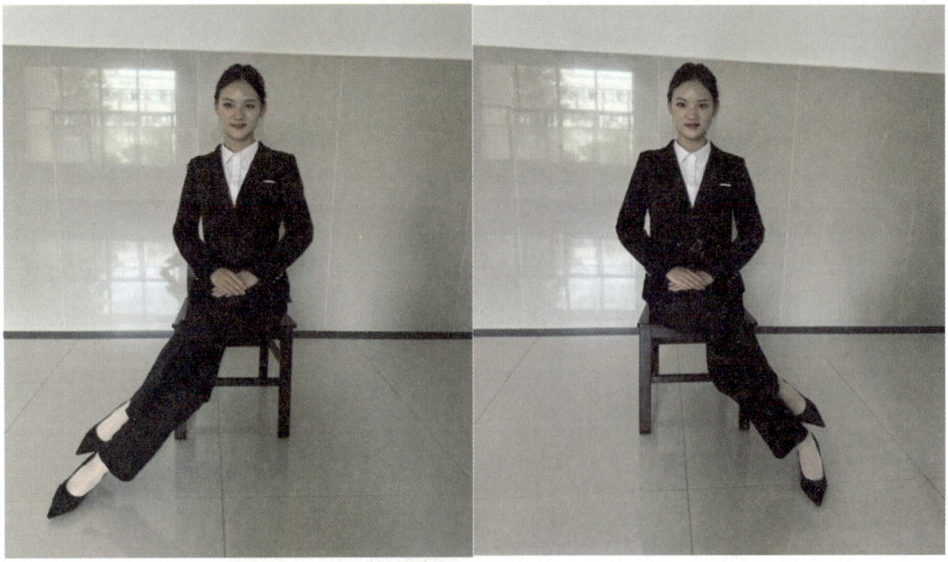

图 2-52 女士侧挂式坐姿

（6）重叠式。重叠式又叫“二郎腿”或“标准式架腿”，在标准式坐姿的基础上，两腿向前，左（右）小腿垂直于地面，右（左）腿在膝上部重叠并向里收，贴住另一腿，脚尖自然地向下垂（见图 2-53）。重叠式还有正身、侧身之分，手部也可交叉、扶把手等。

图 2-53　女士重叠式坐姿

4. 离座礼仪

起立时，一脚先向后收半步，然后站起，动作要轻缓，尤其要避免弄响座椅，或将椅垫弄掉在地上。女性若着裙装，要用双手把裙子从上至下拢一下，以防裙子边缘上翻而走光。离开时，再向前走一步，从椅子的左侧离去。

（三）不良坐姿

不良坐姿包括分腿、前伸、平放；一腿弯曲，一腿平伸；双脚或单脚抬放在椅面上；双手抱头、叉腰、背后。男士双腿重叠时，双腿不停地抖动；女士双膝相连，两脚分别向外侧斜放，形成“人”字形。不良坐姿举例如图 2-54 所示。

图 2-54　不良坐姿

四、走姿

走姿

走姿是站姿的延续动作，是一种动态的美。每个人都是一个流动的造型体。优雅、稳健、敏捷的走姿，会给人以美的感受，产生感染力，反映积极向上的精神状态。走姿要求“行如风”，是指人行走时，如风行水上，有一种轻快自然的美。男士与女士的行走风格有所不同，男士的步履应矫健有力，展现阳刚之美；女士的步履应端庄典雅，展现阴柔之美。

（一）走姿的基本要领

（1）头正。双目平视，收颌，表情自然平和。

（2）肩平。两肩平稳，防止上下前后摇摆。双臂前后自然摆动，前后摆幅在 30°～40°，两手自然弯曲，在摆动中离开双腿不超过一拳的距离。

（3）躯挺。上身挺直，收腹立腰，重心稍前倾。

（4）步位直。步位指行走时两脚下落到地面的位置。两脚尖略开，脚跟先着地，两脚内侧落地，走出的轨迹要在一条直线上。男士行走时的步位一般要求两脚跟先着地，两脚尖略外展，双脚基本行进在两条平行线上；女士行走时的步位要求脚跟先着地，脚尖正对前方，两脚跟要前后落在同一条直线上，也即“一字步”。若女子的步位走在两条平行线上，臀部会失去摆动，腰部会显得僵硬，失去美感。

（5）步幅适度。步幅也称步度，是人们行走时两脚之间的距离。步幅的大小往往因人而异，可根据性别、身高、着装的不同而有所差异，但行进时最佳的步幅应为本人一只脚的长度，即男性每步约 40 厘米，女性每步约 30 厘米。行进中步幅的大小应当大体保持一致。

如果幅度过大，会显得沉稳不足，如果女士幅度过大，也就失去了娇柔之美；如果波动过小，就会显得琐碎有余，大气不足，所以要有一定的步韵。

（6）步速平稳。步速就是行走的速度。行进的速度应当保持均匀、平稳，不要忽快忽慢。男士以每分钟 108~110 步为宜，女士以每分钟 118~120 步为宜。对于旅游服务人员而言，在不同的场合与环境中，步速可以有变化。但在某种特定的场合，应当保持步速相对均匀与平稳，不要忽快忽慢，要自然舒缓，以体现成熟、自信。

男性在行走时幅度稍大，步伐略快，看起来奔放有力，体现阳刚之美。女性在行走时幅度略小，步伐略慢，显得轻快端庄，展现优雅之美。面带微笑，眼睛平视，双手自然摆臂，重心前倾，步伐不宜太大。

（7）对于女士而言，着职业装时需要搭配 3~5 厘米的高跟鞋，这样既正式又表示尊重。穿上高跟鞋后，脚跟提高了，身体重心自然就前移了，为了保持身体平衡，膝关节要绷直，胸部自然挺起，收腹、提臀、直腰，这样可使走姿更显挺拔（见图 2-55）。

图 2-55　男、女走姿

（二）变向走姿

变向走姿是指在行走中，需转身改变方向时的仪态。行走时应采用合理的方法，体现规范和优美的步态。

（1）后退步。与人告别时，应当先后退两三步，再转身离去，退步时脚轻擦地面，步幅要小，先转身后转头。

（2）引导步。引导步是用于走在前边给旅客带路的步态。引导时要尽可能走在旅客左侧前方，整个身体半转向旅客方向，保持两步的距离。遇到上下楼梯、拐弯、进门时，要伸手示意，并提示请旅客上楼、进门等。

（3）前行转身步。在前行中拐弯时，要在距所转方向远侧的一脚落地后，立即以该脚掌为轴，转过全身，然后迈出另一只脚，即向左拐要右脚在前时转身，向右拐要左脚在前时转身。

（三）不雅走姿

在生活中也有一些不雅的走姿，如步幅过大、过小，步位不正，不走直线，内八字、外八字等，这样都会导致步态不雅。另外，还有体位不雅，如弯腰驼背、弯肩晃膀、左顾右盼、搔首弄姿，以及步履不稳，过快或过慢等。

关于行走姿态，还有一些需要特别说明的是，日常生活中走路不同于舞台的步子，如时装表演的模特走姿，会更加夸张，表现肢体的美感，摆动的幅度大，节奏感也更鲜明，给人以充满朝气、体态轻盈的感觉。再如具体到社交场景，要灵活运用仪态礼仪，最重要的是真诚待人，礼貌敬人。就像前面讲到的，礼仪是内心情感的表达，行为是受内心支配的，所以如何表达尊敬之情，稳重之态，快走还是慢走，常常取决于不同的社交情景。

（四）走姿的训练

可以选择一个宽敞的场地，带有镜子的形体房最佳，在地面上画出若干条直线，准备几首舒缓的背景音乐。首先，保持标准站立姿势，在头上放个小垫子或书本，放稳后再松手；其次，把双手放在身体两侧或腹前沿着直线行走，注意保持物品不掉下来。这是一种有效的训练身体平衡的方法，长期训练，使背脊、脖子竖直，上半身不随便摇晃。

蹲姿

五、蹲姿

蹲姿是人们经常采用的一种体态。当一个人需要拿取低处的物品或捡起掉在地面上的物品时，都需要采取降低身体重心的方式才能完成。如果弯腰屈背、低头翘臀地去捡掉在地上的物品，会不雅观。因此，蹲下时要注意身体姿态的控制，给人以优雅之感。

（一）蹲姿的基本要领

（1）上身保持直立，下蹲时臀朝下。

（2）女士双腿要并拢，男士双腿可适度分开，以不超过肩宽为宜。

（3）重心放于后脚上。

（二）蹲姿的种类

1. 高低式蹲姿

高低式蹲姿是服务人员平日用得最多的一种蹲姿，男女通用。它的基本特征是双膝一高一低，下蹲时两腿靠紧，一脚在前，另一只脚稍后（见图 2-56）。将身体重心放于前脚，后脚用于保持平衡。前脚基本全部着地，小腿垂直，后脚掌着地，脚跟提起，臀部向下。女士高低式蹲姿中，双膝必须始终保持紧紧靠拢，男士则可适当分开。

图 2-56　高地式蹲姿

2. 交叉式蹲姿

交叉式蹲姿一般为女士独有，尤其是着裙装的女性。它的主要优点是造型优美典雅，其基本特征是蹲下来之后双腿交叉在一起，一脚在前，另一只脚在后，前脚小腿垂直于地面，全脚掌着地，后脚在后与前脚交叉重叠，膝盖由后向前伸向另一侧，脚跟抬起，脚掌着地，两腿靠近，臀部向下（见图 2-57）。

图 2-57　女士交叉式蹲姿

3. 半蹲式蹲姿

半蹲式蹲姿多见于行进之中临时采用。它的正式程度不及前两种蹲姿，但在需要应急时亦可以采用。它的基本特征是身体半立半蹲，其具体要求是：下蹲时上身稍许弯下，但不可与下肢构成直角或锐角，臀部务必向下而不是崛起；双膝略微弯曲，其角度可根据需要有大有小，但一般均为钝角，身体的重心应放在一条腿上，两腿之间不宜分开过多（见图 2-58）。

图 2-58　半蹲式蹲姿

4. 半跪式蹲姿

半跪式蹲姿又叫单跪式蹲姿，也是一种非正式蹲姿，多用于下蹲时间较长，或为了用力方便之时。它的基本特征是双腿一蹲一跪，主要要求为：下蹲之后改为一腿单膝点地，臀部坐其脚跟之上，而以其脚尖着地，另外一条腿则应当全脚着地，小腿垂直于地面，双膝应同时向外，双腿应尽量靠拢（见图 2-59）。下蹲时，应单腿弯曲下蹲，不要整体弯腰低头。下蹲时应尽可能避免后背朝人，应正面朝人。

图 2-59　半跪式蹲姿

（三）注意事项

1. 谨慎使用

蹲姿在仪态中比较特殊，旅游服务人员在工作岗位上要谨慎使用，不能“想蹲就蹲”，只有在特殊情况下，如拾物、系鞋带及工作需要时才可使用。

2. 保护隐私

下蹲时要注意保护隐私部位，特别是女性，应避免隐私被人一览无余。

3. 侧面对人

下蹲时比较正确的做法是侧面对人，正面相向容易暴露隐私，也会让人觉得不舒服，后面对人是不礼貌的。

手势

六、手势

在旅游服务及社交活动中，有时为了更好地进行沟通需要运用一些手势语言。手势作为一种肢体语言，是口头语言的辅助，能帮助我们更好地进行沟通。在旅游服务中可以适当地运用一些手势，以更好地表达我们的意图。但是运用手势之前，首先要对手势有所了解。相同的手势在不同的文化背景下意思可能是截然相反的，所以运用手势时要谨慎。得体、自然、大方的手势，会给人留下良好的印象，增添自身的魅力。

（一）手势的种类及含义

1. 表示“引领”的手势

在各种交往场合都离不开引领动作，如请客人进门、请客人坐下、为客人开门等，都需要运用手与臂的协调动作。同时，由于这是一种礼仪，还必须注入真情实感，调动全身活力，使心与形体形成高度统一，以做出美感。引领动作主要有以下几种表现形式：

（1）横摆式。以右手为例：将五指伸直并拢，手心不要凹陷，手与地面成 45° 角，手心向斜上方，腕关节微屈，要低于肘关节（见图 2-60）。动作时，手从腹前抬起，至横膈膜处，然后以肘关节为轴向右摆动，到身体右侧稍前的地方停住。同时，双脚成右丁字步，左手下垂，目视来宾，面带微笑。这是在门的入口处常用的谦让礼的姿势。

图 2-60　横摆式

（2）屈臂式。当一只手拿着东西，扶着电梯门或房门，同时要做出“请”的手势时，可采用屈臂手势。以右手为例：五指伸直并拢，从身体的侧前方，向上抬起，至上臂离开身体的高度，然后以肘关节为轴，手臂由体侧向体前摆动，摆到手与身体相距 20 厘米处停止，面向右侧，目视来宾（见图 2-61）。

图 2-61　屈臂式

（3）斜下式。请来宾入座时，手势要斜向下方。首先用双手将椅子向后拉开，然后一只手曲臂由前抬起，再以肘关节为轴，前臂由上向下摆动，使手臂向下成一斜线，并微笑点头示意来宾（见图 2-62）。

图 2-62　斜下式

2. 表示“介绍”的手势

在介绍他人时，手势要注意对双方的尊重，指向介绍对象时不能用手指，而要用手掌，且要掌心向上，手背朝下（见图 2-63）。介绍时四指并拢，拇指张开，指向被介绍的一方，手掌一般抬到与肩齐平。

图 2-63　表示“介绍”的手势

3. 递接物品

在递接物品时，尽量用双手，面带微笑且表情自然，以示对对方的尊重。如果不能使用双手，也可以用右手，一般不用左手。如果递接的是文件、名片等，要将正面朝向对方，双手拿文件、名片的上部，大拇指在上，四指在下，同时要行微鞠躬礼（见图 2-64），对方则要双手接过来，而且要认真阅读。如果递送的是笔、刀等物品，则要将笔尖、刀刃朝向自己的虎口，不能朝向他人。

图 2-64　递接物品

4. 鼓掌

表示欢迎和祝贺时一般会鼓掌。鼓掌时一般用右手掌心拍击左手掌心，拍击频率和力度以自然为准，做到恰到好处（见图 2-65）。

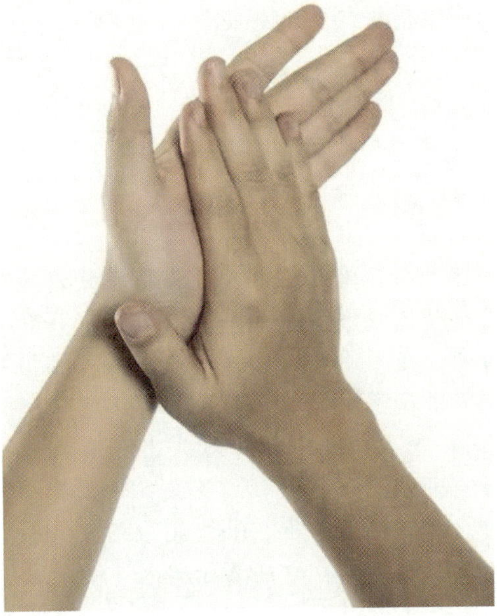

图 2-65　鼓掌

（二）使用手势的注意事项

1. 手势以少为宜

虽然手势可以帮助我们更好地沟通和交流，但在人际交往中手势使用不宜过多。沟通时尽量选择语言、表情等方式来表达自己的意图，过多的手势会给人以指手画脚的感觉，而且如果文化背景及习惯不同，同一个手势可能会有不同的理解，易造成误会。

2. 区分文化背景

手势语同语言一样，是有地域和文化背景之分的，同一个手势在不同的文化背景下可能表示的意思是截然相反的。因此，使用手势语的时候一定要谨慎，只有了解了对方的文化背景后，才能选择合适的手势语。

3. 避免不卫生、不礼貌的手势

社交场合要避免不卫生的手势，如在人前抠鼻子、掏耳朵、挠头皮等都是不卫生的。同时还要避免一些不礼貌的手势，如表示骂人、侮辱人的手势都不能出现。另外，用手指点他人也是不礼貌的，尤其对旅游服务人员来说，更要避免。

4. 杜绝多余的手势

日常生活中有人会有一些多余的习惯，如有人讲话会有口头禅，有人有经常使用的手势，在交往过程当中容易出现指指点点，随意摆手，双臂抱起，双手抱头，摆弄口袋，手插口袋，搔首弄姿和抚摸身体等一些错误的手势。在旅游服务中要杜绝这些多余的手势，以免给人造成误会和产生指手画脚的感觉。

知识拓展

世界各国的手势语

手势语是体态语的一种。体态语包括眼神、走路姿势、站立的姿势以及手势等。体态语十分丰富，可以表达各种思想感情，并且不同的文化有着不同的体态语。关于手势的运用，大家需要注意的是，在不同的文化背景之下，可能相同的手势会有着不同的寓意。下面是一些常见的手势语在不同文化中的含义：

1. 跷大拇指。在中国，跷大拇指表示“好”，用来称赞对方干得不错、了不起、高明，这个意思在世界上许多国家都是一样的。英美人伸大拇指，向上翘，意为“It's good”或“It's OK”。伸大拇指，向下翘，意为“It's bad”或“I don't agree it”。但是在一些国家还有另外的意思。比如，在日本，它还表示男人、你的父亲、最高；在韩国，还表示首领、自己的父亲、部长和队长；在澳大利亚、美国、墨西哥、荷兰等国，则表示祈祷命运；在法国、印度，拦路搭车时可以使用这一手势；在尼日利亚，它又表示对远方亲人的问候。此外，一些国家还用这一手势指责对方“胡扯”。

2. 将拇指和食指弯曲合成圆圈，手心向前。这个手势在美国表示“OK”；在日本表示钱；在拉丁美洲则表示下流低级的动作。

3. 用食指点别人。这在欧美国家是很不礼貌的责骂人的动作。英美人把大拇指和食指组成圆，其余三指伸直，意为“Excellent”。

4. 伸出食指。在美国表示让对方稍等；在法国表示请求对方回答问题；在缅甸表示请求、拜托；在新加坡表示最重要的；在澳大利亚则表示“请再来一杯啤酒”。

5. 伸出食指和中指做V字状。“V”是英文 victory 和法文 victore（胜利）的第一个字母，故在英国、法国、捷克等国此手势含有“胜利”之意。但在塞尔维亚语中，这一手势代表“英雄气概”，在荷兰语中则代表“自由”。

6. 食指弯曲。这一手势在中国表示“9”；在日本表示小偷，特别是那些专门在商店里偷窃的人及其偷窃行为；在泰国、新加坡、马来西亚表示死亡；在墨西哥则表示钱或询问价格及数量的多少。

7. 将手掌向上伸开，不停地伸出手指。这个动作在英美国家是用来招呼人的，意即“come here”。

8. 伸出中指。这个手势在法国、美国、新加坡表示“被激怒”和“极度不愉快”；在墨西哥表示“不满”；在澳大利亚、美国、突尼斯表示“侮辱”；在法国还表示“下流行为”。

9. 伸出小指。在日本表示女人、女孩子、恋人；在韩国表示妻子、妾、女朋友；在菲律宾表示小个子、年轻或表示对方是小人物；在泰国、沙特阿拉伯表示朋友；在缅甸、印度表示要去厕所；在英国表示懦弱的男人；在美国、韩国、尼日利亚表示打赌。

微笑服务

七、目光与微笑

表情是仪态的重要组成部分，是无声的语言，主要包括目光和微笑两个部分。卡耐基说：“一个人脸上的表情比他身上穿的更重要。”旅游服务人员需要注意的是，自己在工作之中的表情直接影响旅客的情绪体验，因此，好的表情对于旅游服务人员来说是非常重要的。

（一）目光

目光，是对眼睛总体活动的一种统称。人们常说眼睛是心灵的窗户，目光能够最直接、最准确地展示一个人的心理活动。在人与人之间进行交流时，目光的交流总是处于最重要的地位。交流过程中，双方要不断地用目光表达自己的意愿、情感，还要适当观察对方的目光，探测虚实。交流结束时，也要用目光来收尾。在各种礼仪形式中，在人际交往中，87%的信息是通过视觉传达的，目光运用得当与否，直接影响礼仪的质量。一双炯炯有神的眼睛，能给人以感情充沛、生机勃发的感觉；而目光呆滞、麻木，则会给人留下疲惫厌倦的印象。因此，旅游接待人员应该学会正确地使用目光进行交流，从注视时间、注视角度、注视部位3个方面来表达自己的意愿、情感，并学会从客人的目光中了解旅客的意图。

1. 注视时间

旅游服务中旅游服务人员在与旅客交流时，注视对方时间的长短往往十分重要。一般注视对方的时间占彼此交谈时间的 1/3 为宜，每次看对方的眼睛 3 秒左右，以让旅客感觉舒服。

2. 注视角度

从目光投射的方向和角度看，眼神常见的表现形式有平视、仰视、俯视和旁视 4 种。

（1）平视。

平视是指视线呈水平状态，也叫正视。这种目光的主要含义是显示地位的平等。旅游服务人员一般采用平视的目光对待每一位顾客，表现出双方地位的平等和本人的不卑不亢。

（2）仰视。

仰视是指视线朝上，也叫上视，表示尊重、谦逊、敬畏之意，适用于面对尊长之时。

（3）俯视。

俯视是指视线朝下，也叫下视，一般表示对晚辈的爱护、宽容，也可表示对他人的傲慢、歧视。

（4）旁视。

旁视是指视线斜行，一般表示怀疑、疑问、轻视、厌恶，是一种失礼的表现。旅游服务人员在旅游服务过程中切记勿用。

当我们在与对方进行目光接触时，如果你的视线是向下的，可能会表现出一种权威感和优越感。如果你的视线是向上的，则会表现出一种不自信，没有主见的状态。当你的目光是平视的时候，就能够表现出客观、自信、尊重和平等。因此，在旅游服务中，应选择平视的目光。

3. 注视部位

在人际交往中目光所及之处，就是注视的部位。一般而言，目光注视的部位可分为 3 个区域。

（1）公务注视区域。

这个区域是以两眼为底线、额中为顶角形成的一个三角区，表示严肃、认真和公事公办，适用于公务活动中。

（2）社交注视区域。

这个区域是双眼以下至下颚以上所形成的倒三角区域。在与人交谈时注视对方的这一区域能让其感到轻松、舒适、自然，创造出一种良好的社交气氛，适用于舞会、茶话会和友谊聚会等社交场合。

（3）亲密注视区域。

这个区域是双眼到胸部之间的区域，表示亲近、友善，适用于关系密切的男女之间。

旅游服务人员和旅客之间是一种社交关系，他们之间的目光交流应该停留在社交注视区域。如果眼神不对，很容易引起旅客的误会，让人觉得你很轻浮，从而带来麻烦。旅游接待人员在与旅客交往时，需注意以下几个方面：

第一，与旅客初次见面时，应行注目礼，头部轻轻一点，就可以表示尊敬和礼貌。

第二，与旅客交谈时，注意始终保持和客人目光的接触，显示出你对你们之间所谈话题有兴趣，不可左顾右盼。即使你对你们之间的话题不感兴趣，也要始终注视着对方，但必须明白：注视并非紧盯。注视时，瞳孔的焦距呈散射状态，目光笼罩着对方的面部，同时辅以真挚、热忱的面部表情。随着你和旅客之间谈话内容的转换，眼神和面部表情也应做出相应的变化，不要让旅客觉得你是在敷衍了事。

第三，面对众多的客人讲话时，要先用目光扫视全场，提醒大家注意："我要开始讲话了。"

此外，在正确运用目光的同时，还要学会"阅读"客人的目光，从对方的目光变化中，分析他的内心活动和意向。当旅客的目光长时间地与你中止接触或者游移不定时，则表示旅客对你们交谈的内容不感兴趣，应尽快结束谈话。当旅客左顾右盼或不停地看表时，则表示旅客可能有急事要提前离开。

与旅客交谈时，目光紧盯，表示疑虑；偷眼相觑，表示窘迫；瞪大眼睛，表示惊讶等。

（二）微笑

微笑是世界上最美丽的语言，它是唯一一种不分国籍的通用语言，最能够充分体现出个人的热情、修养和魅力，给对方留下美好的印象，从而形成融洽的交往氛围。微笑不仅是一种外化的形象，也是内心情感的写照。在人际交往中，"笑"有着重要作用，面对不同的场合、不同的情况，如果能用微笑来接纳对方，可以反映本人高水准的修养、待人的至诚，是处理好人际关系的一种重要手段。

微笑能传达亲切温馨的情感、缩短双方之间的心理距离、增强人际吸引力，因而在服务行业，微笑服务尤其受到推崇。在旅游服务行业中，微笑是最富有吸引力、最有价值的体态语，服务人员应当坚持微笑服务，从而提高服务态度，提升服务质量。因而微笑是旅游服务人员必须具备的表情。

1. 微笑的礼仪规范

微笑是人内心情感愉悦的自然流露，微笑的要求是：发自内心、自然大方，显示出亲切，要由眼神、眉毛、嘴巴、表情等多方面协调动作来完成，要防止生硬、虚伪、笑不由衷。微笑时应做到以下 3 点。

（1）真诚。微笑是发自内心的，是一种愉快心情的反映，也是一种礼貌和涵养的表现。真诚的微笑应当展现出令人亲切的感觉，是不做作的、有魅力的微笑，虚假做作的微笑令人反感，故作笑颜的所谓"职业性微笑"也缺乏生命力和感染力。因此，旅游服务人员在微笑服务中一定要做到真诚。

（2）自然。微笑的美在于亲切自然。一般微笑是嘴角挂着一丝笑容的状态，如蒙娜丽莎的微笑。基本做法是面带笑容，面部肌肉放松，两边嘴角向上微微翘起，嘴唇略呈弧形，不露齿，不发出笑声。标准的职业笑容是要露出 6~8 颗牙齿，在酒店服务行业有"三米六/八齿"原则，即客人离你 3 米的时候就可以看到你露出上齿的 6~8 颗牙齿微笑（见图 2-66）。但每个人最美的微笑是不同的，因此，要善于发现自己最美的微笑表情，展现自己独特、自信、自然的微笑。

（3）适时。在与他人目光接触的瞬间，就要目视对方开始微笑。旅游服务人员在接触客人的时候就要微笑服务，以拉近和客人之间的距离，营造一个良好的沟通氛围。但要注意：在特别严肃的场合，别人处于困境或做错事的时候不要微笑，否则容易遭人反感甚至引发矛盾。

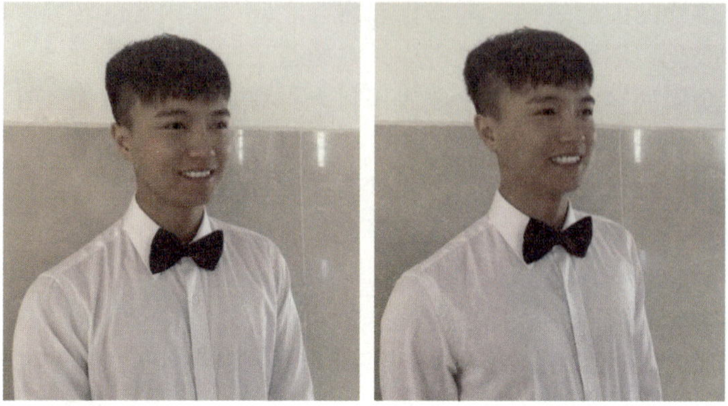

图 2-66　微笑

2. 微笑的训练

微笑是面部肌肉的综合运动，要协调目光、眼、眉、鼻、嘴和面部肌肉整体配合。最高级的微笑是让人感觉到你的眼睛中含有笑。下文介绍微笑时嘴唇肌肉放松训练、锻炼嘴角的弧度、嘴巴的表情训练和眼神的表情训练见（见图 2-67）。

（1）嘴唇肌肉放松训练。

嘴唇肌肉放松训练常采用哆来咪练习法。哆来咪练习法的目的是放松嘴唇周围肌肉，是拥有完美微笑的基础，否则脸部会感到僵硬。嘴唇肌肉放松运动从低音“哆”开始，到高音“咪”结束，每个音大声清楚地说 3 次。不是连着练，而是逐个音节发音，为了正确的发音应注意嘴型。通过反复练习，放松肌肉后，伸直手掌温柔地按摩嘴周围。

（2）锻炼嘴角的弧度。

准备一根筷子，用门牙轻轻地咬住木块，嘴角要对准筷子，两边都要翘起来，同时观察连接嘴唇两端的线是否与筷子在同一个水平线上。

图 2-67　微笑训练

（3）嘴巴的表情训练。

①面对镜子站好，口里默念普通话的“茄子”“钱”，英文字母“E”“G”或英文单词“cheese”等，让嘴的两端朝后缩，微张双唇，轻轻浅笑。这时可感觉到颧骨被拉向斜后方。相同的动作反复做几次，直到感觉自然为止。

②先把手举到脸前，手从嘴角向外做“提拉”的动作，一边想象愉快的事情，一边照镜子。相同的动作反复做几次，微笑就自然多了。

③将双手举在眼前，手掌向上提，且两手展开，随着手掌上提、打开，眼睛睁大。相同的动作反复做几次，微笑就自然多了。

（4）眼神的表情训练。

①将嘴巴部分遮起来，照镜子，看眼睛能反映出什么表情。反复练习，你会发现，内心的想法会影响眼神。

②回头瞬间表情的训练。练习有人从后面叫你，你一边回答，一边以笑脸回头，从镜子里观察自己回头的瞬间的表情。

微笑练习在于持之以恒，找出自己认为最满意的微笑，天天练习，使之自然长久地呈现在脸上。

3. 微笑的注意事项

笑是一种艺术。讲究礼仪的笑容应该是美好、自然的，它是常态下的微笑。旅游从业人员要塑造美好的笑容，就是要加强笑的艺术修养，剔除不良习惯，做到“三要”。

一要口眼鼻眉肌结合，做到真笑。发自内心地微笑，会自然调动人的五官，眼睛略眯起、有神，眉毛上扬并稍弯，鼻窦张开，脸肌收拢，嘴角上翘，唇不露齿。做到眼到、眉到、鼻到、肌到、嘴到，才会亲切可人，打动人心。

二要神情结合，显出气质。笑的时候要精神饱满，神采奕奕，要笑得亲切、甜美。这样的笑伴以稳重性情及文化修养，就能显出气质。微笑在于它是含笑于面部，“含”给人以回味、深刻、包容的感觉。

三要声情并茂，相辅相成。在服务工作中，微笑和语言美往往是“孪生子”，甜美的微笑伴以礼貌的语言，两者相映生辉。如果脸上微笑，却出言不逊、语言粗野，其微笑就失去了意义；如果语言文明礼貌，却面无表情，会令人怀疑你的诚意。只有声情并茂，你的热情、诚意才能被人理解，达到相辅相成、锦上添花的效果。

知识拓展

微笑服务

号称美国“旅馆之王”的希尔顿，是世界上非常有名气的酒店业者，是国际酒店的第一个管理者，也是最长久的一个。从 1919 年到 1976 年，美国希尔顿旅馆从一家店扩展到 70 家，遍布世界五大洲的各大城市，成为全球最大规模的旅馆之一。50 年来，希尔顿旅馆生意如此之好，财富增加得如此之快，其成功的秘诀之一，就在于服务人员微笑的魅力。

美国“旅馆大王”希尔顿于1919年把父亲留给他的1.2万美元连同自己挣来的几千元投资出去，开始了他雄心勃勃的经营旅馆生涯。当他的资产从1.5万美元奇迹般地增值到几千万美元的时候，他欣喜自豪地把这一成就告诉母亲。想不到，母亲却淡然地说：“依我看，你跟以前根本没有什么两样……事实上你必须把握比5 100万美元更值钱的东西：除了对顾客诚实之外，还要想办法使来希尔顿旅馆的人住过了还想再来住，你要想出这样的简单、容易、不花本钱而行之久远的办法去吸引顾客。这样你的旅馆才有前途。”

母亲的忠告使希尔顿陷入迷惘：究竟什么办法才具备母亲指出的“简单、容易、不花本钱而行之久远”这4大条件呢？他冥思苦想，不得其解。于是他逛商店、串旅店，以自己作为一个顾客的亲身感受，得出了准确的答案：“微笑服务。”只有它才实实在在地同时具备母亲提出的4大条件。

从此，希尔顿实行了微笑服务这一独创的经营策略。每天他对服务员的第一句话是：“你对顾客微笑了没有？”他要求每个员工不论如何辛苦，都要对顾客投以微笑。

1930年西方经济危机，也是美国经济萧条严重的一年。在这一年，全美旅馆倒闭了80%。希尔顿的旅馆也一家接一家地亏损不堪，曾一度负债50亿美元。困难时期，希尔顿并不灰心，而是充满信心地对旅馆员工说：“目前正值旅馆亏空靠借债度日时期，我决定强渡难关，我请各位记住，千万不可把愁云挂到脸上，无论旅馆本身遭遇的困难如何，希尔顿旅馆服务员的微笑永远是属于顾客的阳光。”因此，经济危机中纷纷倒闭后幸存的20%旅馆中，只有希尔顿旅馆服务员的脸上带着微笑。经济萧条刚过，希尔顿旅馆就率先进入新的繁荣时期，跨入黄金时代。

资料来源：美国“旅馆之王”希尔顿+微笑[OL]. https://wenku.baidu.com/view/32df534da000a6c30c22590102020740bf1ecd59.html?_wkts_=1701344856972&bdQuery.

任务实施

有一次，一个西欧旅游团深夜到达某饭店，因事先联系不周，客房已满，只好委屈他们睡大厅。全团人员顿时哗然，扬言要敲开每一个房间，吵醒所有宾客，看看是否真的无房。此时，客房部经理却向他们“微笑”着耸耸肩，表示无可奈何，爱莫能助，这使宾客更加不满，拍着桌子大声喝道：“你再这样笑，我们就要揍你！”这位经理十分尴尬，后来在翻译人员的再三解释下，客人的愤怒才平息。

思考：

1. 案例中的宾客面对客房经理的微笑为什么会如此生气？
2. 旅游服务人员在旅游服务岗位上进行微笑服务时应注意哪些细节？

思考练习：

1. 站姿的禁忌有哪些？
2. 走姿的基本要求包括什么？
3. 使用手势的注意事项有哪些？

技能技巧训练：

1. 组织学生对着镜子进行微笑练习。训练对照图如图2-68所示。

2. 每组准备一首背景音乐，分组练习站姿、蹲姿、走姿、坐姿。动作与动作之间的衔接要流畅，小组之间配合默契。每位学生要注意自己的表情，面带微笑，表情自然、大方、亲切。

3. 情境模拟：假设你是某五星级酒店餐饮部的服务人员，作为迎宾员在餐厅门口迎接客人。请你展示对客服务过程中的各种手势。

图 2-68　训练对照图

项目三

立身处世 相与有成

知识目标

1. 了解日常交际礼仪的主要内容及意义；

2. 掌握旅游从业人员社交场所待人接物、人际沟通礼仪的规范要求。

能力目标

1. 能恰当地称呼他人；

2. 能得体地进行自我介绍和介绍他人；

3. 能正确地与人握手；

4. 能正确地交换名片；

5. 有较强的沟通技巧。

素养目标

1. 培养学生日常交往中的文明意识；

2. 培养学生良好的职业规范道德；

3. 塑造学生良好文明的职业形象。

任务一　称呼礼仪

任务导入

有一位先生为一位外国朋友订做生日蛋糕，他来到一家蛋糕店，询问是否可以送货上门。蛋糕店工作人员接到订单后，说：“先生，没问题，我们可以将蛋糕送到您朋友的住处！请问您的这位朋友是小姐还是太太？”这位先生也不清楚朋友是否结婚了，从来没有打听过，他想了想说：“小姐？太太？一大把岁数了，应该是太太！”生日蛋糕做好后，工作人员把蛋糕送到指定地点并敲门，一位女士开门，工作人员礼貌地询问：“您好，请问您是格林太太吗？”女士愣了愣，不高兴地说：“错了！”就把门关上了。蛋糕店工作人员糊涂了，打电话向订蛋糕的先生再次确认，地址和门牌号码都没错，于是再次敲门，门开后，说道：“没错，格林太太，这是您的蛋糕。”谁知这时，那位女士大叫道：“告诉你错了，这里只有格林小姐，没有格林太太！”“啪”的一声，门被大力关上，蛋糕坠地。

思考：

为什么会出现这种情况？它给我们带来哪些启示？如何避免发生类似情况？

任务解析

之所以出现本案例中的这种情况，是因为这位先生不了解称呼礼仪对人际交往的重要影响，他在不清楚的情况之下，使用不恰当的称呼，让朋友感觉不受尊重。

该事例告诉我们，人与人之间的交往开始于见面称呼，它直接决定了给人留下的第一印象。恰当的称呼有助于人际交往的发展，错误的称呼会带来意想不到的麻烦。

避免此类情况的发生，要事先了解交往对方的情况，选择适当的称呼。在该事例中，这位先生应该先弄清对方的情况，不能随意称呼。如果无法获取交往对象的身份信息，则应选择常用的一般性称呼，称呼这位普通女性朋友为“女士”。

称呼是指人们在交往过程中对彼此的称谓语。它表示人与人之间的关系，反映着一个人的修养和品德。人际交往，礼貌为先，与人交往，称呼在前。称呼语是交际语言中的先行官，是人际交往的沟通桥梁。

得体而充满感情的称呼，不仅体现出称呼人的文化和礼仪修养，也会使交往对象感到愉快、亲切，促进双方感情的交融，为以后的深层交往打下良好基础。因此，有人把称呼比作人际交往的“敲门砖”，它在一定程度上决定着人际交往的成功。

一、常见的称呼

在人际交往中，首先要选择合适的称呼，称呼对方时要主动、适当、大方。人们彼此间的称呼具有多样性，可以分为以下几类。

（一）职务性称呼

在工作中，最常见的称呼方式是和交往对象的职务相称，以示身份有别，敬意有加。职务性称呼是一种最常见的称呼方法，具体来说又分为以下 3 种情况：

（1）仅称职务，如部长、经理、主任等。

（2）在职务之前加上姓氏，如周经理、隋处长、马委员等。

（3）在职务之前加上姓名，则仅适用极其正式的场合，如周 × × 书记。

（二）职称性称呼

对于具有职称者，尤其具有高级、中级职称者，可以在工作中直接以其职称相称。以下 3 种情况较为常见：

（1）仅称职称，如教授、律师、工程师等。

（2）在职称前加上姓氏，如“钱编辑”“孙研究员”。有时这种称呼也可以约定俗成地简化，如可将吴工程师简称“吴工”，但使用简称应以不发生误会歧义为限。

（3）在职称前加上姓名，它适用于十分正式的场合，如安 × 教授、杜 × 主任医师、郭 × 主任编辑等。

（三）学衔性称呼

在工作中以学衔作为称呼，可增加被称呼者的权威性，有助于增强现场的学术气氛。以下 4 种情况使用最多：

（1）仅称学衔，如“博士”。

（2）在学衔前加上姓氏，如“杨博士”。

（3）在学衔前加上姓名，如“劳 × 博士”。

（4）将学衔具体化，说明所属学科，并在其后加上姓名，如“史学博士周 ×”“工学硕士郑 ×”“法学学士李 ×”等。此种称呼最为正式。

（四）行业性称呼

在工作中有时可按行业进行称呼，即直接以被称呼者的职业作为称呼。例如，将教员称为老师，将教练员称为教练，将专业辩护人员称为律师，将警察称为警官，将会计师称为会计，将医生称为医生或大夫等。一般情况下，在此类称呼前均可加上姓氏或姓名。

（五）姓名性称呼

在工作岗位上称呼姓名一般限于同事、熟人之间，具体方法有以下 3 种：

（1）直呼姓名，如王 ×、赵 ×。

（2）只呼其姓，不称其名，但要在他的前面加上“老”“大”“小”，如老赵、小张。

（3）只称其名，不呼其姓，通常限于同性之间，尤其是上级称呼下级、长辈称呼晚辈，在亲友、同学、邻里之间也可使用这种称呼。

（六）亲属称呼

亲属及本人直接或间接拥有血缘关系者在日常生活中对亲属的称呼已约定俗成，人所共知。面对外人，对亲属可根据不同情况采用谦称或敬称。

二、称呼的原则

（一）尊重原则

人际交往中的称呼要充分体现出对宾客的尊重。尊重原则主要体现在以下两个方面。

1. 注意称呼的顺序

在公众场合，称呼一般遵循先长后幼、先上后下、先女后男、先疏后亲的原则。

2. 注意称呼内容的正确

避免称呼错误，造成不尊重他人的误会。

（1）常见的称呼错误，如念错了称呼对象的姓名，对被称呼者的年龄、身份做出错误判断。

（2）使用庸俗随意的称呼。如“哥们儿”“姐妹儿”“死党”“铁哥们儿”等一类的称呼，听起来令人肉麻，而且带有明显的随意的风格。逢人便称“老板”也显得不伦不类。

（3）使用绰号作为称呼。对于关系一般者，切勿自作主张，给对方起绰号，更不能随意以道听途说来的绰号去称呼对方，还要注意不要随便拿别人的姓名乱开玩笑。

（二）得体原则

旅游服务人员对旅客的称呼，要根据具体情况灵活变化。对特定群体旅客，可以直接称呼，如“同学们”“老师们”等。旅游服务人员一般可以使用一些适应范围广泛、适应对象比较灵活的称呼，如导游经常称呼旅客为“各位朋友”“各位嘉宾”等。

（三）规避禁忌

在社交场合，称呼他人要入乡随俗，尽量避免触犯禁忌。

一方面，注意中西方文化的差异。在我国称年长的人为“老人”，体现对长者的尊敬，西方人则忌讳别人称自己“老人”。在我国，夫妻配偶常被称作“爱人”，西方人则视“爱人”为“情人”。西方国家有重学衔轻职衔的习惯，如称呼“布朗博士”比称呼“布朗经理”更受肯定。

另一方面，在社交场合，注意不要随意称呼。如不用语气词“喂”“哎”等称呼他人；不用替代性称呼，如“那个人”“5 号”；不用容易产生误会的地方性称呼，如“堂客”等。

知识拓展

几种称呼的正确使用

1. 同志：志同道合者才称为同志，如政治信仰、理想爱好等相同者都可称为同志，如在同一党内、同一组织内。对军人和普通公民，这一称呼皆可使用，但对于儿童，对于具有不同政治信仰、不同价值观、不同国家的人，尽量少使用或不使用。

2. 老师：这一词的原意是尊称传授文化知识的人，后泛指在某些方面值得学习的人。现代社会，老师这一称谓一般用于学校中传授文化、科学知识技术的教师。目前老师这一称谓在社会上也比较流行，有时人们出于对交际对象的学识、经验或某一方面的敬佩、尊重，常常以“姓+老师”来称呼。

3. 师傅：一词的原意是对工商戏剧行业中传授技艺的人的一种尊称，后泛指对所有拥有技艺的人的称谓。但是在我国北方使用比较频繁,人们对不认识的人都称呼师傅。

4. 先生：在我国古代，一般称父兄、老师为先生，也有称郎中（医生）、道士等为先生的。有些地区还有已婚妇女将自己的丈夫或别人家的丈夫称为先生的。目前先生一词泛指所有的成年男子。

5. 小姐，女士：是对女性的尊称，已婚女性多称女士，未婚女性多称小姐。如不确定对方婚否，都可以称为女士。

6. 夫人、太太：是有身份人家对妻子的称呼，后来作为对所有已婚妇女的尊称，现在使用得已经相当普遍。

敬语和谦语

中华民族文化传统要求人们在交往中对他人应使用敬称或谦称，应该尽量放低自己、抬高他人，以示谦虚、尊重及客气等。因此汉语里有大量的敬称、谦称的词和词组。

如自称在下、鄙人、小弟、愚兄、属下、老朽等，自称家人为家父、家子、家兄、贱内，小儿、犬子等，以上为谦称。

对他人的尊称有令尊大人、尊夫人、尊翁、尊府、令堂、令兄、令郎、令爱、令孙等，以及君、公、老等。

任务实施

一位年轻人前往某地进行户外探险，途中人烟稀少，走了很长一段路，不知距离目的地还有多远，好不容易看见一位老人在路边休息，便跑过去张口就问：“喂，老头，某某地方还有多远啊？”老人家抬头望了年轻人一眼，说：“五里。”年轻人大喜，也不道谢，急忙往前走，可走了很久，早就有几个五里了，还是不见目的地。年轻人不禁发起牢骚来。

思考：

这位年轻人的问题出在哪里？

任务
实施

在某旅游公司上班的王先生与公司门卫的关系很好，平时进出公司大门时，门卫都对王先生以王哥相称，王先生也觉得这种称呼很亲切。一天，王先生陪同几位来自香港的客人一同进入公司，门卫看到王先生一行人，又热情地打招呼：“王哥好！几位大哥好！”谁知随行的香港客人觉得很诧异，其中一位还面露不悦之色。

思考：

为什么门卫平时亲切的称呼，这时却让几位香港客人诧异甚至不悦？门卫的称呼有何不妥，应该如何称呼？

思考练习：

1. 介绍我国称呼礼仪的变迁。
2. 说说称呼礼仪在人际交往中的重要性。

技能技巧训练：

将全班同学按 4 人一组进行分组练习，分别演练旅游企业中的称呼礼仪。

任务二　致意与问候

任务
导入

一所中学上学早高峰时，学生们见到老师表现各异：大多数都会主动问好；也有部分学生在看到老师迎面走来时，会绕道而行；还有的学生一进校园就低头溜边快走，更有甚者，在老师从身边走过且主动叫到他的名字后，才不情愿地回一声“老师好”。

其实，大多数学生都能做到主动和老师打招呼，但部分学生只和认识的老师打招呼，而遇到不教自己课的老师就不问好。还有的学生只挑自己喜欢的老师问好，对不喜欢的老师就装作没看见。“不是不想打招呼，只是有点怕老师。上周的英语考试我才考了 60 多分，我怕老师见了会问。”小涛不好意思地说。“我觉得尊敬老师不一定要说出来，不向老师问好不代表我不尊重老师。”

思考：

学生要学会尊重老师、尊重他人，首先应该做到什么？可以通过什么样的表现形式来体现？

任务解析

学生要尊重老师，这种尊重首先体现在表面礼节上的尊重，见到老师要有礼貌，能够做到主动热情地打招呼，通过在每次上课前主动把讲台擦干净、课间擦干净黑板等这些小事也能让老师体会到学生的尊重。尊重还包括与老师讲话时，语气温和，语调平稳，说话时不要指手画脚。要保持端正的身体，双目注视老师，认真听，不可东张西望，不可将手插在口袋里，或两条腿一颤一抖地晃动。这些看似简单的行为，体现了学生尊重老师的意识和受教育程度。如果青少年不能学会尊重他人，将来则难以融入社会，也得不到相应的尊重和认可。

尊重老师不仅体现在对老师有礼貌、帮老师拿东西等方面，还体现在对老师辛勤劳动的理解方面，并用优异的成绩来报答老师的辛勤工作。所以，一声亲切的问候，可以化解老师一天的疲劳。

一、问候礼仪

问候是敬意的一种表现，是我们日常生活中常见的礼仪。问候的方式有两种：语言问候和动作问候。动作问候有点头、微笑、握手、拥抱、吻礼、鞠躬等。

（一）问候的内容

问候的内容非常丰富，可因人、因事有所区别，一般多为祝身体健康、事业顺利、节日愉快等。问候内容分为两种，分别适用不同的场合。

1. 直接式

直接式即直接以问好作为问候的主要内容。它适用于正式的交往场合，特别是在初次接触的陌生商务及社交场合，如“您好”“大家好”“早上好”等。

2. 间接式

间接式即以某些约定俗成的问候语为主要内容，或者在当时条件下可以引起的话题，主要适用于非正式、熟人之间的交往，如“最近过得怎样”“忙什么呢”“您去哪里”等，来替代直接式问好。

旅游服务人员在接待宾客时，根据时间、场合和对象的不同，所使用的规范化用语主要有以下几种：

（1）与宾客见面时应主动说：“您好，欢迎到××来！”“您好，欢迎光临！”“您好，××小姐（先生），我们一直恭候您的光临！”“您好，见到您很高兴！”等。

（2）每天不同时间问候客人：“您早！”“早上好！”“中午好！”“下午好！”“晚上好！”“晚安！”

（3）使用上述问候语的同时，最好紧跟一些礼貌用语，如“先生，您好，欢迎光临，请！”“早上好，先生，您有什么事要吩咐吗？”“您好，小姐，要我帮忙吗？”“晚上好，夫人（太太），旅途辛苦了，请先休息一会儿吧”，以使对方倍感自然和亲切。

（4）向宾客道别或给宾客送行时可以说“晚安！”“再见！”“谢谢光临，欢迎再来！”“祝您一路平安！”等。

（5）遇到节日、生日等喜庆日子，应说“祝您圣诞快乐！”“祝您生日快乐！”“祝您健康长寿！”“新年好！”“恭喜发财！”“大吉大利！”等。

（6）宾客若患病或身体不适时，应主动表示关心，可说“请多保重”“祝您早日康复”等。

（7）接待文体代表时，应说“祝您演出成功！”“祝您在比赛中获胜！”等。

（8）若遇多位宾客时，可统一对其进行问候，不再一一具体到每个人，如可说“大家好！”“各位早上好！”等。

（二）问候的态度

1. 主动

向他人问候时，要积极、主动。同样，当别人首先问候自己后，要立即予以回应，千万不要摆出一副高不可攀的样子。

2. 热情

向他人问候时，要表现得热情、友好、真诚。毫无表情，或者拉长苦瓜脸表情冷漠的问候只会适得其反。

3. 大方

向他人问候时，必须表现得大方，而且一定要专注。矫揉造作、神态夸张，或者扭扭捏捏，反而会给人留下虚情假意的坏印象。问候的时候，要面含笑意，与他人有正面的视觉交流，以做到眼到、口到、意到。问候对方的时候，不要目光游离、东张西望，这样会让对方不知所措。

（三）问候的次序

在正式场合，问候一定要讲究次序。

1. 一对一的问候

一对一，两人之间的问候，通常是“位低者先问候”，即身份较低者或年轻者首先问候身份较高者或年长者。

2. 一对多的问候

如果同时遇到多人，特别在正式会面的时候，既可以笼统地加以问候，如“大家好”，也可以逐个加以问候。这时既可以由“尊”而“卑”、由“长”而“幼”地依次而行，也可以由“近”而“远”依次而行。

知识拓展

问候语具有非常鲜明的民俗性、地域性。

比如，老北京人爱问别人："吃过饭了吗？"其实质就是"您好!"您要是答以"还没吃"，意思就不大对劲了。若以之问候南方人，常会被理解为"要请我吃饭"，从而引起误会。

为了避免误解，商界人士应以"您好""忙吗"为问候语。牵涉个人私生活、个人禁忌等方面的话语，最好别说。例如，一见面就问候人家"你结婚了吗"，或是"你升职了吗"，都会令对方反感。

二、致意礼仪

致意礼仪是用无声的动作语言相互表示友好尊重的一种问候礼节，一般在距离较远的时候向对方行致意礼，距离以 3 ~ 20 米为宜，但不能在对方的侧面或背面。致意礼仪的形式主要有以下几种：

（一）举手致意

举手致意是用右手手臂向前上方伸出，手上举约至头高位置，掌心朝向对方，轻轻摆摆手或挥挥手。注意不必反复摇动，幅度不宜过大，适用于公共场合远距离遇到相识的人打招呼，不必出声。

（二）点头致意

点头致意是当自己的目光与对方目光接触时，向对方点头。注意幅度不宜过大，也不必反复点头。点头致意适用于以下情境：同一场合多次见面时；与不熟悉但是曾有过一面之交的人相遇时；在会谈或会场上遇到熟人，不便交谈时；日常工作中同事见面、上下班见面时。（见图 3-1）

图 3-1　举手致意与点头致意

（三）欠身致意

欠身致意是指致意者站着或坐着，上身前倾，含笑目视被致意者，向对方表示致敬（见图 3-2）。欠身致意适用范围较广，常与点头致意相配合，如与不相识者初次见面、主人给倒茶水、与老朋友见面等。如果是坐着，欠身时只需稍微起立，不必站立起来。

图 3-2　欠身致意

（四）起立致意

在商务活动进行中，领导、来宾到场，坐着的晚辈、下级见到长辈、上级到来或离去时，坐着的男士看到站立的女士时，应站立致意。一般站立时间不长，只要对方示意坐下即可入座。

（五）微笑致意

微笑致意适用于与不相识者初次见面时，也用于向在同一场合反复见面的新老朋友打招呼（见图 3-3）。

图 3-3　微笑致意

（六）脱帽致意

脱帽礼是男士所行之礼，即男士摘帽向对方点头致意。摘帽的同时略微欠身。脱帽致意时，有帽檐的帽子，用右手拇指和食指捏住帽檐中间脱帽；礼帽用右手 3 个手指捏住帽顶中间部位，将其置于与肩平行的位置，同时与对方交换目光，对方离开脱帽者才能再戴上帽子；如果是无檐帽，可以不脱帽（见图 3-4）。北方寒冷季节，在室外与熟人相遇，只要用手把帽子轻掀一下即可。男士向女士行脱帽礼，女士一定要以其他方式向对方答礼，但女士不行脱帽礼。

图 3-4　脱帽致意

（七）注目致意

注目致意主要用于升国旗、剪彩揭幕、庆典等活动。行注目礼时，不可戴帽、东张西望、嬉皮笑脸、大声喧哗；身体立正站好，挺胸抬头，双手自然下垂放于身体的两侧，表情庄重严肃，目视行礼对象，并随之缓缓移动。（见图 3-5）

图 3-5　注目致意

任务实施

“那谁，是谁？”刚入职不久的职员小刘，在早上部门交班时遇到一件尴尬事儿。自己的名字在部门王经理那里，被改为“那谁”了。因为自己参加工作的时间不长，也没有机会在王经理面前很好地介绍自己，同时，王经理上任时间也不长，对下面的员工也不算很熟悉。

如此一来，两个人彼此之间，基本上都属于陌生人。这几天，部门有一项工作需要王经理抓紧时间布置下去。结果，在安排工作时，对于熟悉的人，王经理能指名道姓地做出任务分工。

但对几个还不能叫上名字的员工，或许王经理也感到有些不好意思，于是使用所谓的代称“那谁”代替了。

会上，一项工作布置结束后，出现了两个“那谁”来共同完成。这让有些人感到对下一步的工作具体由谁来负责，还是不太清楚。同时，自己本来有名字，却被“那谁”两个字代替了，没有得到应有的尊重，心里总觉得有些不舒服。

人与人接触过程中，常常会碰到这种情况。对此，有的人能在短时间内与他人建立起良好的人际往来，保持高效沟通，进而变得熟络起来。而有的人则总是停留在“似曾相识亦不识”的状态，以致最后工作上虽然有接触了，但彼此间的距离却往往会因不恰当的措辞与表达方式而拉开，甚至变得越来越远。

思考：

有时，致意可以在人际交往中打破僵局和尴尬，向对方表达自己的敬意。那么，在职场人际往来中，面对遇到的陌生人，如何才能做到一见如故，让对方有种如沐春风的感觉，进而喜欢与你交往呢？

思考练习：

1. 致意的方式有哪几种？
2. 说说问候与致意要注意哪些细节。

技能技巧训练：

熟悉问候与致意的方式，下次上课的时候，能用不同的方式向老师问候与致意。

介绍礼仪

任务三　介绍礼仪

任务导入

喜剧表演艺术家王景愚的自我介绍

我就是王景愚，表演《吃鸡》的那个王景愚。人称我是多愁善感的喜剧家，实在是愧不敢当，只不过是个“走火入魔”的哑剧迷罢了。你看我这 40 多公斤的瘦小身躯，却经常负荷许多忧虑与烦恼，而这些忧虑与烦恼，又多半是自找的。我不善于向自己敬爱的人表达敬与爱，却善于向自己所憎恶的人表达憎与恶，然而胆子并不大。我虽然很执拗，却又常常否定自己。否定自己既痛苦又快乐，我就生活在痛苦与欢乐的交织网里，总也冲不出去。在事业上，大家说我是敢于拼搏的强者，而在复杂的人际关系面前，我又是一个心无灵犀、半点不通的弱者。因此，在生活中，我是交替扮演强者和弱者的角色。

资料来源：王景愚的自我介绍讲的是什么[EB/OL].(2019-02-03)[2023-08-19].https://zhidao.baidu.com/question/559496975774769172.html.

思考：

什么样的自我介绍能够让别人记住你？

任务解析

王景愚的自我介绍很有技巧，给人留下了良好的、难以忘却的第一印象。而这正是自我介绍要达到的目的。

在生活中，需要与他人进行必要的沟通，以寻求理解、帮助、支持，广交朋友，增进了解，并建立起联系。这种方法通常是指介绍，具体是指自己主动沟通或者通过第三者从中沟通，从而使交往双方相互认识、建立起联系的常见交际方法，是人际交往中与他人进行沟通、增进了解、建立联系的一种最基本的方式。

根据介绍者的不同，介绍可分为自我介绍、他人介绍、集体介绍等基本类型。

一、自我介绍

（一）自我介绍的含义

自我介绍是指在必要的场合，与不相识者相处，想结识某人，因工作需要与不相识者联系时，由自己担任介绍的主角，将自己介绍给其他人，以达到使对方认识自己的目的。人与人之间的交往，往往都是从自我介绍开始的，因此，自我介绍也是社交中最基本的方式之一。若是有介绍人在场的情况下，自我介绍被视为不礼貌的行为。自我介绍一般由以下 5 种形式组成：

（1）工作式，也称公务式，是以工作为中心进行自我介绍，是因工作而交际，因工作而交友的一种形式，适用于工作场合，包括本人姓名、单位及部门、职务或从事的具体工作等。如“你好，我叫王 ×，是 × × 公司的销售经理”或“你好，我叫周 ×，是 × × 大学的老师”。

（2）应酬式，适用于某些公共场合和一般性的社交场合。这种自我介绍最为简洁，往往只包括姓名一项即可。例如：“你好，我叫叶 ×。”它的对象主要是一般接触交往的人。

（3）交流式，适用于社交活动中，希望与交往对象进一步交流与沟通。它大体应包括介绍者的姓名、工作、籍贯、学历、兴趣及与交往对象的某些熟人的关系，如“你好，我叫李 ×，在北京工作。我是李 × 的同学，是河北人”。

（4）问答式，适用于应试、应聘和公务交往。问答式的自我介绍，应是有问必答，问什么就答什么。

（5）礼仪式，适用于讲座、报告、演出、庆典、仪式等一些正规而隆重的场合，包括姓名、单位、职务等，同时还应加入一些适当的谦辞、敬辞。例如，“各位来宾，大家好！我叫××，是××学校的学生。我代表学校全体学生欢迎大家光临我校，希望大家……”

（二）自我介绍时应注意的事项

（1）讲究态度。态度一定要自然、友善、亲切、随和。应镇定自信、落落大方、彬彬有礼，表示自己渴望认识对方的真诚情感。任何人都以被他人重视为荣幸，如果你态度热忱，对方也会热忱。语气要自然，语速要正常，语音要清晰。在自我介绍时镇定自若，潇洒大方，易给人好感；相反，如果流露出畏怯和紧张，结结巴巴，目光不定，面红耳赤，手忙脚乱，则会被他人轻视，彼此间的沟通便有了阻隔。

（2）注意时机。要抓住时机，在适当的场合进行自我介绍，如对方有空闲，而且情绪较好又有兴趣时，这样就不会打扰对方。

（3）注意时间。自我介绍时还要简洁，言简意赅，尽可能地节省时间，以半分钟左右为佳，不宜超过一分钟，而且愈短愈好。话说得多了，不仅显得啰唆，而且交往对象也未必记得住。为了节省时间，做自我介绍时，还可利用名片、介绍信加以辅助。

（4）注意方法。进行自我介绍，应先向对方点头致意，得到回应后再向对方介绍自己。如果有介绍人在场，自我介绍则被视为不礼貌。同时应善于用眼神表达自己的友善，表达关心以及沟通的渴望。如果你想认识某人，最好预先获得一些有关他的资料或情况，诸如性格、特长及兴趣爱好。这样在自我介绍后，便很容易融洽交谈。在获得对方的姓名之后，不妨口头加重语气重复一次，因为每个人最乐意听到自己的名字。

（5）注意内容。自我介绍的内容包括 3 项基本要素：本人的姓名、任职的单位以及具体部门、担任的职务和所从事的具体工作。这 3 项要素，在自我介绍时，应一口气连续报出。这样既有助于给人以完整的印象，又可以节省时间，不说废话。同时，还要真实诚恳，实事求是，不可自吹自擂，夸大其词。

二、介绍他人

（一）介绍他人的含义

介绍他人是指第三者为彼此不相识的双方进行引荐的一种介绍方式（见图 3-6）。一般情况下，通常都是双向的，即被介绍者双方均做一番介绍。但有些情况下，比如前者已知道，了解后者的身份及一些情况，而后者未了解前者的身份时，也可将被介绍者中的一方向另一方做介绍。

介绍者一般是熟悉被介绍者双方的人，如交际场合的长者、家庭聚会中的主人、公务交往中的专职人员。

图 3-6　介绍他人

（二）需要介绍的场合

（1）在与家人外出时，遇见家人不相识的同事或朋友。
（2）通常在家中，接待彼此不相识的客人。
（3）陪同上司、家人、来宾遇见了不相识的人。
（4）打算推介某人加入某个交际圈。
（5）将某人介绍给自己熟悉的人时，必须为他们做介绍。
（6）陪同家人前去拜访不相识的亲友。

（三）介绍他人的顺序

介绍的顺序，应遵守“尊者优先知情”的规则。
（1）为来宾与主人相互介绍时，先将主人介绍给来宾。
（2）为长辈、晚辈相互介绍时，先将晚辈介绍给长辈。
（3）为男、女相互介绍时，先将男士介绍给女士，遵循“女士优先”的原则。
（4）为已、未婚者相互介绍时，先将未婚者介绍给已婚者。
（5）为同事、朋友和家人相互介绍时，先将家人介绍给同事和朋友。
（6）为社交场中先到、后到者相互介绍时，先将后到者介绍给先到者。
（7）为上、下级相互介绍时，先将下级介绍给上级。

（四）介绍的形式

（1）标准式，适用于正式场合，以双方的姓名、单位、职务等为主。

（2）简介式，适用于一般的社交场合，其内容往往仅有双方姓名一项，甚至可以只提到双方姓氏，由被介绍人见机行事，如“这是小王，这是小叶，你们彼此相互认识一下吧”。

（3）强调式，适用于各种交际场合，其内容除介绍者的姓名外，往往还会刻意强调一下自己与其中某位被介绍者之间的特殊关系，以便引起另一位被介绍者的重视，如“这位是王董事长，这位是王小姐，王董事长的女儿，也是院长助理，请多多关照”。

（4）引荐式，只适用于普通的社交场合，如“大家都是校友，认识一下吧”。

（5）推荐式，适用于正规的场合，多是介绍者有备而来，有意要将某人举荐给另一个人，如“这位是王×先生，我们公司的王总，这位是经济学博士郑×，有一定的经济管理经验。王总，相信你会非常高兴认识他吧”。

（6）礼仪式，只适用于正式场合，是一种最为正式的他人介绍。

（五）注意事项

（1）介绍者做介绍之前，需要征求被介绍双方的意见。

（2）被介绍者在介绍者询问自己是否有意认识某人时，一般不应拒绝，而应欣然应允。当然，实在不愿意时，要说明理由。

（3）介绍和被介绍人都应起立，以示尊重和礼貌；待介绍人介绍完后，被介绍双方应微笑点头示意或握手致意。

（4）在宴会、会议桌、谈判桌上，视情况介绍人和被介绍人不必起立，介绍双方点头微笑致意。

（5）介绍完毕后，被介绍者双方应依照合乎礼仪的顺序握手，并且彼此问候对方。

三、集体介绍

集体介绍是他人介绍的一种特殊形式，被介绍者一方或双方都不止一人，大体可分两种情况：①为一人和多人做介绍；②为多人和多人做介绍。

（一）需要集体介绍的情况

（1）规模较大的社交聚会，有多方参加，各方均可能有多人，为双方做介绍。

（2）大型的公务活动，参加者不止一方，而各方不止一人。

（3）涉外交往活动，参加活动的宾主双方皆不止一人。

（4）正式的大型宴会，主持人一方人员与来宾均不止一人。

（5）演讲、报告、比赛，参加者不止一人。

（6）会见、会谈，各方参加者不止一人。

（7）婚礼、生日晚会，当事人与来宾双方均不止一人。

（8）举行会议，应邀前来的与会者往往不止一人。

（9）接待参观、访问者，来宾不止一人。

（二）集体介绍的顺序

集体介绍的顺序可参照他人介绍的顺序，也可酌情处理。但应注意：越是正式、大型的交际活动，越要注意介绍的顺序。

（1）“少数服从多数”。当被介绍者双方地位、身份大致相当时，应先介绍人数较少的一方。

（2）强调地位、身份。若被介绍者双方地位、身份存在差异，虽人数较少或只一人，也应将其放在尊贵的位置，最后加以介绍。

（3）单向介绍。在演讲、报告、比赛、会议、会见时，往往只需要将主角介绍给广大参与者。

（4）人数多一方的介绍。若一方人数较多，可采取笼统的方式进行介绍，如“这是我的家人”“这是我的同学”。

（三）集体介绍注意事项

集体介绍的注意事项与他人介绍的注意事项基本相似。除此之外，还应再注意以下两点：

（1）不要使用易产生歧义的简称，首次介绍时要准确地使用全称。

（2）不要开玩笑，要很正式。介绍时要庄重、亲切，切勿开玩笑。

知识拓展

“五先五后”原则

先介绍晚辈，再介绍长辈；
先介绍下级，再介绍上级；
先介绍主人，再介绍客人；
先介绍学生，再介绍老师；
先介绍男士，再介绍女士。

任务实施

同学们经历过这样的场面吗？小明的高中同窗及好友小刚来学校看他，他们在校内散步时，遇到了小明的辅导员，小明热情地与辅导员打招呼“辅导员好”，然后向小刚介绍说“这是我的辅导员王老师”。此时，小刚急忙将一直放在兜里的一只手拿出来，与王老师握手问好。简单交谈后王老师走开，小明对小刚说：“老二，咱辅导员外号帅哥，号如其人吧？”

两人继续在校园里内不紧不慢地散步，小明猛地拽着小刚拐进了一条小路，并把手放在唇边示意小刚不要出声，过了一会儿，才说：“好了，给我们上物理课的胡老师过去了，我跟他不熟。”

思考：

本案例中的哪些言行不符合礼仪规范？

思考练习：

1. 结合旅游业实际分析礼仪在旅游服务中的作用。
2. 你如何提高自身的礼仪修养？

技能技巧训练：

按照提供的场景，分组进行以下练习（4 人一组），同学观摩，交换意见。

1. 向宾客作服务人员的自我介绍。
2. 为两位异性或身份不同的朋友做介绍。

任务四　握手礼仪

任务导入

一位穷困潦倒的诗人在街上碰到一个流浪汉伸手向他乞讨。诗人身上没有一文钱可以用来施舍，情急之下，诗人也伸出手去，两双手紧紧地握在了一起。诗人说："对不起，兄弟，我实在没有什么能送给你的。"流浪汉却眼含热泪地说："不，兄弟，你给了我世界上最宝贵的东西：尊严！真是太感谢你了。"是啊，平常不过的握手，对一个沦落到乞讨境地的流浪汉来说该是怎样的奢侈！

握手礼仪

思考：

正确的握手方式在社交场合中有着什么作用？

任务解析

握手礼仪的产生据说与人类的争斗有关。先民争斗时都手握兵器，两个人相见，能伸手相握，首先得放下兵器。这种古老的礼仪，代表的是和平，是人与人之间的友好相处。双方的兵器都放下来了，就可以相互信任了。真诚的握手，传达的是人与人之间的善意与友好，表达的是对对方的认同与尊重。

握手，是人们在社交场合中司空见惯的礼仪。它看似简单，但却是沟通、交流、增进人际交往的重要手段。首先，握手的姿势要优雅。行握手礼时，上身应稍稍往前倾，头略低，面带微笑，注视对方，两足立正，伸出右手，距离受礼者约一步；四指并拢，拇指张开，向受礼者握手，一般持续 1～3 秒，礼毕后松开。

握手只是两个人之间双手相握的一个简单动作，然而在握手礼的背后，对于握手的场合、握手的细节、忌讳等方面的把握，同样有很多学问。

一、握手的把握

（一）握手的场合

在社交中，无论是告别还是见面，握手都是必要的，这是彼此双方的一种礼貌表示。握手的场合主要如下：

（1）遇到较长时间未曾谋面的熟人，应与其握手，以示为久别重逢而万分欣喜而握手。

（2）在比较正式的场合相识、道别，应与其握手，以示自己的惜别之意和希望彼此珍重之心。

（3）在家中、办公室以及其他一切以本人作为东道主的社交场合，迎接或送别来访者时，应与对方握手，以示欢迎或欢送。

（4）拜访他人之后，在辞行之时，应与对方握手，以示“再会”。

（5）被介绍给不相识者时，应与之握手，以示自己乐于结识对方，并为此深感荣幸。

（6）在社交场合，偶然遇上了同事、同学、朋友、邻居、长辈或上司时，应与之握手，以示高兴与问候。

（7）他人给予了自己一定的支持、鼓励或帮助时，应与其握手，以示衷心感激。

（8）向他人表示恭喜、祝贺之时，应与其握手，以示诚意。

（9）他人向自己表示恭喜、祝贺之时，应与其握手，以示谢意。

（10）对他人表示理解、支持、肯定时，应与其握手，以示真心实意，全心全意。

（11）应邀参与社交活动，如宴会、舞会之后，应与主人握手，以示谢意。

（12）在重要的社交活动，如宴会、生日晚会开始前与结束时，与来宾握手，以示欢迎与道别。

（13）得悉他人患病、失恋、失业、降职、遭受其他挫折或家人过世时，应与其握手，以示慰问。

（14）他人向自己赠送礼品或颁发奖品时，应与其握手，以示感谢。

（15）向他人赠送礼品或颁发奖品时，应与其握手，以示着重其事。

（二）不必握手的场合

（1）对方的手负有重伤。

（2）对方的手正忙于其他事宜。

（3）对方与自己的距离过远。

（4）对方所处的环境不宜握手。

二、握手的方式

（一）握手的姿态

身体以标准站姿站立，上体略前倾，右手手臂前伸，肘关节屈。

（二）握手的神态

与人握手时，神态应专注、热情、友好、自然。面含微笑，目视对方双眼，并且口道问候。握手时切勿显得自己三心二意、敷衍了事、漫不经心、傲慢冷淡。如果在此时迟迟不握他人早已伸出的手，或是一边握手，一边东张西望，目中无人，甚至忙于跟其他人打招呼都是不礼貌的。

（三）握手的力度

握手时，用力应适度，不轻不重，恰到好处。男士之间的握手力度稍大；女士之间的握手力度稍轻；男士与女士之间的握手力度稍轻。如果手指轻轻一碰，刚刚触及就离开，或是懒懒的、慢慢的，缺少应有的力度，会给人以勉强应付、不得已而为之之感。

对女性或陌生人，轻握是很不礼貌的，尤其是男性与女性握手应热情、大方，用力适度（见图 3-7）。

图 3-7　男女之间的握手

一般来说，手握紧表示热情。男人之间可以握得较紧，甚至另一只手也加上，包括握着对方的手大幅度上下摆，或者相握时，左手又握住对方胳膊肘、小臂甚至肩膀，以表示热烈（见图 3-8）。但是要注意，既不能握得太使劲，让人感到疼痛，也不能显得过于柔弱，不像个男子汉。

图 3-8　男士之间的握手

（四）握手的时间

握手的时间通常是 1~3 秒，即紧握后打过招呼即松开，但也可根据与对方的亲密程度而定。

如果亲密朋友意外相遇，敬慕已久而初次见面，挚爱亲朋依依惜别，衷心感谢难以表达等，握手的时间可以长一点，甚至紧握不放，话语不休。

在公共场合，如列队迎接外宾时，握手的时间一般较短。

三、握手的顺序

（一）尊者居先

尊者居先即由尊者优先决定是否行握手礼。一般只有身份地位高者先伸手，地位低者才可以伸手相握。

（1）男女之间握手，男士要等女士先伸出手后才握手。如果女士不伸手或无握手之意，男士向对方点头致意或微微鞠躬致意即可。男女初次见面，女方可以不和男士握手，只是点头致意即可。

（2）长幼之间握手，年幼的一般要等年长的先伸手，与长辈及年长的人握手，不论男女都要起立趋前握手，并要脱下手套以示尊敬。

（3）上下级之间握手，下级要等上级先伸出手，但涉及主宾关系时，可不考虑上下级关系，主人应先伸手。

（二）平辈之间，先伸为敬

如果两人身份、年龄、职务都相仿，则先伸手为礼。

（三）特殊场合，灵活应对

（1）宾客之间握手，主人有向客人先伸手的义务。在宴会、宾馆或机场接待宾客，当客人抵达时，不论对方是男士还是女士，女主人都应该主动先伸出手。男士因是主人，尽管对方是女宾，也可先伸出手以表示对客人的热情欢迎。而在客人告辞时，则应由客人先伸出手，在此表示的是“再见”之意。

（2）若是一个人需要与多人握手，则握手时也应讲究先后次序，由尊而卑，即先年长者，后年幼者；先长辈，后晚辈；先老师，后学生；先女士，后男士；先已婚者，后未婚者；先上级，后下级；先职位、身份高者，后职位、身份低者。

四、握手的忌讳

我们在行握手礼时应努力做到合乎规范，避免违反下述失礼的禁忌：

（一）忌左手握手

不要用左手与他人握手（见图 3-9 和图 3-10），尤其是在与阿拉伯人、印度人打交道时，要牢记此点。

图 3-9　正确：右手握手

图 3-10　错误：左手握手

（二）忌时间不当握手

握手时间过短，会显得敷衍，缺乏诚意；握手时间过长，尤其与异性握手，可能会被怀疑居心不良；握手时不要争先恐后，应当遵守秩序，依次而行。

（三）忌穿戴不当握手

不要戴手套、墨镜、帽子与人握手。握手是一种依靠身体接触来表示诚意的礼节，戴手套则表示不信任与拒绝，戴帽子也是不礼貌的行为。戴着墨镜握手，没有眼神的交流，缺乏诚意，也是不友好的行为，但是戴墨镜的盲人除外。

在社交场合，女士的晚礼服手套除外，这些属于礼服的一部分，可以不取下就行握手礼。之外，穿制服者可不脱帽，先行举手礼，再行握手礼。

（四）忌交叉握手

与基督教信徒交往时，要避免两人握手时与另外两人相握的手形成交叉状。

（五）忌傲慢无礼

握手时不能将另外一只手插在衣兜里，另一只手也不能依旧拿着香烟、报纸、公文包、行李等东西而不肯放下。

握手是礼仪的需要，是善意的流露，同时也是一种宣传。一些企业家就非常热衷于与一些名人握手。

知识拓展

握手礼的起源

世界上何人何时最先采用握手这种礼节已经无法考证。据说握手最早发生在人类“刀耕火种”的年代。那时，在狩猎和战争时，人们手上经常拿着石块或棍棒等武器。他们遇见陌生人时，如果大家都无恶意就要放下手中的东西，并伸出手掌，让对方抚摸手掌心，表示手中没有藏什么武器。这种习惯逐渐演变成在分别、会晤或有所嘱托时，用握手以示亲近。如今握手礼非常普及，表示对别人的友好与接纳。

常见的其他见面礼仪

（1）拥抱礼。两人正面对立，各自举起右臂，将右手搭在对方的左臂，左臂下垂，左手扶住对方的右后腰，首先向左侧拥抱，然后向右侧拥抱，最后再向左侧拥抱，礼毕。拥抱时还可以用右手掌拍打对方左臂的后侧，以示亲热。

（2）合十礼。把两个手掌在胸前对合，掌尖和鼻尖齐高，手掌向外倾斜，头略低，兼含敬意和谢意双重意义。

（3）鞠躬礼。身体呈标准站姿，手放在腹前，弯曲 20°～30°，表情自然，符合场景，眼神看对方或地面。

知识连接

说说拱手礼

拱手礼是我国古人作揖礼的简化形式。拱手礼的基本姿势：并步站立，上身挺直或微前倾，两臂成合抱举起，双手相握，左手四指并拢伸直、握空拳，拇指屈拢；右手四指成拳或半成拳，拇指在上；左掌心掩贴右拳面，两拇指指尖交叠，左上右下；拳掌与胸相距 20~30 厘米，自上而下或自内而外，向对方有节奏地晃动两三次（见图 3-11）。向对方表示的敬意越高，双手上举越高，至高可达额前。值得注意的是，按照古人的习惯，男士行拱手礼，必用左手扶抱右手，而女士则正好相反。现今，武术界中的抱拳礼与拱手礼相似，只是左手四指与拇指并不握住右拳，而是伸直贴在右拳上。

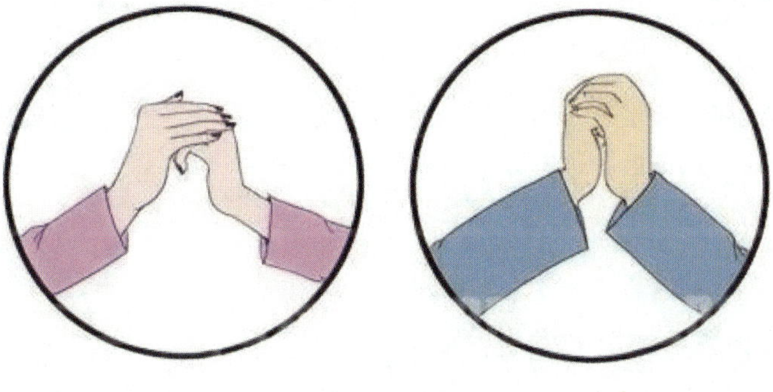

图 3-11　拱手礼

拱手礼起源于中国，所以常见于华人之间的社交场合、重大节日等。邻居、朋友、同事见面时，常拱手为礼。婚礼、生日、庆功等喜庆活动，来宾常以拱手礼向当事人表示祝贺。告别时，双方互道珍重，也常用拱手礼。行拱手礼时，一般不可缺少必要寒暄，如“恭喜”“久仰”“请多多关照”“节日快乐”“后会有期”等。

拱手礼在对外交往场合中有时也能看到。如 2006 年陈冯富珍竞选世界卫生组织总干事成功，为了感谢支持，她一改常见的女士摇手礼节，向全场行拱手礼，让人眼前一亮。

拱手礼适用于平辈之间，如同事、朋友、兄弟、姐妹，不可施于父母、长辈。按照传统礼仪，给长辈行礼，如拜年，应该行鞠躬或跪拜礼。同时，拱手礼也适用于长辈、尊者对晚辈行礼时的答礼，如晚辈向长辈或尊者鞠躬、跪拜，长辈不应无动于衷，应行拱手礼作答。上级领导向在场的人行拱手礼，被施礼者也可拱手作答。这种场面既热闹，又文明，既体现了上级领导的平易近人，又让所有的人都感到被平等相待。

我国传统礼节讲究距离美。拱手礼保持一定距离，文雅、庄重、大方，可避免男女差异以及关系比较疏离者之间的不必要尴尬，同时也比较符合现代卫生要求，免除了传染疾病之虞。

资料来源：说说拱手礼（礼仪漫谈（108））[EB/OL].(2012-12-22)[2023-08-19]. http://people. com.cn/24hour/n/2012/1222/c25408-19978854.html.

任务实施

一次，某公司老总到某高职院校招聘学生，面试在某系办公室进行，4 人一组。一名双手插在夹克衫兜里的男同学最后一个进入室内，看老总向他伸出手，便连忙抽出一只手握住老总的手。老总说，都坐下吧，他一看就近的座位没有了，就一抬腿坐在了办公桌上……

思考：

他能否被录取？如未能被录取是因为什么？

任务实施

张先生与王小姐在路上相遇，由于好久没见，张先生大方、热情地向王小姐伸出手，想与王小姐握手。谁知王小姐却不将手伸出来与之同握，甚至将手放进裤袋里。张先生只好尴尬地摸着自己的手。

思考：

如何避免这种尴尬情况的发生？

思考练习：

1. 握手的顺序有哪些？
2. 结合实际具体谈谈握手礼仪的禁忌。

技能技巧训练：

学生两人一组，分别扮演旅游企业人员，练习握手礼仪的要领。其他同学观摩、交换意见。

任务五　名片礼仪

任务导入

某旅游公司王经理约见了一个重要的客户方总。见面之后，客户就将名片递上，王经理看完后随手将名片放在桌子上，两人继续谈事。过了一会儿，服务人员将咖啡端上桌，请两位慢用。王经理喝了一口，将咖啡杯放在了名片上，自己没有感觉到。客户方总却皱起了眉头，但没有说什么。

思考：

客户方总为什么会皱眉头？以上社交礼仪中有哪些不妥的地方？

任务解析

方总看到自己的名片被压在了咖啡杯下，觉得自己没有受到尊重，因此会皱眉头。名片如同持有者的颜面，案例中的王经理忽视了名片礼仪。他将客户的名片随意放置在桌上，而且还将其当成杯垫，放在咖啡杯下，这是对客户的不尊重。正确做法应该是收到名片后，仔细阅读，再放置到合适的位置，如放在名片夹或者公文包内。这样可以避免类似情况的发生。

名片在现代社会生活中是必不可少的交际工具，同时，它也是人身份的象征，如同人的脸面。

名片不仅可以用作自我介绍，而且还可以用作祝贺、答谢、拜访、慰问、赠礼附言、广告宣传等。由于名片轻便小巧，易于携带，在社交场合使用广泛。

一、名片的功能与携带

名片按照用途来分，一般分为两种：一种是只印制姓名、联系方式的普通社交名片；另一种是印制姓名、职衔、单位名称、地址、联系方式的公务名片。

出席社交场合之前，要记得携带名片。携带名片时应该注意以下几点：

（一）数量足够，确保够用

所带的名片要分门别类，要根据不同的交往对象使用不同的名片。

（二）完好无损

名片要保持干净整洁，不要出现褶皱、破烂、肮脏、污损和涂改的情况。

（三）放置到位

一般把名片放在容易拿出的地方，不要与其他杂物混在一起，以免用时手忙脚乱。男士通常可以将名片放进西装的左上方口袋内，或者装进名片夹，放入公文包内；女士可将名片置于手提包内，不要把名片放在钱包、裤袋内。

二、名片的交换

（一）交换名片的时机

交换名片要把握好时机。通常初次见面时，自我介绍或别人为你做介绍时，可出示名片；当双方交谈融洽，表示愿意建立联系时应出示名片；当双方告辞时，可取出名片递给对方，表示愿意结识对方并希望再次相见，以加深印象。

（二）呈递名片的礼仪

1. 呈递姿态

呈递名片要起立，面带笑容，注视对方。将名片的正方朝向对方，用双手的拇指和食指握住名片上端的两角，然后递送给对方（见图 3-12）。递送同时，可以说“请笑纳”“请多关照”等寒暄语。

图 3-12　呈递名片的姿态

2. 呈递顺序

呈递名片的顺序为由尊到卑、由近到远。一般是地位低的一方向地位高的一方递送名片，男性向女性递送名片。当对方有多人时，应先将名片递给职务较高或年龄较大者；也可由近到远，依次递送，切勿跳跃进行，以免对方产生厚此薄彼的感觉。

（三）接受名片的礼仪

（1）接受名片时，要尽快起身站立，面带微笑，目视对方，用双手的拇指和食指接住名片的下方两角。

（2）接到名片后，不可马上收藏，要认真看一遍，态度恭敬，让人感受到你对他的名片很感兴趣。如果有时间，最好选择名片上能让对方自豪的内容读一遍，以示尊重对方。

（3）认真收好对方的名片。接受名片后，要郑重地放入自己的名片夹、公文包等稳妥的地方。切忌接过对方的名片不看一眼就随手放一边，也不要拿着名片在手中把玩，或随意放在桌子及其他地方，否则会伤害对方的自尊，影响彼此的交往。

三、名片的索要

社交场合中，需要向他人索要名片时，最好不要贸然开口。委婉地索要名片的方式有以下两种：

（一）直接主动法

直接主动法即直接提议，主动交换，如“王先生，我们交换一下名片吧”。

（二）暗示提议法

提议联络，是呼吁合作的信号，如可以说“请问以后如何与您联系”，希望对方留下名片。也可以谦虚请教，如“今后如何向您请教”，暗示对方交换名片。

四、名片的拒绝

在社交场合中，面对他人索要名片，有时不想满足对方要求时，不应直接拒绝，要委婉告知，且注意分寸。如告诉对方自己的名片刚用完，或说自己忘了带名片。要注意慎用这些婉拒语言，一旦说出口，就不可再发出一张名片。因此，除非特殊情况，一般不拒绝送出自己的名片。

知识拓展

名片制作

规格：9×5.5cm；

质材：耐折、耐磨、美观、大方；

色彩：庄重、朴素，切忌杂色；

图案：以少为佳；

文字：宜用汉语简化字，可酌情使用少数民族文字或外文；

字体：标准、清晰、易识的印刷体为好；

印法：铅印或胶印，最好不要手书自制或复印、油印或影印；

版式：横式或竖式。

任务实施

给自己设计一张名片。

思考练习：

1. 介绍名片在现代社会交际中的重要性。
2. 接受名片时要注意什么？

技能技巧训练：

1. 按照提供的场景，分组进行练习（4 人一组）。其他同学观摩，交换意见。
2. 与一位宾客结识，并互换名片。

任务六　沟通技巧

任务导入

甲：近来身体还好吧！

乙：唉，说来话长啊！上个月大病了一场，高烧 40℃持续不退，全家都为我忙得全乱了，都没人送女儿上学。说起这孩子，真懂事，今年她不也才 8 岁吗……

甲：哎哟，对不起，我上班快迟到了，下次去看你，好吗？再见！

乙：好好好，改天再聊，再见！

思考：

甲为什么要匆匆离去？

任务解析

乙不看场合，拉住急匆匆赶着去上班的甲聊家常。甲则很巧妙地中止了不该延续下去的交谈，既避免了迟到，又顾及了乙的感受。

一、交谈礼仪

交谈是建立良好人际关系的重要途径。与人交谈，用错了一个词，多说了一句话，或选错话题等都会影响人际关系，“良言一句三冬暖，恶语伤人六月寒”。因此，必须遵从一定的交谈礼仪规范，从而达到双方交流信息、融洽关系、增进友谊的目的。

交谈礼节的关键在于尊重对方和自我恭谦，同时还要注意交谈的表情、态度、内容、表达方式等要点。正确的交谈，就是要知道交谈礼仪的正反两个方面，即什么样的交谈合乎礼仪，什么样的交谈不合乎礼仪。

语言表达的技巧

（一）社交语言的基本原则

1. 尊重平等的原则

在语言交际中，学会尊重是非常必要的。这对语言交际向良性发展具有重要作用。尊重是礼仪之本，也是待人接物的基本美德。在语言交际中，首先要求的是口语表达主体自尊、自爱。其次，要尊重交往对象。

2. 真诚礼貌的原则

真诚礼貌是指在社交活动中，口语交际体现出的以诚相待、诚心诚意的特征。

3. 得体适度的原则

得体适度原则是指在语言交际中话语内容得当，表现方式（包括语言的、非语言的各种要素）得体。得体的语言交际来源于知识修养、阅历，以及由此产生出来的智慧等。

4. 讲究语言艺术原则

讲究语言艺术原则是指语言准确流畅、委婉表达、掌握分寸、幽默风趣。

（二）交谈禁忌

1. 避谈的内容

（1）避谈政治、宗教。在这些问题上人们的立场、观点、信仰不一致，基于礼貌有些人并不会当场与你争论，但心里一定十分不舒服，以致无意中得罪了人而不自知，自然也失去了社交的意义。

（2）避谈个人隐私。不谈论收入、年龄、婚姻、健康、个人经历、对方的伤心事或缺陷，可以赞美他人的打扮但不询问其服饰的价格。

（3）避谈国家、行业、单位机密。

（4）不可非议祖国、党、政府以及现存的社会规范，不议论不在场的第三人。

（5）避谈两性关系、色情等低级趣味的话题。

2. 失礼的行为

（1）一枝独秀。从头至尾一个人唱“独角戏”。风趣幽默的谈吐为众人所欢迎，但是请让其他人也有发言与参与的机会。不要像开记者招待会一样，搞一言堂，应让别人也有说话的机会。

（2）形成小圈子。若是你只与自己熟识的人交谈，不但无法达到社交的目的，也会令旁人生厌。

若遇到这种情形，可以借去倒酒、上洗手间的方式脱离小团体，伺机和其他人士交谈。

（3）窃窃私语。此种行为是一种不礼貌的举动。若真有私事要交谈，可寻找人少之处或角落私下交谈片刻。

（4）语言排斥。只用方言交谈，冷落其他不懂该方言的人是不礼貌的。若有不同国家人士在场，应一律使用英语，因为在场所有人都有听与说的权利，不可将之排除在外。

（5）喧闹不止。主人或宾客发言时，请立即安静下来以示尊重，待其发言完毕再继续之前未完的话题，千万不要如喜宴一般：台上的人大声嚷嚷，台下的人各说各话。

（6）沉默不语。沉默不语会被对方误解为无声的抗议，或对话题感到厌倦。

（三）交谈的举止

交谈时举止要得体，重视非言语交际即交谈时的表情、目光、肢体动作、距离的礼仪。

（1）表情：大方自然，面带微笑。

（2）语气：亲切。

（3）辅助动作：适当辅以手势，动作不宜过大。

（4）距离：以能听清双方说话的声音为准，勿过近或过远。较合适的距离为 1 米左右。

（四）正确选择话题

话题是指人们在交谈中所涉及的题目范围和谈话内容。学会选择话题，就能使谈话有个良好的开端。

1. 高雅的话题

选择内容文明、格调高雅的话题，如文学、艺术、哲学、历史、地理、建筑等，这类话题能够体现自己的见识、阅历、修养和品位。

2. 轻松愉快的话题

允许各抒己见，任意发挥，主要包括文艺演出、流行、时装、美容美发、体育比赛、电影电视、休闲娱乐、旅游观光、名胜古迹、风土人情、名人轶事、烹饪小吃、天气状况等。

3. 对方喜欢的话题

表 3-1 列举了一些各类人喜欢的话题。

表 3-1 各类人喜欢的话题

序号	不同角度分类的人群	话题类型举例
1	青年人	足球、通俗歌曲、电影、电视、网络
2	老年人	健身运动、饮食文化
3	公职人员	时事政治、国家大事
4	普通市民	家庭生活、个人收入

续表

序号	不同角度分类的人群	话题类型举例
5	男性	事业、个人的专业
6	女性	家庭、物价、孩子、化妆、时尚、美食

4. 流行、时尚的话题

以此时此刻正在流行的事物作为谈论的中心，这类话题变化较快，不太好把握。

（五）使用礼貌用语

1. 基本十字礼貌用语

您好、请、谢谢、对不起、再见。

2. 常用的礼貌词语

称呼语：先生、某某先生；夫人、某某夫人；女士、某某女士；某某太太、某某小姐。

问候语：您好、早上好、下午好、晚上好、好久不见、恭喜、祝您节日愉快、祝您圣诞快乐、祝您新年快乐、生日快乐。

告别语：再见、明天见、您慢走、欢迎您常来。

道歉语：请原谅、对不起、请不要介意、是我的错、对不起。

感谢语（致谢语）：谢谢、非常感谢、多亏您帮忙。

应答语：我明白了、是的、没关系、不必客气。

征询语：还有别的事情吗？有什么可以帮助您吗？您喜欢……吗？您需要……吗？

（六）讲究语言艺术

1. 语言准确流畅

（1）讲对方听得懂的语言，在国内交流最好讲普通话。

（2）非专业场合不要用过分专业的词汇，易让人感到理解困难，没办法交流，难以互动。

（3）说话不要似是而非，吞吞吐吐。

2. 委婉表达

（1）避免使用主观武断的词语。“只有”“一定”“唯一”“就要”等不带余地的词语，要尽量少用；尽可能使用与人商量的口气。

（2）赞美与批评的语言技巧。赞美应遵循的原则：实事求是、诚恳实在、具体明确。

把批评的话语放在表扬之后说，先肯定后否定，学会使用“是的……但是……”这个句式。用幽默含蓄、模糊、点到为止的语言。

（3）提问语言的技巧：看清对象，因人而异；注意场合，把握时机；委婉含蓄，抓住关键。

（4）拒绝与说服的语言技巧。成功拒绝他人：直截了当、委婉含蓄、模糊多解、点出后果、先扬后抑、转移话题。

成功说服他人：晓之以理、动之以情、衡之以利。同时学会善用比喻、巧借名言、激将说服等技巧。

3. 把握分寸

注意互动；注意对方情绪，少讲对方不爱听的话。谈话要把握好“度”，开玩笑要看对象，不要随便开女性、长辈、领导的玩笑。

4. 适度幽默

交谈过程中也许会出现不和谐的地方，交谈者应随机应变，适度幽默可以化解尴尬局面、增强语言的感染力。

（七）交谈形式的要求

（1）少说多听。会说话的人想着说，不会说话的人抢着说。
（2）细语柔声。委婉、柔和的声调比粗粝、僵硬的声调更动人。
（3）专心致志。善于倾听是说话成功的一个要诀。
（4）善于寻找话题，忌提明知对方不能或不愿回答的问题。
（5）热情友善，善于在交谈中使用体态语。

二、倾听礼仪

在与人交谈之前，人们普遍担心自己不会说，说不好，总在思考自己怎样才能说得更好，而很少忧虑自己不会听，听不好，并不把自己应如何倾听别人谈话作为起点去考虑。其实，交谈是一个双向的信息交换过程。

（一）倾听的重要性

1. 听比说更重要

研究表明，人类对沟通时间的分配是：9%的时间用于书写，16%的用于阅读，30%的用于说话，45%的用于听。所以我们要充分利用45%的时间倾听。

2. 听与倾听的区别

听是一种行为、一种生理反应，参与“听”动作的是耳朵；倾听则是一种艺术、一种心智和一种情绪的技巧，参与“倾听”动作的是耳朵、眼睛和心灵。人们交谈时运用的是有效倾听。

3. 听的层次

耳朵只能听语音，了解表层意思，用心和头脑倾听，才能由音及意，由表及里，理解说话者话语之外更丰富的含义。据此，我们可把听划分为以下5个层次（见图3-13）：

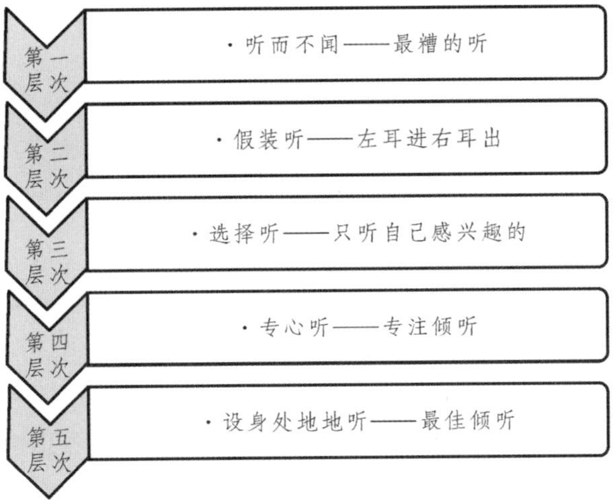

图 3-13 听的层次

一是听而不闻。不做任何努力地听，完全漠视地听。这是自以为是、对别人不屑一顾的听，也是最糟的听。

二是假装听。耳朵打开了，心却没有打开，左耳进、右耳出。

三是选择听。只听自己感兴趣的内容。

四是专心听。精神专注地、认真地、主动积极地听，就是常说的倾听。

五是设身处地地听。即站在对方的立场来倾听对方、理解对方，是倾听的最高层次。用心和脑来倾听并做出反应，是我们提倡的倾听。

4. 倾听的意义

（1）增强沟通效力：满足倾诉者自尊，真实了解他人。

（2）改善人际关系：人们喜欢善听者更胜于善说者。

（3）增强解决问题的能力：获取更多信息，“听君一席话，胜读十年书”。

（4）有助于个人发展：激发创造灵感，提高专业技能。

（二）倾听中的障碍

（1）噪声：环境，语义差异，口音等。

（2）注意力分散：走神；想着如何反应，不能设身处地正确理解他人。

（3）预先判断对方要讲的内容：感情过滤（主观地排斥或接受）。

（4）尤其要警惕主观心理因素形成的障碍：①听者主观上超前判断，认为对方的话只有部分价值；②听者选择性地听；③听者由于对讲话者有成见、偏见，故意“漏听”。

（三）有效倾听的步骤

（1）做好倾听准备：身心准备和物质准备（包括环境和用具）。

（2）发出倾听信息：常用眼神示意对方，准备接收信息。

（3）采取积极行动：频繁点头，身体前倾，集中精神，敞开思想。

（4）理解全部信息：及时告知对方你的理解情况，充分理解并记忆影响因素。

（四）身体语言

（1）眼神和表情：面带微笑，友善注视。
（2）姿势：上身挺拔，略微前倾。
（3）距离：区分场合，亲疏关系。
（4）身体动作：恰当点头，给出手势。

（五）有效倾听的原则

（1）适应讲话者的风格（节奏、音调、口音、语气等）。
（2）眼耳并用，全神贯注（不仅接收语言信息，而且接收思想情感）。
（3）理解他人，取消预先判断（站在他人角度，善于总结要点）。
（4）鼓励他人表达自己（用各种方式给予适当反馈）。
（5）聆听全部信息（不轻易打断别人，不急于做出判断）。
（6）表现聆听兴趣（用积极的肢体语言如身体前倾、微笑等表现）。

（六）倾听要诀

（1）尊重对方。
（2）注意力集中。
（3）理解。
（4）耐心。
（5）注意整体，不要断章取义。
（6）注意词语背后的意思。

（七）影响倾听的不良习惯

以下这些不良习惯都会影响倾听效果，工作中应将之列为禁忌。
（1）说的比听的多。
（2）喜欢插话。
（3）在倾听过程中，不回应对方。
（4）发现感兴趣的问题时问个不停，导致跑题。
（5）以自我为中心。
（6）走神。
（7）太乐于提出自己的建议。
（8）问题太多。
（9）过早下结论。

三、有效的反馈

在整个沟通的过程中，最后一个步骤是信息反馈。

（一）反馈的定义

反馈就是沟通双方期望得到一种信息的回流，即我给你信息，你也要给我信息反馈。反馈信息，是个人所做的事，所说的话，这一信息旨在使行为有所改变或加强。

（二）反馈的类型

反馈有两种类型：一种是正面反馈；另一种是建设性反馈。正面反馈就是对对方做得好的事情予以表彰，希望好的行为再次出现。建设性反馈就是对别人做得不足的地方，给出一个建议。注意：建设性反馈是一种建议，而不是一种批评。

反馈有正面和建设性两种，那有没有负面反馈呢？在工作中，我们也会经常接收到一些负面的反馈，如反映你做的事情没有做好。那么，在接收的过程中，我们的心情会怎么样呢？心情就会不愉快。负面反馈，接收完后不仅没有帮助，反而会给人带来很多负面的影响。所以在有效的沟通技巧中，只有正面反馈和建设性反馈，没有负面反馈。

在沟通过程中，没有反馈信息，沟通就不完善，因为信息过去了却没有回来，是一种单向的行为。所以，没有反馈就不能称为完整的沟通。反馈，就是给对方一个建议，目的是帮助对方把工作做得更好。

在反馈的过程中，应注意以下情况并不是反馈：

（1）指出对方做得正确的或者是错误的地方。反馈是给对方的建议，为了使他做得更好。

（2）对于他人的言行的解释，也不是反馈。如“我明白你的意思，你的意思是……”这不是反馈，而是聆听的一种。

（3）对于将来的建议。对于未来和将来的建议也不是反馈。反馈就是对刚刚接收到的这些信息给对方一个建议，目的是使他做得更好。

因此，反馈不是关于他人言行的正面或负面意见，关于他人言行的解释，对将来的建议或指示。

知识拓展

耐心倾听小秘诀

1. 抱着热情与负责的态度去倾听。好的倾听者，用耳朵听内容，更用心听情感。

2. 倾听时要避免不必要的干扰。

3. 做一个主动的倾听者。行动胜过言语，主动倾听对方的讲话，事实上就是用一种无声的语言来表达你对他人的尊重。做一个好聆听者，不仅会赢得客人的赞美，更重要的是能赢得客人的心。

思考：

在旅游服务工作中，有哪些方法可以在第一时间获知客人姓名。

任务实施

思考练习：

1. 试运用语言技巧更好地推销一项旅游产品或服务。
2. 在对客服务沟通中，应避免的不良身体语言有哪些？

技能技巧训练：

情境角色模拟表演：婉拒游客退团。

学生 6 人一组，每组学生分成两方：一方为要求退团的客人，另一方为旅行社代表。

项目四

周到服务 宾至如归

知识目标

1．了解酒店服务人员服务礼仪的相关知识；

2．了解酒店服务人员对客服务的礼仪规范。

能力目标

1．能正确、得体地进行酒店服务人员对客服务礼仪的实操；

2．依据礼仪的原则，针对不同类型的宾客，能运用不同的服务方法，为宾客提供优质的服务。

素养目标

1．树立良好的酒店服务人员的形象；

2．培养学生良好的酒店服务职业认同感。

任务一　前厅服务礼仪

任务导入

史上传奇门童

史上有一位非常传奇的门童，名叫吉尔。吉尔拉了一辈子的门，退休时公司却让他以副总裁的身份退休，这是为什么呢？

在很多人眼中，门童是一份十分普通的工作，不仅薪水低，还很容易遇到不礼貌的宾客，服务不好还会受尽白眼，但年轻的吉尔并不这么认为。他非常喜欢当门童的感觉，能够接触到形形色色的人，所以当佳士得贴出招聘门童的广告时，他毅然决然地去应聘了。经过一段时间的考察之后，吉尔把门童这份工作干得十分出色，很多客户都对他赞不绝口，于是吉尔成功转正，成为佳士得公司的正式门童。吉尔非常热爱这份工作，这一干，就是30多年。在这30多年的时间里，来往佳士得的客户数不胜数，几乎没有人在意替他们拉门的吉尔，但吉尔却记得他们每一个人。只有记住了他们的名字以及喜好和习惯，才能为每一位客户提供周到的服务。

由于佳士得属于国际拍卖中心，在全球范围内都拥有一定的分支，包括美国纽约、英国伦敦、法国巴黎和瑞典等。为了拉近与大客户的关系，策划公司下一步发展战略，佳士得公司经常会开一些大大小小的会议。某天，佳士得必须要举办一场大型商业会议，届时会邀请公司所有的重要宾客，不仅包括本行业的，还有一些艺术家、画家等，是一次真正上流人士的交流晚宴。这一次的商业会议尤为重要，佳士得公司必须要找一位能够把所有到场的重要宾客叫得出名字来的人。但筛选了好几遍，竟没有一个人能做到这样的事情，最终是吉尔自告奋勇。在佳士得公司，恐怕只有他能够有这样的实力，每日为客人开门关门，就已经熟悉了他们的名字包括喜好，正好是佳士得需要的人才。

在这次商务会议上，吉尔的表现非常出色，也是第一次被众人重视，成了会议不可缺少的人物，连佳士得管理层的人员在向重要宾客打招呼时，都会跟吉尔提前确认一下宾客身份，他的内心感到十分骄傲和自豪。会议结束后，吉尔还是选择了继续做门童的工作，直到退休。在退休这天，吉尔没想到公司会为他专门举办一场盛大的欢送会，这是公司高层一致的决定。吉尔很意外，他不知道为什么自己退休能让公司如此兴师动众。公司高层告诉他，虽然他只是一个门童，但在公司干了30多年，在这期间，吉尔没有遭过顾客的投诉，工作非常出色，不只见证了来来往往的各色人物，也经历了公司几次的动荡，不管是低谷还是高峰期，吉尔都没有想过离开公司。在众多门童当中，只有吉尔是真正热爱这份工作，并且把它当成一份事业来做的。

所以在吉尔退休这天，他们决定给吉尔举办一场欢送会，同时也是某种意义上的庆祝，并宣布：吉尔会以公司副总裁的身份和待遇退休，用来感激和认可吉尔的工作。

资料来源：普通门童的不凡人生[EB/OL].（2023-11-06）[2023-8-20]. https://baijiahao.baidu.com/s?id=1781801323537416327&wfr=spider&for=pc.

思考：

吉尔为什么会得到如此待遇？佳士得公司这样的管理方法值得推行吗？

任务解析

吉尔作为一名门童，在工作中兢兢业业，服务礼仪规范、灵活。吉尔的工作表现得到了领导、同事及顾客的一致好评，同时也为企业赢得了客户的信任。因此吉尔理当得到此待遇。

佳士得公司这样的管理方法值得推行，能很好地激励其他员工。

前厅部是酒店的门面，因此，作为酒店3大核心部门之一的前厅部，其部门所属的岗位尤为重要。宾客对酒店的第一印象和最后印象一般都是通过前厅部的服务获得的，良好的服务礼仪是赢得顾客、赢得口碑的基础。因此，前厅部应努力提高服务质量，时刻遵守服务礼仪，争取让顾客高兴而来，满意而归。

一、门厅迎送礼仪

（一）迎客服务礼仪

门童是酒店前厅礼宾部一个重要的工作岗位，主要负责在酒店大门口迎送来往的宾客，为其推拉酒店大门、引导和安排酒店门前车辆、充当酒店门前保安、回答宾客问询等工作。门童需要对车辆进行引导，有时也需要帮助宾客拿行李等，因此，大多数酒店一般会聘请男性来进行门童的服务工作。他们身穿制服，头戴帽子，是酒店的“门面”。

1. 准备工作

（1）门童要想给宾客留下良好的第一印象，需要不断提高服务质量。在上岗前首先应检查个人仪容仪表，按酒店规定着装上岗。

（2）按要求站立于指定位置，符合站姿规范，始终保持饱满的精神状态，展现酒店服务人员良好的精神风貌，等候宾客的到来，随时准备为顾客服务，不能自由散漫。

2. 迎客服务

见到宾客光临，应面带微笑，热情欢迎，主动问候宾客“您好！欢迎光临”，并致15°鞠躬礼。对常住宾客应称呼他（她）的姓氏，以表达对宾客的礼貌和重视。

3. 开车门服务

（1）当宾客乘坐的汽车抵达酒店门口时，应主动为宾客开车门，在拉车门的同时用礼貌用语向宾客问好。迎上前用左手拉车门，右手放车框上，为宾客护顶，以免宾客碰头，并站在车门之后。按照乘车礼仪，通常先开后方车门，开门顺序一般先为女士、外宾、年长者及地位较高者。待顾客完全下车后，关好车门。

（2）当宾客较集中到达时，应立即主动迎上，引导车辆停妥，避免拥堵。

（3）宾客下车后，注意车座上是否有遗落的物品。如发现，要及时提醒宾客或帮忙取出。

4. 帮助宾客拿取行李

在顾客允许的前提下，应主动协同行李员帮宾客拿行李，检查行李是否有破损，询问行李的件数，防止行李未拿全而造成宾客的不便。

5. 引领宾客进入大厅

取好行李后，引领宾客进入酒店。并适时向其介绍酒店的相关情况及产品。引领宾客时应走在宾客前方几步远，不时用手指引方向，提醒宾客注意脚下。帮宾客将门拉开，请宾客先进，如果是自动门，则请宾客先进。完成工作后，返回酒店大门口，继续迎接其他的来往宾客。

（二）送客服务礼仪

当宾客离店时要主动帮其拉门，并向其道别。有需要时帮宾客叫出租车。将相应车辆引导到宾客比较方便上车的位置。左手为宾客打开车门，右手护顶。待宾客完全坐好后，将车门轻轻关上，并礼貌道别。如果宾客行李较多，应主动帮忙将行李放入车内。

（三）特殊情况的服务礼仪

酒店来往的宾客较多，情况较复杂。门童在迎送宾客时，除了熟练掌握基本流程外，对一些特殊的情况或宾客要特别留心，有针对性地提供更加周到的服务。常见的服务礼仪如下：

（1）如果是信仰佛教或伊斯兰教的宾客，因其教规习俗，不可把手放在车门框处，不能为其“护顶”，只能用右手开门。

（2）对老人、儿童、残疾等宾客，应先问候，征得其同意后给予必要的扶助，以表示关心和照顾。若宾客不愿接受特殊关照，则不必勉强。

（3）如遇下雨天，要撑伞迎接，以防宾客被淋湿。

（4）如果宾客乘出租车抵店，不要一停车就将车门打开，因为此时宾客还要花点时间付账。如遇出租车司机宰客，应维护宾客利益，机智处理。

（5）车内坐有女士时，开车门要注意“女士优先”原则，先为车内的女士开车门，再为车内的男士开车门。

（6）如有几辆车同时驶入，应按先后顺序，或优先为重要宾客或主宾拉门。

[同步案例 4-1]

女士优先原则

在一个秋高气爽的日子，门童小贺穿着一身剪裁得体的新制服，迈着轻快的步伐，第一次独立地走上了门童的岗位。一辆白色的高级小轿车向酒店驶来，司机熟练而准确地将车停靠在酒店豪华大转门前的雨棚下。小贺看见车后端坐着两位身材魁梧、体格健壮的男士，副驾位上坐着一位身材较高且眉清目秀的女士，便移步上前，以优雅的姿态和职业性的动作，为宾客打开后门，做好护顶，并关注宾客，致以简短欢迎词以示问候，动作麻利规范，一气呵成，无可挑剔。关好门后，小贺迅速走到前门，准备以同样的礼仪迎接那位女士下车，但这位女士满脸不快，小贺茫然不知所措。通常后排座为上座，凡一般有身份者皆就此座，优先为重要宾客提供服务是酒店服务程序的常规。这位女士为什么不悦？小贺百思不得其解。

案例分析： 女士优先原则中女士应该得到更多的关心和尊重，这是社交场合通常应当遵循的礼仪与习惯。这位女士没有得到优先和尊重，被冷落了，因而深感不满。门童小贺机械地执行了服务程序和标准，缺乏作为一名服务员所应当具有的反应能力和机智灵活，没有正确处理服务规范与社交场合之间的关系。门童在工作中既要懂得如何执行酒店的服务规范，又要了解社交礼仪。只有这样，服务工作才能灵活自然、得心应手，并受到宾客的欢迎。

任务导入

注意宾客的隐私

酒店大堂有 4 位宾客在前台办理入住手续，礼宾部行李员上前为这些宾客提供行李服务。宾客办好入住手续后，行李员向宾客确认了房间号码为 A 和 B 两个房间，便将宾客引领到电梯口。因当时等候电梯的宾客较多，所以行李员建议宾客先上电梯到房间，行李随后送到，宾客表示同意。当行李员将行李送到 B 房时，该房宾客要求将 A 房的行李也放到 B 房，并称 A 房的宾客会来取。行李员按照宾客的要求将 A 房的行李一同放在了 B 房。10 分钟后，A 房宾客打电话向前台询问行李的下落，前台向礼宾部核实情况后，才将行李的具体位置反馈给了宾客。

思考：

行李员的做法有什么不妥之处？

任务解析

此案例反映出当事行李员的安全意识薄弱，没有考虑到宾客的隐私，处理事情不够周全，没有征询行李主人的意见，事后也没有更进一步的跟进，没有告知行李主人其行李的放置地点。

二、酒店行李服务礼仪

酒店行李服务礼仪

行李处一般设在酒店大门入口处的内侧，既容易被宾客看见，又便于行李服务员观察宾客抵离店的情况，也方便与前台的入住接待和收银处联系，方便行李处主管指挥、调度行李服务工作。行李服务是酒店前厅礼宾部的岗位之一，行李员在工作中应主动向散客或团队提供行李服务。行李员在工作中应保持认真、积极的工作态度，应快速、准确地按宾客的要求运送行李，避免出现行李损坏、行李送错房间、行李遗失等情况。

（一）入店服务礼仪

1. 准备工作

行李员在上岗之前，应该仔细检查仪容仪表，制服穿戴整齐、干净整洁，保持面部及手部的卫生。上岗时应始终保持站立服务，面带微笑，站在酒店大门内侧，迎接宾客。不管宾客是否需要行李服务都应向宾客致意。

2. 主动帮助宾客提拿行李

（1）微笑欢迎，鞠躬问好，帮卸行李。

当宾客乘车抵店时，行李员应微笑点头表示欢迎并鞠躬问好："您好!欢迎光临！"主动上前帮助宾客提拿行李，清点行李件数。提醒宾客请勿将物品落在车上，拿好自己的贵重物品。

（2）动作有礼。

行李员的动作应有礼貌，注意轻拿轻放，不可用脚踢行李，注意易破损的行李。如果宾客要自己提取行李，行李员不可强接。

3. 引导宾客至前台办理入住手续，看管好宾客的行李

提拿行李时走在宾客的侧前方两三步的位置，随着宾客的步幅前进，要不时回头招呼宾客，并用手引导。途中可以询问宾客是否有预订、是否初次到达本店等。宾客办手续时，应在宾客身后 1.5 米处等候，并看管好行李，其间要立正站好，不能慵懒松散。待宾客办好入住，接过房卡，引领宾客到住宿楼层。路上对宾客要热情主动，遇有转弯时，应回头微笑，向宾客示意。如果宾客有事去别处，要求行李员将行李送上房间，此时再次向前台核实后，方可送上房间。

4. 引领宾客进出电梯

搭乘电梯时，先用一只手按住电梯门，请宾客先进入电梯，进梯后应站在近电梯控制台前，便于操纵电梯；如果电梯里有其他宾客，要礼貌地询问其所到楼层。到达相应楼层后，请宾客先出，同时用手挡住电梯门，防止电梯门关上。

5. 引领宾客进入房间

进入房间前，要先按门铃，再敲门，并说："您好！服务员。"连续问候 3 声后，确认房间内无人，再用房卡将门打开。开门后，先将房卡插入总开关，如果是白天，请宾客先进入房间；如果是晚上或者光线较暗，则先进入房间将灯打开，再请宾客进入。进入房间后，将行李放在行李架上或按照宾客吩咐的位置放好，主动向宾客介绍客房情况及房内设施和其他服务情况。最后询问宾客是否还有其他需要，如果没有方可离开。离开时要祝宾客住店愉快，后退几步后再转身朝门走去，开门后转身面朝宾客，轻轻关上房门。

如果发现房内有别的宾客的行李、杂物或房间未打扫干净时应立即退出，并向宾客

道歉，紧急与前台接待联系，先找一个临近且干净的房间让宾客休息，待前台人员调整好后再将宾客带进房间。

如果进房后，宾客对房间不满意，要求更换房间时，应立即与前台联系。

6. 返回前厅

从客房出来后，应迅速从员工通道或员工电梯返回前厅。

（二）行李寄存服务礼仪

1. 礼貌迎接

宾客到前台要求寄存行李时，行李员应热情迎接，主动向宾客问好：“先生/女士，您好！请问您要寄存行李吗？”

2. 声明不能寄存的物品

首先要向宾客声明不能寄存的物品，如易燃易爆、易碎品、有异味的食品、管制刀具及枪支等酒店规定不予寄存的物品。

3. 请宾客填写行李寄存单

请宾客填写行李寄存单，询问清楚寄存的是什么物品，核实行李件数，请宾客签名确认。

4. 提醒宾客领取行李的注意事项并向宾客道别

提醒宾客，领取行李时，必须出示寄存单，并尽量在规定的时间内来领取。办好寄存手续后，向宾客道别。

（三）离店服务礼仪

1. 主动服务

在接到离店行李服务的通知后，应在最短的时间内，按要求到达指定客房。如果宾客没有提出要到房间提供行李服务，而是自行提拿行李办理了离店手续，在到达门厅时行李员也要主动上前帮助提拿行李。如果宾客表示不需要，也不要勉强。

2. 进入客房

在到达指定客房后，先按门铃再敲门。获得宾客允许后，方可进入房间。

3. 提拿行李

向宾客询问哪些是需要拿取的行李，并同宾客核对行李的数量。如果与宾客一同离开客房，则要继续将宾客引导至前台。如果宾客表示先将行李拿走，则与宾客确认行李领取的地点，并同宾客道别。

4. 将行李放到车上

待宾客办好离店手续后，将行李放到车上。左手开车门，右手护顶，请宾客上车。确认宾客及其衣物安全后，轻轻将车门关上，并欢迎宾客下次光临，最后目视宾客离开。

（四）特殊情况的服务礼仪

酒店行李员遇到一些特殊情况或特殊宾客时，应采取特别的行李服务礼仪，有针对性地提供酒店行李服务。常见的服务礼仪如下：

（1）若遇宾客行李件数较多，如团队宾客，行李员必须借助行李车统一装运宾客的行李，并登记好房间号，挂好行李牌，以免送错房间。

（2）在行李车上堆放宾客行李时，注意行李箱的大小及重量情况，不要将行李压坏。

（3）对于年长的宾客，行李员除了帮助他们拿行李外，也可为其提供搀扶等帮助。

（4）对于带小孩出行的家庭，行李员除了帮其拿行李外，也可对其小孩提供一些力所能及的看护服务。

任务导入

某日，熟客梁先生早上入住1022房，一切手续办完后，问前台服务员于次日下午2：00退房可不可以。服务员答不可以。宾客再问一次，服务员再答不可以。宾客再三问，服务员再三答不可以。双方争执不下，而吵了起来，以至于出动大堂经理，才让宾客的怒气平息。宾客在离店时对保安说：你们酒店前台的服务真差。

思考：

宾客为什么要这样评价？

任务解析

酒店前台服务员的综合能力一般要求相对较高，在处理问题时一方面要坚持酒店的原则，另一方面要灵活应变。对方是熟客，当宾客明知酒店退房时间的情况下还再三询问可否延迟退房，肯定有其特殊要求。此时前台服务员应尽可能满足宾客的要求，告知可申请延长至下午 2：00。但如果酒店当日已满房，则应向宾客解释清楚，而不是直接拒绝宾客，让宾客产生一种不受尊重的感觉。

三、前台接待服务礼仪

酒店前台又称服务台、总台等，通常设在酒店的大堂，负责酒店接待业务、推销酒店产品、调度等综合性服务。酒店前台服务员直接面对宾客，是酒店形象的代表，其服务质量直接影响宾客对酒店的满意度。与其他部门相比，对员工的形象、素质、能力等要求都比较高，因而要求酒店前台服务员需要具备良好的沟通能力、服务意识和团队合作精神。同时，还需要不断学习、提高自己的专业知识和技能，以便更好地为宾客提供优质的服务。

知识拓展

酒店前台打动宾客的10个服务细节：亲切地问候、保持微笑、照顾特殊宾客、应对恶劣天气、合理安排房间、不轻易承诺、快速响应、创造记忆点、临别问候、送上祝福语。

（一）办理入住手续服务礼仪

1. 准备工作

前台服务员常被看成酒店的门面和形象。因而，大多数酒店对招聘前台服务员的要求也比较高，尤其注重前台服务员的形象、身高、综合素质和能力等。

（1）前台服务员的着装礼仪。

前台服务员的服装一般为职业套装，应注意职业装着装礼仪，保持西服的干净和平整。上岗时，工作牌应佩戴在左胸的位置。

（2）前台服务员的仪容仪表。

女性前台服务员一般要求将头发盘起，盘发的皮筋、发夹等必须用黑色；上岗时必须画淡妆，以显示对宾客的基本尊重。男性前台服务员上岗时要求面部干净，精神饱满，头发侧不过耳，后不过领。

（3）前台服务员的仪态。

酒店前台接待岗位实行24小时工作制，常分为早班、中班、夜班3个班次进行轮岗。前台服务员在早班、中班上岗时应全程站立服务。夜班时一些酒店允许前台服务员在凌晨一点以后可以稍做休息，但一旦有宾客必须进行站立服务，以保持随时向宾客提供服务的状态。

（4）言谈礼仪。

前台服务员最重要的对客服务方式是言谈交流。言谈是前台服务员的第二张“明信片”，可以反映出一个人的素养，通过言谈可以更快地建立起与宾客良好的人际关系，树立良好的“第一印象”。错误的交谈方式，会在宾客心中留下坏的印象，导致酒店的整体印象受损。所以前台接待服务员无论是接听电话、直接对客服务等，语言的规范性和严谨性都是不可忽视的部分，避免使用过于随便的语言。热情、修辞恰当的语言就成功了一半。

2. 欢迎宾客光临，确认宾客的入住需求

（1）微笑问好。

当宾客进入大厅，距前台2米远时，应目视宾客，向宾客微笑示意，并问候：“先生/女士，您好！”（见图4-1）。如正在接听电话，只需目视宾客，点头微笑，示意宾

客稍候；如正在处理手头文件，应随时留意宾客的到来。

图 4-1 微笑问好

（2）确认宾客是否预订。

如宾客预订了房间，请宾客稍等，并根据宾客预订时使用的姓名或电话号码查找预订单，与宾客进行核对。如宾客未预订，有空房时，应向宾客介绍可出租的房间的种类、价格、位置，等候宾客选择，并回答宾客询问。没有空房时，应向宾客致歉，并向宾客介绍附近酒店情况，询问是否需要帮助，可帮其联系。如宾客只是询问，并非入住，应耐心解答宾客的询问，并欢迎宾客光临。

（3）入住登记，制作房卡。

核实人、证是否一致，对宾客的证件、人脸进行识别和保存，根据宾客信息补全入住登记信息；询问宾客有无贵重物品寄存，若有，帮助宾客完成寄存服务；记录宾客车牌号；确认付款方式（挂账、信用卡、现金等）。将证件、押金收据和制作好的房卡，双手一并递给宾客，预祝宾客住店愉快，并提醒初次到酒店的宾客所住房间的大概位置。如有大件行李，可让行李员为其搬运。通知房务中心及总机房，将入住资料输入电脑。

（二）办理离店手续服务礼仪

1. 热情、礼貌地迎接宾客

当宾客到前台来办理离店手续时，首先服务人员要微笑注视宾客，问候并询问宾客有什么需要。服务人员应始终保持微笑，热情服务。

2. 为宾客办理离店手续

当宾客表示要办理离店手续时，服务人员要礼貌地请宾客出示房卡，双手接过房卡。迅速通知客房部查房，同时要迅速、高效地办理相关手续，并请宾客耐心等待。准确核对宾客的到店日期、收费项目等。

3. 向宾客致谢，并欢迎再次光临

离店手续办理完毕后，礼貌、热情地向宾客致谢，并欢迎宾客再次光临。

（三）特殊情况的前台接待服务

旅游团队和会议团由于人数较多，预留的房间数也较多，在团队即将抵达酒店时，如何快速、准确地为团队安排好房间是酒店前台服务员必须掌握的一项基本技能。服务时要注意以下问题：

1. 准备工作

在团队抵达前，提前 1~2 天就做好预订工作，确保团队用房。同时抵店有两个以上团队时，应先预排级别高的重点团队，再排用房数多的团队。同一团队的宾客尽量集中安排。一时无房间预排时，可暂时等候，但最迟应在宾客抵达前（1 小时）排出房间。当班人员应清楚每个团队领队的名字及联系电话、单位和特殊事项，并做好与房务中心、销售部的沟通。

2. 迎候宾客

当团队抵达时，应根据宾客信息查找该团预订单，根据预订单信息与宾客核对人数、房间数、是否订餐等。内容无误后，请其领队签单。特殊情况需要增减房间时，礼貌征询领队，并请其签字，然后通知房务中心和收银处做好相应变更。同时礼貌征询领队团队的活动安排，以便为宾客提供服务。例如，知道退房时间，楼层可以组织人员查房，以保证退房时不耽搁宾客时间。

3. 填单、验证、分房

请宾客填写住房登记单，如团队是挂账的可免去每人填单，由领队统一签单，统一清点房卡数，再分发给队员。

最后将团队入住资料输入电脑，并通知房务中心及总机房。同时也要将该团领队的姓名及房号通知房务中心。

四、问询服务礼仪

酒店问询处是专门为宾客答疑解惑的部门，对酒店内部的相关事宜都应该能及时准确地解答。其他一些不是关于本酒店的问题，也应该解答一二。如宾客询问旅游景点、交通信息、重要道路及组织机构等，问询处服务人员都应该能为宾客解答。因此，问询员水平的高低既是个人综合能力的体现，同时也关乎酒店的长远发展。

（一）工作准备

问询处服务人员应该对酒店内外的相关情况都比较熟悉，在上岗前就应将这些内容熟记于心，特别是酒店的相关信息必须准确无误地为宾客解答。因此，问询处服务人员在上岗前应该进行培训，从而对本酒店及本地的相关信息都应有所了解。

（二）礼貌迎接宾客

无论宾客是打电话来问询，还是当面来问询，服务人员都应礼貌、热情地接待。放下手上的工作，面带微笑，平视宾客，首先主动问候宾客，然后询问宾客“有什么需要帮助的”（见图 4-2）。

图 4-2　微笑聆听

（三）认真聆听，适当复述

当宾客在表述自己的问题时，问询员应始终注视宾客的面部。在认真聆听的同时，适当用笔做记录，记下宾客问题的要点。对关键的内容也可以适当复述，以确保准确无误地为宾客解答。

（四）准确作答

对宾客询问的问题，要及时、准确地回答，回答时不能用也许、大概、可能等词，更不能说不清楚、不知道、不是我负责的等。如果对于宾客的问题自己不清楚，可以请示相关部门或上一级领导，也可以请宾客先留下房间号及姓名，待查询后及时给宾客回复。最后，再次询问宾客是否还有其他需要，并主动向宾客道别。

如果问询者询问的是住店宾客的相关情况，则要酌情回答。服务人员必须保护宾客的隐私，不能随意透漏宾客的有关信息。

（五）礼貌地向宾客道别

待宾客的问题都回答完毕后，向宾客道谢，并询问是否还有其他问题，最后礼貌道别。

五、酒店总机服务礼仪

酒店总机，是酒店各部门之间、与宾客之间沟通协调的枢纽，要发挥总机服务在酒店中的作用。总机服务人员除了应具有较高的事务处理能力外，还要熟练掌握酒店总机电话礼仪，其服务态度直接关系到酒店的服务质量和客户满意度。

（一）总机服务礼仪

1. 工作准备

总机服务人员的工作比较单调，与宾客没有面对面的接触。工作环境比较隐蔽，不像其他岗位时刻处于宾客和管理人员的监督之下。但总机服务人员上岗时也必须保证坚守岗位、精神集中，对酒店内外的有关信息也要有所掌握。

除此之外，还需要熟练操作设备，比如：设置转接快捷键，这样可以方便快捷地转接来电；设置语音留言功能，当宾客来电无人接听时，酒店总机会自动提示宾客留言，方便宾客随时与酒店进行沟通，以免忙的时候无法接听宾客电话，造成误会。

2. 迅速接听电话，礼貌作答

总机服务人员接听电话动作要迅速，电话铃响 3 声之内，必须接听。嘴唇与话筒保持约 3.33 厘米的距离，语调不要太高，语速不能太快，用词准确、恰当。

若未能在铃响 3 声内接听电话，应先向宾客致歉，再报酒店名，询问宾客有什么需要。

要保证总机电话不要太长时间占线，高效地回答宾客的问题。严禁总机服务人员煲“电话粥”，杜绝打私人电话。任何时候都不得用力掷听筒。

3. 认真聆听，适当记录

认真聆听宾客电话的同时，要随时准备好纸、笔，做好记录（见图 4-3）。注意聆听，在宾客讲完之前不要打断也不可妄下结论，对听不清楚的地方，要复述宾客的话，以免搞错。听电话时应不时地用“对”“是”“好的”等来给对方积极的反馈。若宾客反映问题或进行投诉，要耐心接听，回复宾客的话要注意语气和措辞，要显得热情、诚恳、友善、亲切，并使宾客能体会到对他的关注。如果宾客留言，应再次适当复述关键内容，以防出错。

图 4-3　聆听与记录

4. 礼貌转接

总机服务人员必须熟记常用号码，如果宾客要求转接电话，应说“请您稍等”，并准确、及时地为宾客转接到相应的部门或人员，确保客户的需求得到及时的解决；服务中要尊重宾客隐私，不偷听电话内容，不许误传宾客的信件或电话留言，不把宾客说的话当作茶余饭后的话题。

5. 热情道别

在准确、及时地回答了宾客的问题后，应礼貌地向宾客道别。在宾客挂断电话后，方可结束本次通话。

（二）总机服务礼仪的注意事项

1. 物品准备

电话簿、常用电话号码、日历、记录表以及笔全部应放在便于拿到的位置。接打电话之前，应做好各种准备，如各种表格、数据、图表和有关内容。

2. 声音亲切、明快

接电话时要用带微笑的声音与宾客通话，因为亲切、明快的声音使宾客感到舒服、满意。总机工作人员同样也是“微笑大使”，通过自己微笑的声音在宾客与酒店之间架起友好的桥梁。

3. 语言、语音、语调灵活变化

一接来电，敬言当先，先说“您好”“请讲”等。语气要谦逊，态度要诚恳，要亲切、委婉，不与通话人顶撞，发生争执。语言要简练，用词要得当。说好普通话，具备一定的英语口语交际能力。语速快慢要适中，根据不同的通话对象，要恰到好处地掌握讲话速度，对有急事的宾客，不能给一种慢条斯理故意拖延时间的感觉，对老年人或语言不易沟通的宾客要适当放慢语速，以期达到明白无误的目的。

4. 耐心诚恳，维护信誉

解释要耐心，当通话人有疑问求助时，总机工作人员应耐心地尽力向对方解释，切不可置之不理。接受投诉要虚心，通话人对饭店服务质量有意见来电投诉时，要以虚心的态度仔细聆听，答应通话人定将此事及时转告有关部门，切不可拒绝或中断通话。反馈要及时，对于客户的意见和建议，需要认真听取，及时反馈处理，并对其提出的意见和建议进行改进。

5. 叫醒服务要准时

住店宾客如来电要求在某时提供叫醒服务，话务员要当即做好准确、完整的记录，如不是自己值班，应在下班时对来接班的话务员做好交代，届时按要求准时叫醒宾客，切不能大意误事，影响宾客工作或行程安排。若宾客没有接听叫醒电话，一般 5 分钟左右再进行一次叫醒，若仍无人接听，应立即联系客房服务员实地查看，避免耽误宾客行程，防止其出现意外。对叫醒服务进行必要记录，尤其是出现叫醒晚起的情况时，要逐次登记叫醒记录，以便出现投诉纠纷时查证。

[同步案例 4-2]

叫醒服务风波

一日，总机服务员接到参加某会议的 2018 号客房宾客的电话，要求提供叫醒服务，时间是早上 7：10。但在此之前该会议的会务组已通知过叫醒时间为早上 6：30。由于总机服务员未与宾客核实叫醒服务时间，而自作主张地认为是两次叫醒，所以叫醒时间比宾客的要求提前了 40 分钟，遭到宾客投诉。

案例分析：如何预防叫醒失误的发生，关键在于细心。除了规范接听记录宾客叫醒时间要求外，最重要的一点就是复述确认宾客的房号和叫醒时间，把疑惑澄清。本案例中，宾客可能并不知道会务组已经通知过叫醒时间，自己又要了一个，这个时候服务员应多问一句："会务组已通知过叫醒时间，可能您不知道，是否以您的时间为准？还是两个时间都叫醒？"这样就避免了投诉的发生。宾客不会因为你多问一句而厌烦，相反，会认为服务员认真、负责、细致、周到，会感激服务员，而更加放心地休息。

任务导入

口头预订客房与 18：00 的关系

一天下午，一位姓王的宾客十分生气地找到酒店前厅的值班经理，声称自己 3 天前通过电话预订的方式向酒店预订了一间海景房，当时酒店预订部的工作人员也告知宾客已为其办理好了预订手续。但今天宾客来到酒店前台要求办理入住时，前台服务员却告知宾客现在已没有海景房提供了。宾客非常生气，自己明明已经成功预订，到酒店后居然出现无房提供的情况。当班经理经过查询和了解情况后得知，原来是因为王先生的客房预订属于口头预订，并且到达酒店的时间已经超过规定的 18：00，且双方均未通过电话沟通和核实。前台当班服务员看已超过客房保留的时间，认为宾客不来了，就将该客房办理给其他需要的宾客。

思考：

该服务员的做法合适吗？

任务解析

电话预订快捷、便利，但若处理不当，关于预订业务投诉的问题也不少。酒店客房预订成功率的高低不仅关系酒店客房入住率的高低，而且直接关系酒店的经济收益。因此，酒店预订员应在电话中复述宾客的预订要求，做好记录，并在宾客抵达前一天与宾客取得联系，再次确认订房情况，并告知宾客客房保留的时间。酒店除了要做好硬件方面的经营与管理，还应从细节做起，赢得顾客，赢得口碑，赢得未来。

六、酒店客房预订服务礼仪

预订客房是指宾客或代理机构为住店宾客在抵店前与饭店客房预订部门所达成的订约。一般宾客可到酒店服务台进行客房预订，或是拨打电话进行预订，也可以通过网络的方式进行预订。酒店客房预订可分为临时性预订、确定性预订和保证性预订 3 种类型。

对于宾客来说，通过预订可以保证入住时的住宿需求，尤其是在旅游旺季。对于酒店而言，一方面可以提前做好人员、物品及卫生等方面的接待准备；另一方面又可以使酒店提前占有客源市场，提高客房出租率，并获得理想的平均房价。因此，预订是前厅服务中很重要的一项业务。预订服务通过受理并确认宾客住宿要求，记录、存储预订资料，实时控制预订，进而完成宾客抵店前的有关准备工作，因而是整个前厅服务及客房销售非常重要的组成部分。

（一）客房预订服务礼仪

（1）准备工作。为了保证预订工作的准确性、提高工作效率，预订员需做好各项准备工作。查看交接班记录，了解上一班次的预订情况，掌握本班次需处理的事宜。检查电脑等设备是否正常，准备好预订工作中使用的各种表格、资料和用品。迅速准确地掌握当天及未来一段时间的可预订房情况，包括数量、类型、价格等，以便在受理新的预订业务时做到心中有数。熟悉当天及未来一段时间的预订情况，尤其是 VIP、大型团体、重要活动、宾客的特殊要求等情况，使预订的变更、取消等工作得到及时处理。

（2）宾客到服务台预订时，预订员要热情接待，主动询问需求及细节，并及时予以答复。若有宾客要求的房间，要主动介绍设施、价格，并帮助宾客填写订房单；若没有宾客要求的房间，应表示歉意，并推荐其他房间；若因客满无法接受预订，应表示歉意，并热心为宾客介绍其他酒店。

（3）宾客电话预订时，要及时礼貌地接听，主动询问宾客的需求，帮助落实订房（见图 4-4）。订房的内容必须认真记录，并向宾客复述一遍，如宾客姓名、联系方式、房间种类、房价、抵离店日期、付款方式等，询问宾客具体抵店时间，向宾客说明酒店留房间到入住当日 18：00。如宾客预计超过 18：00 才能抵店，则建议宾客用信用卡卡号做担保预订，以免出现差错。核对预订信息无误后，预订员应礼貌地向宾客道别并感谢宾客来电预订。因各种原因无法接受预订时，应表示歉意，并热心为宾客介绍其他酒店。

图 4-4　电话预订

（4）与宾客道别后，预订员应及时填写预订单，并进行整理、汇总。根据宾客到店时间，及时将预订单发送至前台接待处。

（5）预订员应在宾客到店前与宾客进行核对，确认宾客入住信息是否有变化。若有变化，应立即填写变更通知单，重新转发给前台接待处。

（6）受理预订时应做到报价准确、记录清楚、手续完善、处理快速、信息资料准确。

（7）接受预订后应信守订房承诺，切实做好宾客来店前的核对工作和接待安排，以免出现差错。

（二）酒店客房网络预订服务礼仪

随着网络时代的到来，人们出行时可以通过多平台、多形式、多渠道预订酒店，采用网络预订则是人们常用的一种方式。网络预订方便快捷、价格便宜、手机短信确认订单迅速及时、订房有保障。这些优势都是其他预订方式不可比拟的。酒店也会派出专门的人员进行网络服务，服务礼仪的质量直接影响酒店的声誉与客源。酒店的网络预订服务礼仪应做到以下要求：

（1）无论是酒店的官方网站，还是接入第三方平台的客房预订网站，应随时根据酒店客房情况更新房型、房价、图片等基本信息。

（2）安排专人负责审核宾客的客房预订信息，并做好相关记录。

（3）关注酒店在网络平台上的评价，如有宾客提出意见或给予差评，应及时做好跟踪服务，为宾客提供处理方案。

（三）客房预订特殊情况的服务礼仪

1．预订的变更、取消

如果宾客变更或取消已确认的预订要求，预订员必须填写预订变更单或预订取消单。若变更或取消的内容涉及一些原有的工作安排，如接机、房间特殊布置、订餐等，应尽快将变更或取消的内容通知到有关部门。如果是团体订房的变更与取消，应按合同规定办理。无论是变更还是取消预订，宾客都有其客观原因，预订员应耐心、高效地受理预订的取消并尽量简化手续，给予热情和有效的帮助。

2．超额预订

酒店在处理超额预订失误时，首先应诚恳地向其解释原因并致以歉意，征得宾客同意后，将宾客安排到其他同类型的酒店，并负责提供交通工具和第一夜的房费；如宾客同意次日搬回本酒店，应做好次日的预订并将搬回的时间告诉宾客；做好宾客返回本酒店时的接待工作，如大堂值班经理欢迎、房内放致歉信、赠送鲜花水果等；向订房人发致歉信，对造成的不便表示歉意，并希望宾客以后有机会再次光临；事后向提供援助的酒店致谢。

任务导入

大堂纠纷的快速解决

一日，某男性宾客一行3人到达一酒店，该男子在酒店前台办理入住手续时提出要入住一间三人间。由于该酒店进行了升级改造，已不存在三人间的客房，前台服务员就拒绝了宾客的入住。该男性宾客声称自己以前出差经常在该酒店三人间的房型入住，现在前台服务员是为了多推销房间，让宾客多付费，才否定三人间房型的存在。酒店前台服务员多次解释无果，且宾客一直在前台吵闹。大堂副理见状立刻邀请3位男性宾客到大厅的休息区入座，倒上3杯茶水，耐心细致地向宾客说明情况。经过大堂副理的沟通，最终宾客从猜疑、不满到理解和接受。

思考：

大堂副理这个岗位的存在对于维持酒店大堂的环境及形象均发挥了哪些作用?

任务解析

酒店前台的侧面常放着一套桌椅，桌子上放着“大堂副理”的牌子。什么是大堂副理？大堂副理是酒店总经理的代表，对外负责处理日常宾客的投诉和意见，平衡协调酒店各部门与宾客的关系。对内负责维护酒店正常的秩序及安全，对各部门的工作起监督和配合作用。作为酒店对客服务的代表，大堂副理还应讲究形象、礼貌待人；善于分析、沉着冷静；熟练掌握日常接待礼仪的操作标准，并能灵活运用于实际的工作中。

七、酒店大堂副理接待礼仪

大堂副理是酒店总经理的代表，对外负责处理日常宾客的投诉和意见，平衡协调酒店各部门与宾客的关系；对内负责维护酒店的正常秩序及安全，对各部门的工作起监督和配合作用。大堂副理是酒店宾馆等设置的岗位，是按照国外酒店管理集团的经营理念，专门为一些重要的宾客提供酒店所需之外服务的高级服务人员。

（一）大堂副理接待服务礼仪

1. 讲究形象、礼貌待人

作为酒店对客服务的代表，大堂副理应保持良好的形象：精神饱满，面带微笑，思想集中，坐姿、站姿和走姿都要自然得体；出言谨慎，口气婉转，态度诚恳，谦逊有礼。有宾客前来，应主动上前或起立，彬彬有礼地问候，然后请宾客就座，再慢慢细说。熟练掌握英语或其他外语。对宾客提出的问询，要给予全面详细的答复，使对方感到可信、满意。自己能答复的问题，绝不借口推脱给其他部门解答。对确实不了解、没把握的事，不要不懂装懂，更不能不负责任地自以为是。接待宾客要百问不厌，口齿清楚，用词贴切，简洁明了。办事态度踏实、认真，考虑问题周到，能“急宾客之所急”，愿把困难留给自己，把方便让给宾客。接待结束，要主动先向宾客致谢，做到自然、诚挚。

2. 善于分析、沉着冷静

遇突发紧急事件，要沉着、冷静、果断，及时向有关方面通报信息，尽快取得指示和协助，在礼貌服务中体现出优质、高效。

（二）处理宾客投诉服务礼仪

1. 态度诚挚，立场客观

酒店运营过程中，投诉是不可避免的，宾客不管出于什么原因和目的投诉，都能对酒店今后不断改进服务策略、提高服务质量提供可借鉴的地方。因此，大堂副理在遇到投诉时，应立场客观，抱着积极的心态，真诚为宾客解决问题，不能消极应付或一味迁就。

2. 耐心倾听，做好记录

宾客在投诉的过程中会不可避免地出现情绪激动、言语过激的情况，大堂副理要有充分的思想准备，心平气和，善解人意，逐步引导，充分尊重投诉者的心情；要保持冷静，耐心倾听，捕捉宾客投诉的目的；在倾听过程中，不要随意插话或打断宾客，要让其在平静的氛围中发泄，以便缓和矛盾，也可使投诉者获得心理的平衡；要适时点头附和，与宾客产生情感共鸣。大堂副理在听取宾客投诉时，应对问题要点进行书面记录，表示酒店方对事情的重视，避免宾客误认为在敷衍了事，也可作为后期处理投诉的参考依据。

3. 征求意见，解决问题

大堂副理对宾客的投诉，除表示理解、同情、重视、关心外，还要迅速根据实际情况做出必要的核查，拿出妥善的解决方案。处理问题时不能主观武断，不得轻易表态，不要简单地回答“是”或“非”，更不可擅自做不合实际的承诺，以避免酒店遭受不必要的名誉和经济损失。

4. 加强跟踪，及时反馈

大堂副理与宾客达成投诉处理意见后，应当协调相关部门快速采取措施。根据宾客留下的联络方式，将处理结果反馈给宾客，在最短的时间内消除宾客的不满。必要时，通过赠送花篮、果篮或其他小礼品，表达对宾客投诉意见的感谢，或对酒店服务不周全表示歉意。

（三）处理突发情况服务礼仪

突发情况主要指意外停电、宾客突发急病或受伤、自然灾害等事先无法预测的事情，能考验酒店处理应急事件和复杂问题的能力及水平。大堂副理处理这些问题时，不能仅追求处理结果，还应注意处理过程的礼仪和风度。

1. 保持镇静，理智分析

大堂副理遇到此类事件时，首先应保持镇静，准确判断发生了什么事情，千万不可惊慌失措、东奔西跑，避免引发更多的慌乱。

2. 快速反应，妥善处理

大堂副理要快速反应，采取妥当的措施，根据事件的不同性质采取与之相适应的手段和方法，有序地组织相关人员和宾客配合处理。

3. 安抚宾客，监控结果

在处理过程中，大堂副理要时刻关注宾客的情绪，安抚宾客，监控结果，并随时向高层领导反映事情的进展，寻求更多的支持和帮助，以更快更好地处理紧急事务，恢复酒店的正常运营，保证酒店的利益。

（四）婉拒宾客的服务礼仪

宾客对酒店的要求各不相同，有合理的，也有不合理的；有能满足的，也有不能满足的。大堂副理要巧于周旋，善于沟通，有节奏地满足宾客的合理需求，礼貌婉拒宾客不合理、非正当的需求。掌握婉拒的服务礼仪，对平衡宾客心态、维护酒店声誉和礼仪尤为重要。

1. 态度友善，措辞文明

对于宾客提出的有一定合理性，但受条件限制，无法满足的要求，大堂副理不能态度生硬地直接拒绝，而应态度友善，选择适当的措辞婉言拒绝宾客的要求，不让宾客觉得没面子。

2. 理由充分，建议合理

对于宾客提出的不合理、不正当的要求，大堂副理要保持冷静，态度鲜明又不失礼节地婉拒宾客，建议宾客通过其他途径获得更多的利益。

任务实施

当于先生夫妇于6月14日中午到达某酒店的时候，前厅服务员告诉于先生现在不能立即办理入住手续，因为客房还没有清理完毕。前台主管向他们解释，客房部现在缺少服务员，房间要等到下午4：30才能全部清理完毕，并分别递给他们俩每人一张午餐贵宾卡作为补偿。于先生觉得得到了一定安慰。

但是，当他们下午4：30返回前台要求办理入住登记的时候，却被告知客房已经满员，他们必须另找别处过夜。于先生感到非常惊讶，认为是前台服务员搞错了，并出示了他们的登记确认卡，说他们中午已经来过了，本来应该先办理入住手续，只因当时客房没有完全清理好，让他们现在再来。服务员当即表示歉意，向于先生解释说，酒店房间确实已经满客，酒店原来就是按超额预订10%办理预订手续的，非常不幸，确实必须另寻住处。

于先生问为什么他们中午来办理入住登记时不这样介绍呢？服务员解释说，按照酒店的惯例，通常都要给那些超额预订的顾客提供午餐贵宾卡，并告诉他们下午4：30再回来。这是因为正常办理预订的顾客一般在下午4：00前可以确认是否取消预订。这样酒店就可以把房间转给那些超额预订的顾客。

思考：

1. 造成于先生夫妇不能入住该酒店的主要原因是什么？
2. 应该怎样追究该酒店的失误？

思考练习：

1. 女士优先原则在前厅接待礼仪中的运用应怎样体现？
2. 在为团队运送行李物品时应注意哪些礼仪规范？
3. “宾至如归”是酒店服务的宗旨和核心，试对酒店前厅部其中一个岗位的礼仪规范进行论证。

技能技巧训练：

电话预订是宾客常用的一种客房预订方式，酒店客房预订服务员应通过自己熟练的预订技巧和语言魅力赢得顾客，以提高酒店的入住率。以小组为单位，分别为残疾宾客、亲子游家庭、商务人士、老年夫妇等特殊宾客办理电话预订。

要求：

1. 分小组设定特殊宾客的种类，成功完成电话预订。
2. 注意电话礼仪的合理运用。

任务二　客房服务礼仪

任务导入

某五星级酒店客房服务员小张正在楼层做清洁，一位喝醉酒的宾客回到酒店见到小张就叫道：“服务员，帮我开这个房间！”小张基于对宾客的热心，与宾客一起来到了房间门口，立即就帮宾客打开了房门，然后转身离去。可就在小张离开后，这位醉酒的宾客进到房间突然傻眼了，里面还住着另外一位宾客。里面的宾客同时也惊呆了，两位宾客突然陷入了尴尬的局面。第二天一早，这两位宾客在结账时，都向酒店提出了投诉。

思考：

在整个服务过程中，小张的哪些服务礼仪存在错误？

任务解析

关于进房的服务礼仪，小张在整个过程中，犯了以下几个错误：

（1）当宾客叫小张开门时，小张首先应该有礼貌、委婉地请宾客出示房卡以核实身份。其次若宾客醉酒没带房卡，小张也应该呼叫房务中心或前台对宾客的入住情况进行核实。

（2）小张在开门时，没有按酒店进房服务规范进行操作，即在开启房门前应先敲门3次，每次3下并自报“服务员”。

（3）小张在开门后，并没有按操作规范，即先将房门打开1/3，并自报“服务员”，见没人回答后自己先进房确认，而是直接将门打开，转身离去。

客房是酒店为宾客提供的下榻或暂时居住的场所，是宾客在酒店停留时间最长的地方，客房服务质量是酒店服务质量的主要标志。酒店不仅要为宾客创造清洁、美观、舒适、安全的理想住宿环境，还要提供细致、周到、礼貌的客房服务。所以，酒店客房的日常服务从早到晚，时间最长，工作量最大，涉及面最广。酒店既要按标准提供良好的客房空间和配套的设备用品，还要按规范和礼仪提供客房对客服务。

一、客房迎宾服务礼仪

（一）准备工作服务礼仪

酒店客房日常服务量较大，涉及面广，变化性多，综合性强，但是很多服务都是隐藏起来的，只有楼层服务岗位为宾客提供面对面的服务。楼层服务员在对客服务中，不仅要有扎实的服务技能，还要懂得规范的对客服务礼仪，让宾客住得舒心愉快。因此，楼层服务员在接到前台开房通知单后，要做到“七知”“四了解”。

七知：知道宾客到店的时间；知道宾客国籍；知道宾客身份；知道宾客人数；知道宾客生活标准；知道宾客支付方式；知道宾客接待单位。

四了解：了解宾客的意见和要求；了解宾客的风俗习惯和生活特点；了解宾客的活动日期；了解宾客退房离店的时间。

（二）迎宾服务礼仪

接待宾客时，温柔的话语和笑脸可以使宾客忘掉旅途的劳顿，为宾客创造一个宾至如归的住宿环境。酒店客房迎宾服务礼仪主要包括以下方面：

1. 梯口迎宾

宾客由行李员引领来到楼层，客房服务员应面带微笑，热情招呼。如果事先得知宾客的姓名，在招呼时应说“欢迎您！××先生”，行15°鞠躬礼。对宾客手中的行李物品（若没有行李员的酒店）要主动帮助提拿，但要察言观色，不要硬性坚持把宾客手中的东西拿过来。楼层服务员引领宾客到已为宾客准备好的房间门口，侧身站立，用房卡将房门打开，请宾客先进。

2. 介绍情况

宾客初到酒店，客房服务员（若没有行李员的酒店）首先向宾客介绍房内设备及使用方法，同时向宾客介绍酒店服务设施和服务时间。介绍要征得宾客同意或视情况而定，过多的介绍和过度的服务反而会引起宾客的不满、反感。初次来店的宾客，在第一次用餐时，客房服务员可以主动陪送到餐厅，并让餐厅服务员向宾客介绍饮食特色和收费标准等。

3. 端茶递巾

如果是重要宾客，在宾客进入客房后，客房服务员要立即递上茶水和毛巾，形成“客到、微笑到、茶到、香巾到、敬语到”的入门系列配套服务。

4. 微笑离开

客房服务员（若没有行李员的酒店）在确认宾客没有其他要求后，应立即退出客房，不可无事逗留，以免影响宾客休息。离开时应说“有事请吩咐”，或“如有需要，请打总机电话，我们随时恭候”。退出房间时，应先后退一、二步，再转身走出，同时将门轻轻拉上。

二、客房整理和维修服务礼仪

（一）客房整理服务礼仪

1. 进房服务礼仪

客房服务员进房前应先检查房门外是否亮有“请勿打扰”指示灯或挂有“请勿打扰”指示牌。若有，则不得进入该房间。若无，进房前先完成敲门通报的动作，即用右手的中指和食指关节轻轻敲 3 下，并通报“客房服务员”（house-keeping），仪态大方，面带微笑等候；若无回音，过 5 秒钟再敲 3 下；第二次敲后仍无回音，便可打开房门，先将房门打开 1/3，并自报“服务员”，见没人回答后自己先进房确认。但若敲门后听到房间内有宾客的问话声，应立即报上自己的身份。进入房间后应说明来意，征得宾客同意后方能打扫卫生。打扫卫生时，要一直开着房门，直至服务完毕。若午后两点该房门仍亮着或挂着“请勿打扰”的牌子，则应致电客房询问是否需要清洁服务。

2. 客房整理服务礼仪

客房的整理包括清洁客房、更换和补充各种用品、检查和保养设施设备等，应尽量避免宾客在房间时进行整理（见图 4-5）。在客房内工作时，将宾客的文件、杂志、书报稍加整理，打扫后放回原处，不得弄错位置，更不得擅自翻动宾客的物品，也不得向宾客索取任何物品。除扔在垃圾桶里的东西外，即使放在地上的东西也只能替宾客做简单的整理，千万不能自行处理。女性的化妆品即使用完了，也不得将空瓶、纸盒扔掉。

在服务过程中，不得在客房内看电视、听音乐。除发生意外情况，否则不得使用客房内的电话。凡是打到客房内的电话，一律不要接听。工作车的摆放要规范，不要影响宾客进出。

图 4-5　客房整理

（二）客房维修服务礼仪

酒店装修或维修客房时，应该使用通告的方式真诚向宾客道歉，感谢宾客的理解和支持，并及时为宾客提供附加服务。维修人员应该着装干净，维修物品应摆放有序。提拿动作要轻缓，尽量不影响宾客休息。不随意使用客房内的物品和设备。维修完毕要清扫垃圾，将客房恢复原状。

三、客房送餐服务礼仪

送餐车应该干净整洁，符合卫生要求。车轮转动灵活，推动方便，无噪声。餐具应与食物匹配，干净、整齐、完好。送餐时，如遇宾客着装不整，送餐员应在门外等候，等宾客穿好衣服后再进房送餐。送餐员站在离餐车一定距离处介绍菜品。送餐完毕后，祝客用餐愉快。

四、洗衣服务礼仪

（一）核对宾客需求

服务员要了解宾客需要在什么时间内完成衣物洗涤，如果在正常的洗涤工作时间内，应尽快将宾客衣物送至酒店洗衣房；如果宾客要求衣物洗涤在很短的时间内完成，应先与洗衣房联系，确认能否完成衣物洗涤再接收宾客衣物送洗；如果洗衣房不能提供相关服务，应向宾客礼貌致歉并说明原因。

（二）核对检查衣物

对于宾客需要送洗的衣物，服务员应认真核对件数、质料、送洗项目和时间，检查口袋里有无物品、纽扣是否脱落、衣物有无破损或严重污点等。如有上述情况应及时当面向宾客说明，并在洗衣单上注明。

（三）明确相关信息

洗衣单上应明确服务时间、价格、服务电话及送回方式等有关信息，配备酒店专用环保洗衣袋。

（四）送回洗烫衣物

服务员应在规定时间内送还衣物，将衣物悬挂整齐。对显示“请勿打扰”的房间，可设置留言，告知宾客送洗的衣物已完成洗涤，请宾客方便时通知服务员送进房间。如果宾客提前离开酒店而衣服还未洗好时，不管是何种原因，服务员均应该向宾客道歉，将衣服的洗涤情况向宾客说明；如果时间来得及，应该马上洗好送到宾客房间；如果时间来不及，也应该包装好衣服送到宾客的房间，根据衣服洗涤情况酌情减免洗衣费；如果污渍不能被清除，应书面告知宾客。

五、客房送客服务礼仪

（一）宾客离店前

服务员得知宾客离店的日期后，应仔细检查宾客委托代办的业务是否已经办妥，主动询问是否需要提供叫醒、出租车等服务，主动征求宾客的意见和建议，并认真记录，表示感谢，以便不断改进服务工作。但不要过多耽误宾客时间。

（二）送别宾客时

送别宾客时，服务员应协助行李员提送宾客的行李物品至电梯口，礼貌道别，欢迎下次光临。

（三）宾客离开房间后

宾客离开房间后应迅速进房检查，查看有无遗留物品，房间内的各种配备用品有无损坏或缺失，各种需要收费的饮料食品和物品有无消耗。如果发现遗留物品应尽可能归还宾客，如果宾客已走，则按酒店的遗留物品处理规定保管和处理。如果发现物品缺失或损坏，应立即打电话与前台联系，机智灵活处理，不可伤害宾客的感情和自尊心。如果发现有收费物品的消耗，应立即打电话与前台联系结算。

六、特殊情况服务礼仪

（1）若宾客在住宿期间生病，服务员应主动询问是否需要到医院就诊，并给予热情关照，切不可自行给宾客用药或代客买药。若宾客患突发性疾病，应立即报告上司与大堂副理，联系急救站或附近医院，不可拖延时间；若发现宾客已死亡，应注意保护现场并立即报告保安部，并协助公安、医务部门调查。

（2）宾客住店期间，若发生酗酒现象，服务员应理智、机警地处理，尽量安置酗酒宾客回房休息，并注意房内动静，必要时应采取措施。对醉酒吵闹的宾客，要留意其动静，避免出现损坏客房设备、卧床吸烟而引起火灾、扰乱其他住客或自伤等事件，必要时通知上司和保安部人员。对于醉酒酣睡的宾客，服务员要同保安人员一起扶宾客进房，同时报告上司，切不可单独搀扶宾客进房或为宾客解衣就寝，以防宾客醒后产生误会。对于醉客的纠缠不休，服务员要机警应对，礼貌回避。对醉客的呕吐物要及时清扫，并设法保持房内空气清新。

（3）宾客称钥匙遗忘在客房，要求服务员为其开房门时，应请宾客出示住房卡，核对日期、房号、姓名等无误后，方可为其开门。若宾客没有住房卡，应请宾客到前台核对身份无误后，方可为其开门。

（4）若宾客在客房内丢失财物，服务员应安慰并帮助宾客回忆财物丢失的过程，同时向上司和保安部报告，协助有关人员进行调查，不能对实情隐瞒不报。

知识连接

2020年9月20日，第十二届遵义文化旅游产业发展大会的重要活动之一——首届红色民宿发展研讨会在遵义举行。会上，红城遵义推出“红色民宿”品牌，将红色民宿发展纳入红色旅游发展规划。“红色旅游民宿”这一概念，在全国是首次提出，创新提出红色民宿生活方式的“九个红”：穿一身“红装”、品一餐“红餐”、唱一首“红歌”、看一场“红剧”、读一本“红书”、诵一首“红诗”、听一堂“红课”、做一节“红创”、悟一场“红忆”。

红色民宿是伴随着民宿与红色旅游的发展而逐步形成的一种新型的民宿发展类型，是红色文化活态传承的产物，也是民宿再发展的新生力量。

中国旅游协会民宿客栈与精品酒店分会会长表示，“红色民宿”是红色精神在民宿领域的传承与创新，也是红色旅游和民宿产业的融合与共生。“红色民宿”将引领民宿业在红色精神传承、精准脱贫攻坚、文旅转型升级、双循环战略实施等诸多领域发挥更大作用。

遵义是“转折之城”，在中国革命发展史上具有举足轻重的地位。“红色民宿”的提出，使遵义在中国民宿发展史上写上了浓墨重彩的一笔。

资料来源：遵义推出“红色民俗”品牌助文旅产业升级[EB/OL].（2020-09-23）[2023-8-10].https://baijiahao.baidu.com/s?id=1678610850168062514&wfr=spider&for=pc.

[同步案例 4-3]

服务不周

早晨，8336 房间的宾客反映，前一晚 11 时左右，服务员去房间送针线包时，宾客向服务员要了一盒方便面。服务员答应得很好，却忘记了。宾客等了一个晚上，方便面也没有送过来，很不满意。服务员向宾客致歉，并向餐饮部调拨了一个果盘，送到宾客房间，并对服务的不周再次向宾客致歉。

案例分析：酒店员工的工作作风是反应快、行动快，宾客提出的需求就是命令，必须在第一时间内给宾客回复。将宾客的需求抛之脑后，将宾客的需求忘记，这绝对是一个危险的信号。但人非圣贤，孰能无过，一旦发生类似事件，道歉和补偿是非常关键的。合理的补偿，不但可以解决宾客的投诉，甚至可以转变成助力，展现出酒店的个性化服务。

酒店强调提高员工主动服务的意识，把宾客放在第一位，积极投身于对客服务中去。一个服务优质的酒店需要所有员工共同努力。

任务实施

某晚，客房服务员在清理宾客房间，把所有的垃圾都收走了。22：02，宾客张先生回到房间后反映，他花费了好长时间才收藏的一些可口可乐瓶子被服务员当垃圾收走了，引起了张先生的极度不满。事后酒店首先向宾客道歉，然后由客房主管和领班等去垃圾站找回了藏品，总值班王经理将瓶子送回客房，并再次向宾客赔礼道歉。为了补偿宾客，做了房间的升值服务，以消除顾客的不满。

思考：

本案例中，服务员应如何加强服务意识，以防止此类错误发生？如何在细节中体现服务礼仪？

思考练习：

1. 若房门外没有显示或挂有“请勿打扰”的标牌，客房服务员应怎样正确进入宾客的房间？

2. 查资料，了解酒店的“托婴服务”。思考“托婴服务”有哪些重要的工作职责？谈谈如何做好这项工作。

技能技巧训练：

客房服务员楼层迎宾及引领宾客进房礼仪情境模拟训练。

要求：

1. 分小组情境模拟练习。
2. 各小组打分互评优缺点。

任务三　中餐服务礼仪

任务导入

一位朋友因公务经常到泰国出差，并下榻在 DF 饭店。第一次入住时，良好的饭店环境和服务就给他留下了深刻的印象。当他第二次入住时几个细节更使他对饭店的好感迅速升级。

一天早上，在他走出房门准备去餐厅时，楼层服务员恭敬地问道：“于先生是要用早餐吗？”于先生很奇怪，反问：“你怎么知道我姓于？”服务员说：“我们饭店规定，晚上要背熟所有宾客的姓名。”这令于先生大吃一惊，因为他频繁往返于世界各地，入住过无数高级酒店，但这种情况还是第一次碰到。

于先生高兴地乘电梯到餐厅所在的楼层，刚刚走出电梯门，餐厅的服务员说：“于先生，里边请。”于先生更加疑惑，因为服务员并没有看到他的房卡，就问：“你知道我姓于？”服务员答：“上面电话刚刚下来，说您已经下楼了。”如此高的效率让于先生再次大吃一惊。

于先生刚进餐厅，服务小姐微笑着说：“于先生还要老位置吗？”于先生的惊讶再次升级，心想：“尽管我不是第一次在这里吃饭，但最近的一次也有一年多了，难道这里的服务小姐的记忆力那么好？”看到于先生惊讶的目光，服务小姐主动解释说：“我刚刚查过电脑记录资料，您去年的 8 月 8 日在靠近第二个窗口的位子用过早餐。”于先生听后兴奋地说：“老位子，老位子!”小姐接着问：“老菜单，一个三明治，一杯咖啡，一个鸡蛋？”现在于先生已经不再惊讶了。“老菜单，就要老菜单!”于先生已经兴奋到了极点。

上餐时餐厅赠送了于先生一碟小菜，由于这种小菜于先生是第一次看到，就问道：“这是什么？”服务员后退两步说：“这是我们特有的小菜。”服务员为什么要先后退两步呢？他是怕自己说话时口水不小心落在宾客的食物上，这种细致的服务是于先生没有见过的。这一次早餐给于先生留下了终生难忘的印象。

后来，由于业务调整，于先生有 3 年时间没有再到泰国去。在于先生生日时，酒店寄来贺卡，里面还附了一封短信：亲爱的于先生，您已经有 3 年的时间没有来过我们这里了，我们全体人员都非常想念您，希望能再次见到您。今天是您的生日，祝您生日快乐。于先生当时激动得热泪盈眶，如果再去泰国，绝对不会到任何其他饭店，一定要住在 DF 饭店，而且要说服所有朋友也像他一样选择。于先生看了一下信封，上面贴着一枚 6 元的邮票。6 元钱就这样买到了一颗心。

资料来源：满意+服务,是酒店服务的永恒追求[EB/OL].（2019-03-07）[2023-08-19]. https://www.sohu.com/a/299813911_206575.

思考：

本案例给了我们哪些启示？DF 饭店的成功秘诀是什么？

任务解析

由于DF饭店非常重视培养忠实的客户，并且建立了一套完善的客户关系管理体系，使客户入住后可以得到无微不至的人性化服务。迄今为止，世界各国的20多万人曾经入住过那里。用他们的话说，只要每天有1/10的老顾客光顾，饭店就会永远客满。这就是客户关系管理的魔力，这就是DF饭店的成功秘诀。

酒店餐饮业是酒店中很重要的一部分，餐饮服务决定了宾客对酒店的主观评价。对于服务人员来说，要做好服务工作，不仅需要职业技能，更需要懂得服务礼仪规范，为顾客提供满意的服务，从而为酒店赢得更多客户。

一、餐前准备服务礼仪

（一）仪容仪表准备

当今社会外出用餐成为一种时尚，也逐渐成为一种社交习惯。人们到酒店用餐，不但要品尝到美味，还要有良好的用餐环境。餐饮服务人员的仪容仪表就是用餐环境的一个重要组成部分。

1. 仪表

工作时间应着规定的制服，以方便为顾客服务。衣服要整齐干净，注意保持衣服袖口、领口处的清洁。衣服应扣的扣子要扣好，不可露出衬里，不要挽袖子卷裤腿，要佩戴标志卡。男、女服务员均以深色皮鞋为宜。

2. 仪容

男服务员不留大鬓角，后面的头发不能长到衣领，不留胡须，常修面；女服务员的头发不可长到披肩，必须化淡妆，不准佩戴任何首饰，不准留长指甲、涂指甲油，不得抹刺激性的香水。

3. 仪态

餐厅服务人员的站姿应是端庄、挺拔，体现出优美和典雅。坐姿要端正，表现出坐的高贵和娴雅。步态应轻盈、稳健，一般要靠右行走，不能走中间，不可跑步，不可与宾客抢道。接待宾客时，手势的运用要规范和适度，谈话中手势不宜过多，动作不宜过大。如为宾客指点方向时应正确采用“直臂式”，请宾客进入时应用“横摆式”等。同时需要注意：手势要和面部表情及身体各部分协调配合，以免生硬，让宾客产生误解。

另外，服务人员在接待中要热情适度，耐心周到，对宾客的态度反映积极回应，虚心听取宾客意见，遇事要冷静、沉着、表情要含蓄大方。自控能力要强，使自己保持良好的心态。

（二）语言礼仪准备

语言是表达思想感情的重要工具，在餐厅接待中要求语言简洁、明确、健康、优美。餐厅服务员必须要有语言方面的艺术技巧，才能做好餐厅服务工作。要达到语言美首先要做到说话和气。说话是表达思想解决问题的手段，而和和气气地说话则是正确的态度和方法，容易被对方接受，从而达到解决问题的目的。

1. 谈吐文雅

文雅的语言能使人悦耳，粗野的词汇使人憎恶。因此，语言要洁净、彬彬有礼，以引起对方敬意，有些问题也就能迎刃而解。

2. 态度要和蔼

和颜悦色的讲话使人感到温暖，讲话时尊重对方，能够使对方产生对本人的敬意。

3. 讲话举止要大方

说话的神态要自然朴实，令人相信，不夸夸其谈，信口开河，要庄重自信，不卑不亢，落落大方。

4. 常用的服务用语

（1）迎客："您好，欢迎光临!"
（2）拉椅请坐："先生/小姐，请坐!"
（3）开位问茶："请问先生/小姐喜欢喝什么茶呢？"
（4）派餐巾："先生/小姐，请用毛巾。"
（5）斟茶："先生/小姐，请用茶。"
（6）问酒水："先生/小姐，请问喜欢喝些什么酒水呢？"
（7）斟酒水："先生/小姐，帮您斟上酒水好吗？"
（8）收茶杯："先生/小姐，帮您把茶杯收走好吗？"
（9）上汤："这是汤，请慢用。"
（10）上菜："这是菜，请各位慢用。"
（11）更换骨碟："先生/小姐，帮您换骨碟。"
（12）撤换茶碟："请问，这个茶碟可以收走吗？"
（13）上水果："这盘水果是我们经理送的，小小心意，请慢用。"
（14）饭后茶："请用热茶。"
（15）结账："请问哪位买单？""多谢，可以打八折。""多谢，收到××钱。""多谢，找回××钱。"
（16）送客："谢谢光临，欢迎下次再来，再见!"

（三）卫生礼仪准备

1. 个人卫生

餐厅服务员的个人卫生十分重要，上岗时首先要做好个人卫生，保持整洁、清新的仪表仪容。如果餐厅服务员不注意个人卫生，不修边幅，蓬头垢面地出现在宾客面前，必然会使宾客对酒店的卫生产生怀疑，直接影响餐厅的经营。

2. 环境卫生

每天餐厅正常营业之前，都应将环境卫生清扫干净，做到地面卫生洁净，光线明亮，空气清新。无论是顾客用餐区，还是食品准备区都应符合卫生要求，为宾客创造良好的进餐环境。进餐环境包括卫生环境和文化环境，如上海 JJ 饭店的川菜厅就是利用典型的环境布置传递其服务特色的。一进餐厅，一股强烈的四川民俗气息扑面而来，宛若置身于巴山蜀水之间。“巴蜀宴，无醉不归；天府席，入味有神”两块大匾额点出了川菜餐厅的意境。

3. 餐具卫生

餐具必须按照规定进行严格的清洗和消毒，严禁使用未经消毒、不符合卫生要求的餐具。另外，还应根据酒店的规格和档次，适时更换餐具。服务人员摆放餐具时要按规定程序和要求操作，保证餐具的干净、卫生。

4. 食品卫生

俗话说“病从口入”，餐前准备工作中要特别注意食品卫生。餐饮企业提供的食品必须符合国家制定的餐饮企业卫生标准，服务人员必须严格按照要求对食品进行处理，保证顾客的饮食安全和健康（见图 4-6）。

图 4-6　卫生操作

（四）摆台服务礼仪准备

摆台是餐厅服务工作中的一项重要内容，也是餐厅服务中要求比较高的一项工作，是一门技术，摆得好坏直接影响服务质量和餐厅的面貌（见图 4-7）。

图 4-7　中餐摆台服务礼仪

摆台可以为宾客就餐确定席位，提供必需的餐具。摆台的标准要求是：先铺好台布，订好座位，再按顺时针方向依次摆放餐具、酒具、餐台用品、餐折花。要求台型设计考究合理，行为安置有序，符合传统习惯。小件餐具齐全、整齐一致，具有艺术性，图案对称，距离均称，便于使用（见图 4-8）。

图 4-8　餐具的艺术性

隆重的宴会，餐桌上还要铺设花草。在大圆台的正中或在转盘的周围，用细枝、山草、枫叶、松针等衬底，上面用山茶花、菊花、白兰花等鲜花铺成图案，也可以用餐具、台布、鲜花、水果、剪纸等，摆成各种象形或会意的图案，以美化餐厅、餐桌，烘托宴会的气氛（见图 4-9）。

图 4-9　中餐主题宴会

（五）中餐桌次及席位安排

中餐宴会中的桌次及每一桌的席位安排有严格的礼仪规范，总的原则是“中心第一，先右后左，近高远低”。

中心第一是指布局时要突出主桌或主宾席。主桌通常正对门、离门最远，或是处于场地的中间。主桌的台布、餐椅、餐具的规格应高于其他餐桌，主桌的装饰也要有别于其他餐桌，花坛要特别鲜艳突出。大型宴会的主桌桌面可大于其他来宾席桌面。主桌与来宾席之间应留有一条较宽敞的通道，其宽度应大于一般来宾席桌间的距离，便于宾主席间出入。先右后左是指按国际惯例，主桌右边的地位高于左边，主人右席的地位高于左席。近高远低是指针对被邀请的宾客，身份高的宾客离主桌近，身份低的宾客离主桌远。

1. 桌次的排列

宴会中的桌次最为讲究，视参加人数可设一桌或多桌。一桌时可以用长桌或圆桌，多桌时一般用圆桌，桌子之间的距离要适宜，各个座位之间的距离也要相等。如果安排乐队奏乐，乐队不宜离宴席太近。桌次排列如图 4-10 所示。

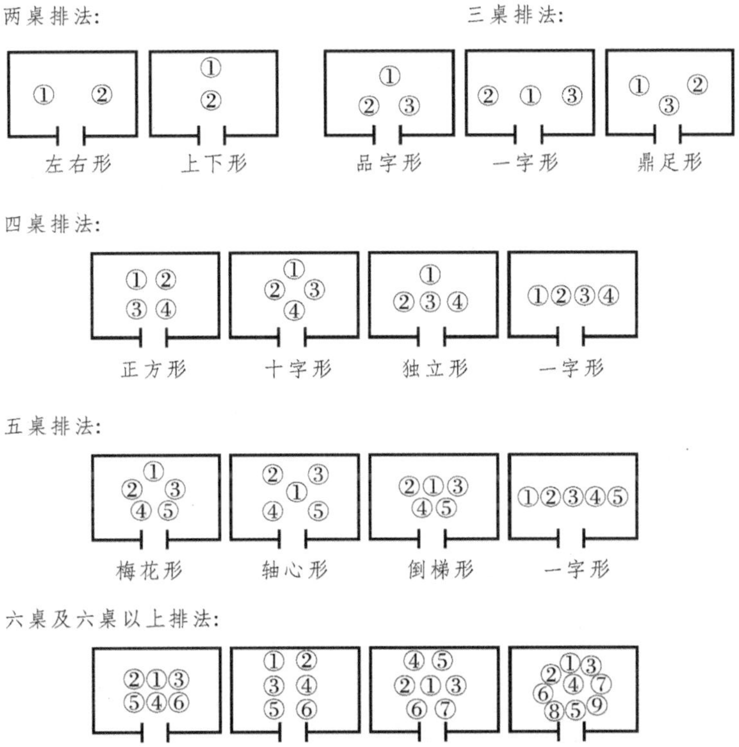

图 4-10　中餐宴会桌次排列

在大型宴会中，除主桌外，所有的桌子都应编号（用阿拉伯数字书写），并在宴会厅入口处摆放桌次示意图，以方便宾客就座。台号必须符合宾客的风俗习惯和生活禁忌，如欧美宾客参加的宴会必须取消台号 13，中式宴会取消台号 4、14 等。

2. 席位的安排

宴会的席位安排，以礼宾次序为主要依据。按照我国的习惯，通常应遵循以下原则：

（1）右高左低。当两人一同并排就座时，通常以右为上座，以左为下座。因为中餐上菜时多以顺时针为上菜方向，居右者比居左者优先受到照顾。

（2）中座为尊。三人一同就餐时，居中座者在位次上要高于在其两侧就座之人。

（3）面门为上。倘若用餐时有人面对正门而坐，有人背对正门而坐，依照礼仪惯例则应以面对正门者为上座，以背对正门者为下座。

（4）观景为佳。在一些高档餐厅用餐时，其室内外往往有优美的景致或高雅的演出供用餐者观赏。此时应以观赏角度最佳处为上座。

（5）临墙为好。在某些中低档餐厅用餐时，为了防止过往服务员和其他宾客的干扰，通常以靠墙之位为上座，靠过道之位为下座。

（6）临台为上。宴会厅内若有专用的讲台，应以靠讲台的餐桌为主桌，如果没有专用讲台，有时候以背邻主要壁画的餐桌为主桌。

（7）各桌同向。如果是宴会场所，各桌子上的主宾位都要与主桌位保持同一方向。

（8）以远为上。当桌子纵向排列时，以距离宴会厅正门的远近为准，距门越远，位次越高。

（9）单桌宴请时，主人面向正门就座，副主人与主人相对而坐。主人的右、左两侧分别安排主宾和第二宾的座次，副主人的右、左两侧安排第三和第四宾客的座次，主宾和第三宾的右侧位安排翻译的座次。主人的左侧也可以安排第三宾，副主人的左侧可以安排第四宾，其他座位是陪同席等。（见图 4-11）

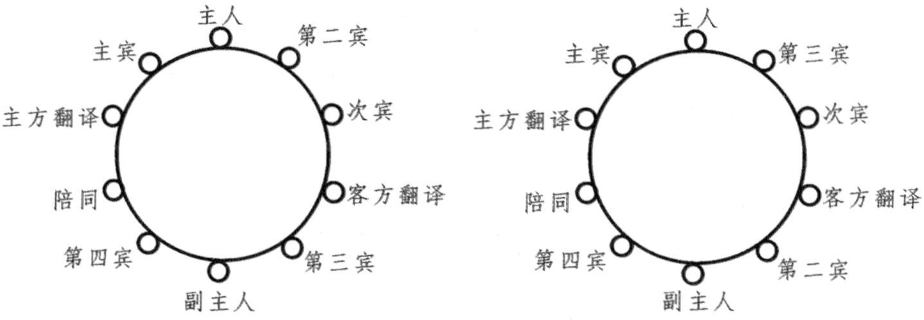

图 4-11　中餐宴会席位安排

（10）多桌宴请中，每桌都要有一位主人的代表在座。各桌主人的位置有两种：一是各桌主人的位置相同，同朝一个方向；二是各桌主人的位置方向不一致，但都面向宴会厅的中间（桌数多且对称布置时，多采用）。

应事先在每位宾客所属座次正前方的桌面上放置醒目的个人姓名座位卡，以方便宾客就座。举行涉外宴会时，座位卡应以中、英文两种文字书写。我国的惯例是，中方宴请，中文在上，英文在下。必要时，座位卡的两面都书写用餐者的姓名。

二、迎宾服务礼仪

（一）工作准备

迎宾员一般都要求仪容端庄、大方，身材高挑，五官端正，举止优雅，活泼外向，有亲和力。上岗前必须着工作装，一般都应将头发束起，以给人干净、利落的感觉。上岗时着装应华丽、整洁、喜庆、挺括，站姿优美、举止大方。上岗时应站立于餐厅门前两侧，随时以热情、饱满的精神状态准备迎接宾客。

（二）热情迎客

当宾客走进餐厅时，应面带微笑热情迎接并主动问候（您好，欢迎光临）。对熟悉的宾客可以使用姓氏称呼。如果来宾是多位，应先问候主宾或走在前面的宾客。如果来宾有男有女，则先问候女宾。见到年老体弱的宾客，要主动上前搀扶，悉心照料。问候的同时用手势为来宾引领方向。

（三）帮宾客接物

假如宾客戴着帽子或穿有外套，在他们抵达时，应协助拿衣帽，并予以妥善保管。如遇雨天要主动收放宾客的雨具，并把这些东西放在合适的地方，但一定要先征求宾客的同意。假如宾客认为不行或不习惯别人帮助接物，就不必拘泥于酒店的迎宾规则礼仪。

（四）恰当引领

宾客进入餐厅后，首先询问其是否有预订。如果宾客已有预订，则将其引领到预订餐位即可。如果没有预订，则要根据宾客特点，适当引领餐位。引领时，应走在宾客左前方一两步（1~1.5 米）的位置，并用手势引领宾客。一般要将贵宾引领到最好的位置。行动不便者应主动搀扶，安排在比较方便的位置。如果是单独光顾的宾客，要为其寻找合适的位置，如靠近窗户的座位；恋人或夫妻，则安排在比较安静、优雅的位置；服饰华丽、打扮漂亮的女士，则安排在比较醒目的位置，既可以满足宾客心理上的需要，又可以为餐厅增添华贵的氛围；对于全家人或亲朋来聚餐的宾客，可以把他们引领到餐厅的中央餐桌就餐；对于有明显生理缺陷的宾客，要注意考虑安排在不太引人注目的位置。

如果宾客要求到一个指定的位置，应尽可能满足其要求。如已被占用，迎宾员应做解释、致歉，然后再带他们到其他满意的位置去。安排座位时应该仔细观察，适当询问，根据宾客的人数、喜好、年龄、身份等情况安排合适的餐桌，最终以顾客满意为准。靠近厨房出入口的位置往往不受欢迎，对那些被安排在此就餐的宾客要多说几句抱歉的话。

如果餐厅暂无空位，要向宾客表示歉意，并询问宾客是否愿意等候。如果宾客表示可以等候，应让宾客到休息室或让宾客暂坐等候；如果宾客无意等候，应热情相送，并欢迎再次光临。

（五）协助宾客就座

到达指定的座位后，主动请宾客入座。按照先主宾、后主人，先女宾、后男宾，先年长者、后年轻者的顺序，为宾客拉椅让座。

（六）将宾客介绍给值台服务员

当宾客到达指定餐位时，可以直接将其介绍给值台服务员。如果值台服务员比较忙碌，也可以在宾客就座后，协助服务员及时递送香巾、茶水，并礼貌地招呼宾客使用。

（七）与宾客道别

迎宾员在完成引领任务，将宾客介绍给值台服务员后，应该及时返回餐厅门口，准备迎接下一位宾客。离开时应主动与宾客道别，并预祝宾客用餐愉快。

三、餐前服务礼仪

值台服务员在宾客到达自己负责的餐位后，应主动上前提供服务。

中餐餐前服务礼仪

（一）工作准备

值台服务员上岗前应按照要求修饰和整理自己的仪容仪表。进入工作岗位后，随时做好为客服务的准备。上岗时首先将客用物品准备好。当宾客还未到来时，按要求站立于指定位置，做好服务准备。

（二）热情迎接宾客

当迎宾员带领宾客向自己负责的餐位走来时，值台服务员应主动上前问候，及时提供服务。首先主动为宾客拉座椅，顺序为先尊后卑、先女后男、先老后幼。拉椅动作要自然、适度、平稳，最大限度地为来宾提供方便。如果宾客将外衣脱下，服务员征得宾客允许后，将衣物挂在衣架上。如果是在大厅用餐，服务员应及时拿取椅子罩，将宾客衣物罩住。

（三）及时递送香巾、茶水

待宾客就座后，值台服务员应及时递送香巾和茶水。斟茶不要太满，大约为茶杯的 4/3 即可。上茶时从宾客左侧，从主宾开始，按顺时针方向依次进行。茶杯尽量放在托盘上，依次从托盘内拿取。但要注意，不要烫伤宾客；送茶时切忌手指接触杯口，同时动作要轻缓，轻拿轻放，尽量不要发出声响；茶杯的把手应朝向宾客右手方向，并请宾客饮用。递送香巾顺序同上。要用不锈钢夹子，从托盘内夹取香巾递给宾客，切勿用手拿取。

知识连接

中国是识礼之国，懂礼、习礼、守礼、重礼的历史，源远流长。在这自古为礼仪之邦，讲究民以食为天的国度里，饮食礼仪自然成为饮食文化的一个重要部分。“食以礼为上”，餐桌文明是社会文明的重要体现，它不仅传承了中华民族的优秀文化，更承载着尊重劳动、勤俭节约的传统美德。

2013 年 1 月 22 日，习近平总书记在第十八届中央纪委第二次全会上发表重要讲话强调："要大力弘扬中华民族勤俭节约的优秀传统，大力宣传节约光荣、浪费可耻的思想观念，努力使厉行节约、反对浪费在全社会蔚然成风。"

（四）递上菜单，请宾客点菜

从宾客进入餐厅开始，服务员就应注意哪位是主人。如果不能确定，可以礼貌地询问"请问哪位点菜？"要保证菜单干净、整洁，无破损。如果宾客因故暂时先不点菜，服务员也不要催促，应耐心等待，及时提供茶水服务。

宾客点菜时，服务员应微笑站立在宾客左侧，认真记录宾客点的每一道菜和饮料。服务员应对菜单上宾客有可能问及的问题做好准备，对每一道菜的特点要能予以准确的答复和描述。当宾客犹豫不决征求服务员意见时，应视时间、宾客人数、大致身份、就餐目的等具体情况，善解人意地为宾客推荐合适的菜肴。同宾客说话时热情亲切，面带微笑，有问必答，同时要讲究说话的方式和语气，察言观色，考虑宾客的心理反应，不要勉强或硬性推荐，以免引起宾客的反感。如宾客所点的菜菜单上没有时，不可一口回绝地说"没有"，而应尽可能满足宾客的要求，可以礼貌地说："我马上与厨师长商量一下，尽量满足您的要求，好吗？"如果宾客点到的菜已无货供应时，服务员应主动道歉，取得宾客的谅解，并婉转地建议宾客点其他口味相近的菜肴。

知识拓展

中餐点菜礼仪及技巧

一、中国各地口味的特点

宴请点菜前要先了解在座宾客的口味，所谓一方水土养一方人，往往可根据地域推断其口味偏好。在我国，通常是南甜北咸，西辣东鲜（沿海一带的海鲜）。

北方喜咸，山西、陕西、甘肃稍微能吃辣，前两地好酸。南方注重味鲜。东部苏南地区嗜甜，尤其无锡、苏州食物极甜，不擅辣。南下至浙、粤地区饮食重鲜，不擅辣。中部及西南地区，赣、湘、鄂、川，嗜辣，赣味重油、咸、辣，又重视体现食材本味；湘、鄂好辣，食物味鲜；川味特以麻辣为重，有人说花椒是四川人的生命，可见四川人极嗜麻味。云南，饮食鲜、酸辣，有人言其辣为酸之佐。

二、点菜的技巧

如果宾客谦让点菜权，主人可全权进行。点菜过程要快，重点菜和口味菜询问一下宾客是否喜欢。5 位及以下按照人数点，几个人几道菜，另加一汤，六七位可点六菜一汤，8 位及以上按照人数减 2 的数量点。一桌菜有 1~3 个主菜（看人数而定），另外再配一两个风味菜，再加家常菜和汤，当然还有冷盘、点心和水果。

点菜不要同时点几道同类型的菜（同主料、同烹制方法等），优先考虑中餐特色的菜肴（宴请外宾时）、本地特色的菜肴（外地宾客）和本餐厅的特色菜肴，能体现主人的细心和对被宴请者的尊重。点完菜要询问宾客用什么酒水，如果不想喝酒，以其他饮料代替。最后点主食，注意南北差异。如果吃饭时间紧张，不点制作费时的菜（往往是贵重主菜），还可以请服务员推荐。

三、点菜的禁忌

宗教的饮食禁忌，不能疏忽大意。出于健康的原因，对于某些食品，也有所禁忌。比如：肝炎病人忌吃羊肉和甲鱼；胃肠炎、胃溃疡等消化系统疾病的人也不合适吃甲鱼；高血压、高胆固醇患者，要少喝鸡汤等。

不同地区，人们的饮食偏好往往不同。对于这一点，安排菜单时也要兼顾。比如：湖南地区的人普遍喜欢吃辛辣食物，少吃甜食；英美国家的人通常不吃动物内脏、动物的头部和脚爪。另外，宴请外宾时，尽量少点生硬需啃食的菜肴，外宾在用餐中不太会将咬到嘴中的食物再吐出来，这也需要顾及。有些职业，出于某种原因，在餐饮方面往往也有各自不同的特殊禁忌。例如，国家公务员在执行公务时不准吃请，在公务宴请时不准大吃大喝，不准超过国家规定的标准用餐，不准饮酒。再如，驾驶员工作期间不得喝酒。

（五）复述点菜内容

点菜结束后要复述一遍给宾客听，避免出错。如果宾客有其他特殊要求，也要再重申一遍。得到宾客确认后，迅速将一联菜单送至厨房，一联送至收银台。

四、席间服务礼仪

中餐餐中服务礼仪

在席间服务中，端拿技巧是餐厅服务员要掌握的基本功，体现为上菜、撤桌时的端拿技巧。端拿是指端拿摆放菜点和汤饭的方法及技巧，要求端平拿稳，汁液不溢，保持菜肴形状。端拿时要敏捷准确地传送，摆放在恰当的位置，如用一手摆置数碗或数碟的做法既不卫生，又不雅观，还容易发生事故，在宾客面前失礼。

（一）等待上菜

将菜单送至厨房后，服务员应立刻返回岗位，站立于指定位置，并适时为宾客倒茶，等候传菜员将菜肴送来。这期间应撤掉不用的餐具和杯子等。当服务员不止一人，多人站立时，应站在适当的位置，排列成行。

（二）适当上菜

当传菜员将菜肴送过来时，服务员要适当选择上菜的顺序和位置。一般不从主人和主宾中间上菜，宜从陪座间上菜。同时报上菜名，必要时简要介绍菜肴的特色典故、风味、食用方法、特点等。每上一道菜，须将前一道菜移至副主人一侧，将新菜放在主宾、主人面前，以示尊重。菜上齐后，应礼貌地告诉宾客："菜已上齐，请慢用。"上菜时要讲究效率，一般点菜以后 10 分钟内凉菜要上齐，热菜不超过 20 分钟。传菜时必须使用托盘，热菜必须热上，凉菜必须凉上。服务员还应注意，上菜、派菜要从宾客左侧进行，还要掌握好上菜时机和遵循一定的上菜程序，并根据宾客的要求和进餐的快慢灵活掌握，既不能只管上菜，造成桌面上盘叠盘的杂乱现象，也不能间隔时间过长造成难堪局面，致使宾客不满意，影响服务质量。

席间服务顺序是先主宾后主人，先女宾后男宾，先主要宾客后一般宾客。如果是一个人服务，可先从主宾开始，按顺时针顺序逐次服务；如果是两名服务员同时服务，应一个从主宾开始，另一个从副主宾开始，依次绕台服务。

（三）适时斟酒

从第一道菜开始，服务员应为宾客斟酒。斟酒前应先向宾客示意，待宾客同意后方可进行。宾客点用的酒水，开瓶前，服务员应左手托瓶底，右手扶瓶颈，将商标朝向主人，请其辨认核对选酒有无差错，待主人认可后，方可打开。这主要包含三层意思：一是表示对宾客的尊重；二是核对选酒有无差错；三是证明商品质量可靠。斟酒的顺序是先主宾后主人，再按顺时针方向依次进行。斟酒时要站在宾客的右侧，酒水浅满程度根据酒水和接待对象的不同而定。倒香槟或其他冰镇酒类，要用餐巾包好酒瓶再倒，以免酒水喷洒或滴落到宾客身上。斟酒时瓶口不要碰到杯口，也不要拿得过高，以免酒水溅出。不要站在一个位置上为两位宾客同时斟酒。

席间要适时为宾客添加酒水或饮料，当杯中酒水还剩 1/3 时，就应及时添加。如果宾客喝的是烈性酒，添酒时要征得宾客同意。如果宾客用手遮住杯子，或表示不再需要了，就要不再斟酒。

知识拓展

中餐中常饮用的酒应该斟多少

斟酒多少的程度，要根据各类酒的要求而定：

白酒斟入八分满，即酒杯的 3/4。

红葡萄酒斟入酒杯的最宽处，即 1/3。

啤酒，因泡沫较多，极易沿杯壁溢出杯外，斟倒速度要缓慢，也可分两次斟或使啤酒沿着杯的内壁流入杯内至八分满。

冰水入杯一般满半杯时加入适量的冰块，不加冰块时应斟满水杯的 3/4。

（四）规范派菜

派菜时服务员要站在宾客的左侧，左手垫上布将热菜盘托起，用右手为宾客派菜。一般应该用专用的餐具为宾客派菜，将一叉、一匙同时握于右手依次为宾客派菜。其顺序是先宾客，后主人；先女宾，后男宾；先主要宾客，后一般宾客。服务员要掌握好派菜的数量，做到分派均匀。要保证每位宾客盘中的菜肴数量大致相同，还要做到一勺准，不允许把一勺菜分给两位宾客，更不允许从宾客的盘中往外拨菜。派菜时应从主宾开始，按顺时针方向进行。

（五）撤换餐具

为体现菜肴的名贵，突出菜肴的风味特点，保持桌面卫生雅致，在进餐的过程中，需要多次撤换餐具。重要的宴会要求每上一道菜换一次餐碟，宴会的换碟次数一般不得少于 3 次。当宾客用过一种酒，又要用另一种酒时，在征得宾客同意后，要为其更换酒具。装过鱼腥味的餐具，再上其他类型菜肴时也要更换。凡是宾客品尝口味比较特殊的菜肴时，都应该适时为其更换餐具。当骨碟内食物残渣超过 1/3 时，就应该为宾客更换骨碟。更换时，如果宾客正在使用应稍等片刻或轻声询问。更换时动作要轻，不要将汤汁洒在宾客身上。

撤换餐具时，必须征得宾客同意，要注意宾客是否吃完，如无把握，应轻声询问“请问，这还需要吗”，或“可以撤吗”，切不可在宾客正在吃时撤餐具，这是很不礼貌的。撤菜时一次不宜撤太多,不要当着宾客的面处理餐盘内的残物或把餐具堆起很高再撤掉。上、撤餐具要轻拿轻放，要使用托盘，动作要优雅利索。

另外，还要主动服务。在宾客就餐的整个过程中，服务员应主动为宾客提供相应的服务，以满足宾客的需求。主动服务，就是宾客尚未开口，服务员通过宾客在需要帮助时所表现出来的种种迹象（表情、手势、姿势等）就能意识到并及时提供帮助。例如，宾客在进餐时起身或张望，表明宾客有事求助或询问，服务员应主动上前给予帮助；如宾客将茶壶拿起又放下时，服务员应主动加茶；宾客将烟叼在嘴上，两手摸口袋时，服务员应主动上前帮忙点火；发现宾客有筷子掉在地上，应及时上前为其换上干净的筷子。

知识拓展

据文献记载，在周代，饮食礼仪已形成一套相当完善的制度，经过曾任鲁国祭酒的孔子的称赞和推崇，成为历朝历代体现大国之貌、礼仪之邦、文明之所的重要特征。

汉族传统的古代宴饮礼仪，有一套程序：主人折柬相邀，临时迎客于门外。宾客到时，互致问候，引入客厅小坐，敬以茶点。客齐后导客入席，以左为上，视为首席，相对首座为二座，首座之下为三座，二座之下为四座。宾客坐定，由主人敬酒让菜，宾客以礼相谢。席间斟酒上菜也有一定的讲究：先敬长者和主宾，最后才是主人。宴饮结束，引导宾客入客厅小坐，上茶，直到辞别。如今，这种传统宴饮礼仪在我国大部分地区仍保留完整。

后因西餐传入的影响，一些西餐礼仪被引进，如分菜、上汤、敬酒等方式因其合理卫生的食法被引入中餐礼仪中。中西餐饮食文化的交流，使我国的餐饮礼仪更加科学合理。

资料来源：餐桌礼仪[EB/OL].（2023-04-14）[2023-08-19].https://baike.baidu.com/item/%E9%A4%90%E6%A1%8C%E7%A4%BC%E4%BB%AA/11027475?fr=ge_ala.

五、结账服务礼仪

服务员应随时留意宾客的用餐情况，如果宾客用餐完毕而无意离去时，不得整理桌面，借故催促而失礼。如果宾客示意结账时，应及时提供结账服务。

（一）递上账单

服务员在宾客用餐即将结束时，应提前将账单准备好。宾客要求结账时，应立即将核实好的账单，放在收款盘里或收款夹内，正面朝下，反面朝上，送至宾客面前，请宾客过目。待宾客核实无误后，方可结账。

（二）结账

宾客结账时，服务员应与宾客保持一定距离。如果宾客将现金交给服务员，可以由服务员到收银台结账。服务员应仔细核对现金数目，以防出错。如果宾客直接到收银台结账，应礼貌地告诉宾客收银台的位置，并用手示意，如果有需要也可以带领宾客至收银台。账台服务人员一般正坐在账台内，坐姿要娴雅、自如、端庄、大方，面带微笑。如果是住店宾客要签单，服务员要立即送上笔，同时有礼貌地请宾客出示酒店欢迎卡或房间钥匙。核实后，送上记账单和笔，请宾客签字。

（三）送客服务

当宾客用餐完毕起身离去时，应及时为宾客拉开座椅，并注意观察和提醒宾客不要遗忘随身物品。热情、礼貌地将宾客送至餐厅门口，向宾客道别，说“欢迎您再来”，并鞠躬施礼，目送宾客离去。在宾客离开餐厅前，不可收拾撤台。结账后宾客继续交谈的，服务员应继续提供相关服务。

六、餐后服务工作

（一）检查工作

宾客走后，及时检查是否有尚燃的烟头，是否有遗留的物品，如拾获遗物，应呈报给物时间与餐桌号码，办失物招领，或马上叫来主管处理。若发现有尚燃的烟头应及时将其熄灭。

（二）撤收餐具

首先整理好台椅，以保持餐厅的格调，先收餐巾、席巾，后收水杯、酒杯、瓷具，并将地面清理干净，座椅布置整齐，重新铺台摆设餐具，以待再来新宾客。

打烊的整理清洁工作不可忽视，将所有器皿清点送还储处，门窗开闭妥实，察看灯火，开熄电灯，保留最低照明。因为打烊的工作做得好，能减少明日的工作量，使工作更有序。

（三）投诉的处理

服务员无论怎样尽力，在服务中要使每一位宾客每时每刻都感到满意也是有难度的或者说是做不到的。因此，在不自我降低服务标准的同时，餐厅服务员还应随时准备接待宾客的投诉。对待宾客的投诉要做到耐心、诚心、有礼貌，这样可以有助于将大事化小，小事变得更容易解决。正确地处理投诉，可以提高餐厅的服务质量和声誉。宾客来餐厅，无非是想通过进餐获得享受。他们的投诉，恰恰反映出在享受过程中的不满意。因此，宾客投诉时，无论什么情况，服务员应本着“宾客至上”的原则，不要与宾客争辩，即便是宾客投诉有误也要对其说声“对不起”表示歉意。接到宾客的投诉应向主管部门报告，使宾客感到他的投诉受到了重视，以使怨气下降而满意度上升。在处理宾客投诉时，应耐心聆听，并采取相应的措施予以弥补或改进。

七、中餐服务注意事项

（1）善于观察分清谁是主人。

（2）知道宾客的姓氏，在服务的整个过程中，应以其尊姓称呼宾客。有些不愿意告知自己的姓氏时，不可强求。当宾客对问姓名不解时，我们可以这样解释："这有利于我们称呼您"或"当有宾客找您时，便于我们查阅"。

（3）不得在餐厅中站立，更不可奔跑，站立忌背对宾客，要姿势端正而美感地服务宾客（因宾客都在看着你）；行走左侧，注意对方，如遇宾客应侧身站立等宾客先行；举止慎重，态度和谐。

（4）对待宾客按先来后到的顺序服务，不可有双重标准，引起宾客的反感。

（5）与宾客谈话，声音宜温和；接听电话，声音不可过高，营业中更不得接听私人电话。

（6）不可介入宾客的谈话，更不得批评宾客的任何举动，也不宜对人有过分的言行。

（7）同仁间切忌围聚一团聊天或调笑，应彼此互相合作，相互支援地为宾客服务。

（8）宾客交代之事，尽量办到，应对要诚恳，口齿要清晰。

（9）偶遇事故时，切忌大惊小怪。如遇宾客餐具掉落，要即换补清洁餐具；汤菜倾翻倒，用毛巾吸去水分，用干净餐巾盖在油污上，如洒在地毯上，应用白餐巾遮盖在上面，提醒宾客当心。对于酒醉的宾客，应妥予照料保护。

（10）凡事均宜沉着处理，如遇为难事情，必须忍耐或申请上司出面解决。

（11）对于儿童，应通过其父母做有限度的服务，如提供儿童餐椅、餐巾布围嘴等，绝不可逗弄或轻视，可提醒小孩在餐厅乱跑的危险性。

（12）服务人员绝不可在餐厅用餐、吃零食或酗酒。

（13）如果遇到宾客脱衣服放在凳背，应主动用席巾帮宾客盖上避免受脏。

（14）领班指示各服务人员时，最好利用"眼式"，不宜高声叫唤，并应经常训练各服务人员领略领班"眼式"。

（15）餐桌礼仪：

①餐桌、餐椅必须永远保持清洁、整齐，使宾客坐得舒服。

②餐巾必须永远干净，折叠艺术化，供宾客欣赏和利用。

③必须保持茶的热度、水的冷度，凡有客在不能空杯。

④调味品必须备齐，注意配合食材，适当供应。

⑤烟灰缸必须保持清洁，有两个以上烟蒂的脏污烟灰缸不能出现在餐桌上。

⑥菜单必须永远是完整的，要充分了解其内容，向宾客做适当的推荐。

知识拓展

高山流水有好酒
来到这里有朋友
山中明月楼上楼
情谊心中留
……

在贵州“村 BA”揭幕式上，一首《高山流水敬酒歌》惊艳了许多人。

贵州酒史，源远流长，各族人民在长期酿酒、用酒过程中，除形成了许多工艺独特的酿酒技术外，还形成了许多特色风趣的酒礼酒俗，创造了缤纷多彩的贵州“酒文化”，蕴含着厚重的历史文化。

在贵州的苗族、侗族、布依族、水族等少数民族聚居地，无酒不成礼，无酒不成俗，若没喝过“高山流水”则不算来过贵州。这是在贵州当地广为流传的一种说法。来贵州旅行，除了品尝当地美食、欣赏美景，去苗寨感受苗族文化也是必不可少的一环，其中就包含苗族同胞待客的酒文化。

在客人用餐片刻后，四五名苗族姑娘会端着酒具，随着芦笙的弹奏声，对客人唱起当地的拦路歌，敬上拦路酒。举起手中的酒具，从高到低配合客人喝酒的快慢速度将米酒一叠一叠接连倒入客人的酒碗中，似“酒瀑”一般，高度可达 1 米，这便是“高山流水”。

“高山流水”并非酒名，而是一种敬酒礼仪。“高山流水”苗语叫“Jud Dlod Vongl”，Jud 是酒的意思，Dlod 是“倾泻而流”的意思，Vongl 是深谷的意思，合起来的意思是“从高山深谷倾泻而流下来的酒”。

以酒待客、以歌抒情是苗族同胞的常态，古人云“高山流水遇知音”。这种敬酒方式象征着苗家同胞对客人的欢迎，对友谊地久天长的祝愿。“高山流水”凭借其方式的独特和美好的寓意，创新了敬酒礼仪，成为贵州苗族同胞对贵客的最高欢迎仪式。

资料来源：跟着《高山流水敬酒歌》，走进源远流长的贵州酒文化[EB/OL].（2023-10-08）[2023-08-19]. https://travel.sohu.com/a/726484566_120882586.

任务实施

5 位宾客在一家饭店的中餐厅用晚餐。他们在此已坐了两个多小时，相聊甚欢。服务员到他们身边站了好几次，想催他们赶快结账，但一直没有说出口。最后，她终于忍不住对宾客说：“先生，能不能赶快结账，若想继续聊天请到酒吧或咖啡厅。”“什么！你想赶我们走，我们现在还不想结账呢。”一位宾客听了她的话非常生气，表示不愿离开。另一位宾客看了看表，连忙劝同伴马上结账。那位生气的宾客没好气地让服务员把账单拿过来。看过账单，他指出有一道菜没点过，但却算进了账单，请服务员去更正。

服务员忙回答宾客，账单肯定没错，菜已经上过了。其他几位宾客却辩解说，没有要这道菜。服务员又仔细回忆了一下，觉得可能是自己弄错了，忙到收银员那里去改账。当她把改过的账单交给宾客时，宾客对她讲："餐费我可以付，但你的服务态度却让我们不能接受。请你马上把餐厅经理叫过来。"服务员听了宾客的话感到非常委屈："先生，我在服务中有什么过错的话，我向你们道歉了，还是不要找我们经理了。""不行，我们就是要找你们经理。"宾客并不妥协。服务员见事情无可挽回，只好将餐厅经理找来。经理了解情况后，说道："这些确实是我们工作上的失误，我向大家表示歉意。几位先生愿意什么时候结账都行，结完账也欢迎你们继续在这里休息。"经理边说边让服务员赶快给宾客倒茶。在经理和服务员的一再道歉下，宾客们终于不再说什么。他们付过钱，仍面含余怒地离开了。

思考：

本案例中的服务员犯了哪些错误？应注意哪些服务细节？

思考练习：

1. 协助宾客就座时应该注意什么？
2. 为宾客斟酒时应该从哪位宾客开始，并按怎样的顺序或方向进行？为什么？

技能技巧训练：

分组训练：小组成员分别扮演迎宾员、值台员，模拟中餐服务。

任务四　西餐服务礼仪

任务导入

西餐讲究情调，强调精美的菜单设计、迷人的氛围营造、动听舒缓的音乐陪伴、优雅高贵的进餐礼节、美味靓丽的食物。这些构成了吃西餐特有的意境，能带给宾客美的享受。

来××西餐厅用餐的宾客很多，这里有全城最好的西餐厨师、最佳的乐手和优雅贴心的侍者。领位员站在餐厅门口，礼貌而亲切地问候着前来庆祝结婚纪念日的夫妇，将其引领到预订的桌位。值台服务员忙着迎上来，拉椅让座，送上冰水和面包，开始了一系列服务。

思考：

该餐厅的服务员在不同岗位的分工有哪些不同？值台服务员为什么在宾客点单前就送上冰水和面包？

任务解析

领位员（迎宾员）需根据预订将宾客带至预留位置并与值台员做好交接。值台员在拉椅让座后应根据宾客需求斟倒冰水或气泡水并送上餐前面包，准备就绪后才可以才开始点菜服务。

一、西餐服务礼仪简介

西餐的服务礼仪中，除西式就餐礼仪，从桌面的清理到台布的铺设，从转台的放置到桌椅的排列定位外，其他如迎宾、领位、入座、结账、送客等与中餐的服务礼仪相差无几，且服务精神基本相同。在这里，我们主要就西餐礼仪与中餐礼仪的不同之处进行简单介绍。

（一）西餐摆台礼仪

1. 摆设餐具

摆放餐具时，应首先根据桌型、用餐人数等，准备足量的餐具，并将餐具平整摆放。西餐的展示盘和中餐的骨盘一样，也是其他一切餐具摆放的标准。以四方桌为例，展示盘应置于桌边的正中间，且应与餐桌边缘保持约一指宽的距离。

2. 餐刀、叉、汤匙

西餐为右手执刀，左手持叉，所以应在展示盘的右侧摆放餐刀，刀刃朝左；在展示盘的左侧摆放餐叉，叉齿朝上；在餐刀右侧约 1 厘米处摆放汤匙。注意：餐刀和餐叉都应距展示盘约 1 厘米，距桌边缘 1～2 厘米。

3. 面包盘、黄油刀

先将黄油刀放在面包盘上右侧，再将面包盘放在距餐叉左侧约 1 厘米，距餐桌边缘 1～2 厘米处。

4. 点心叉、点心匙

点心叉应摆放在展示盘上方正中央约 2 厘米处，叉柄朝左，叉齿面朝右；在点心叉上方约 1 厘米处摆放点心匙，匙柄朝右，匙面朝上。在西餐中，各种杯子有不同的用途，大小也不同。一般来说，水杯较大，红酒杯次之，白酒杯最小。红酒杯是基准，应将其对齐，在展示盘右边的大餐刀上端的位置摆放，与点心叉和点心匙平行。然后在红酒杯斜左上方 45° 角的位置摆设水杯，在其斜右下方 45° 角的位置摆放白酒杯，依次体现出杯子的大小，同时也方便宾客取用。

5. 摆放餐巾

在西式餐桌上，餐巾一般为白色，应将餐巾折叠出别致的造型或花样，为餐厅增加美感（见图 4-12）。

图 4-12　摆设餐巾

6. 摆设其他相关器皿

其他相关器皿的摆设应以简单、高雅为原则，大部分都应摆放在餐桌的中央，或是部分摆在中间、部分摆在一角（见图 4-13）。

图 4-13　餐摆台礼仪

西式餐桌的摆设，一般还会依照不同宴会的级别而做不同的安排，不同的菜也会有不同的摆设。所以，以上仅是基本的摆台礼仪，其他餐具的摆设规范还需要在平时的工作和生活中不断积累，尽量做到完美（见图 4-14）。

图 4-14　西餐台面规范

（二）西餐呈递菜单和点菜服务礼仪

西餐点菜服务礼仪

西餐服务员负责值台区域内的一切就餐活动，在提供西餐服务时，不仅要严格按照国际上通用的西餐服务礼仪进行，而且还要考虑宾客所在国家的礼仪和饮食习惯，不要触犯禁忌，从而保证服务质量。这里主要介绍具有西餐特色的礼仪服务，是如何以热情、礼貌、主动和周到的接待服务，来创造良好的声誉和经济效益的。

西餐服务员应协助宾客入座，及时打开餐巾，送上冰水和面包后，就可以适时递上酒单和菜单，准备为宾客点菜了。西餐点菜服务中，由于实行分餐制，人手一份菜单，每位宾客所点菜肴也大多不一样，就需要服务员熟悉菜单，了解宾客需求，熟练运用推销技巧，主动、热情地为宾客提供优质服务（见图 4-15）。具体礼仪要求如下：

图 4-15　西餐服务员点菜礼仪

（1）着装整齐，微笑服务，态度殷勤。西餐服务员要按要求着装，保持制服的整齐干净，时刻保持微笑。

（2）递送酒单、菜单。按“先宾后主、女士优先”的原则依次将菜单送至每位宾客手中，同时礼貌地请宾客阅览菜单。服务员要用左手将菜单夹在前臂，将菜单打开至第一页，双手呈送菜单和酒水单，从宾客的右侧送至宾客手中。同时，介绍餐厅特别推荐的特色菜肴。与宾客讲话时，身体略前倾，音量适中，以不打扰其他宾客为标准。常用语如：

Good evening, ladies and gentlemen! May I have a moment of your time? I would like the opportunity to tell you about our chef’s recommendation. I think you’ll like them. （女士们，先生们，晚上好！今晚除了这个菜单外，我们还有多款厨师特选，相信你们会喜欢。）

（3）推销适度。如果应宾客要求提供点菜建议，服务员应当根据菜单组合、酒水搭配、菜品的烹调方法和调味品的搭配种类，向宾客建议菜式搭配；推介菜品时，应当尊重宾客的饮食习惯。西餐是分食制，每位宾客所点的菜可能不同，所以，服务员应该用座位示意图记录每位宾客所点菜肴。让宾客考虑片刻后，上前站在宾客右后侧 0.5 米的位置为宾客点菜。点菜从主宾位开始，按顺时针方向进行点菜。

（4）建议询问。为宾客提供信息和建议，询问特殊要求，征求宾客对牛扒类菜品生、熟程度的要求；宾客点沙拉时，应询问需跟配的沙拉汁。宾客点菜时，应注视宾客，听清宾客所点的菜名、酒水及宾客的要求，不清楚之处要认真询问。若宾客点了羊排、牛排等，服务员要问清生熟程度；若宾客点了沙拉，要问配何种沙拉汁等。例如，

How would you like your steak done sir? Well done，medium well，medium，medium rare or rare?（请问您的牛排需烹制几成熟？是全熟，七成，五成，三成，还是一成熟？）

What kind of salad dressing would you like to have? Oil vinegar，french dressing，thousand iland dressing or roqufont dressing?（请问您需要哪一种沙拉汁？是油醋汁、法汁、千岛汁还是罗佛汁？）

（5）复述确认宾客所点菜品名称，与宾客讲话时，身体略前倾，音量适中，以不打扰其他宾客为标准。

（6）收回菜单，并祝宾客用餐愉快。宾客点单完毕后，服务员应清楚地重复一遍宾客所点的菜品内容、酒水名称、特殊要求以及数量。复述完毕，待宾客确认后，收回菜单，并向宾客致谢。同时请宾客稍等，说明大致的等候时间。

（三）西餐酒水服务礼仪

在接受完宾客点菜后，服务员需要向宾客推荐相应的酒水。西餐非常注重食物和酒水的搭配，特别是与葡萄酒的搭配。西餐服务员要具备根据宾客所点菜肴推荐相应酒水的能力，为宾客提供满意的服务。

西餐的酒水服务主要分餐前酒水服务、佐餐酒服务、甜食酒服务和餐后酒服务几个阶段。服务员在为宾客提供服务时，不仅要了解有关酒水的知识，还要熟练掌握斟酒的操作技能和酒水服务礼仪规范，处处体现尊重宾客的原则，从而为宾客提供优质服务。西餐酒水服务和中餐酒水服务有一定的区别。服务员在对不同的酒水进行服务时，要用规范的服务、较强的服务技能为宾客留下良好的印象；以细节服务打动宾客，满足宾客受尊重的心理。征得宾客同意后，服务员应按照女士优先、先宾后主的原则，由宾客右侧依次进行酒水服务。

1. 礼仪要求

（1）推介适度。根据宾客点菜情况，推介酒水，推介时要尊重宾客的个性和习惯。常用语如：

Here is our wine list. Would you like to order a bottle of red wine to go with your steaks? What about a bottle of white wine to go with your seafood?（先生，要一瓶法国红葡萄酒/白葡萄酒配上您的牛排/海鲜，味道会相当好的，请问需要一瓶吗？）

（2）服务规范。无论为宾客提供哪种酒水服务，示酒、开酒、品酒、斟酒都要符合酒水服务规范。

（3）女士优先。征得宾客同意后，按照女士优先的原则，从宾客右侧依次提供酒水服务。如果主客是中国宾客，也可遵照中国传统进行操作。酒水的斟倒量符合要求，操作规范，不滴不洒，不少不溢。

（4）关注宾客。随时观察宾客，掌握续酒时机；当确认宾客不再加酒时，应立即将喝完酒的空杯撤下。

（5）细节服务。注意葡萄酒的最佳供酒温度；先斟酒后上菜；开启香槟酒时瓶口不要朝向宾客，避免误伤；冰桶、酒篮等放置桌上时，不能影响宾客进餐。

2. 酒水斟倒量

酒水斟倒量如表 4-1 所示。

表 4-1　酒水斟倒量

酒水类别	斟倒量	酒水类别	斟倒量
白兰地	1/5	红葡萄酒	1/3
威士忌	1/5	白葡萄酒	1/2
啤酒	4/5	香槟	2/3

（四）西餐席间服务礼仪

西餐服务员在进行礼仪服务时要特别注意细节，并与宾客进行良好的沟通，要照顾好每一位宾客，严格按照国际上通用的服务礼仪来进行，体现服务员过硬的基本功和良好的素质，通过到位的礼仪服务，给宾客留下美好印象。

1. 菜品服务礼仪

上了餐前酒或餐前饮料后，西餐服务员就应按照西餐上菜顺序上菜了：头盘—汤—副菜—主菜—甜点和水果—咖啡或茶。

（1）按铺口布礼仪摆放餐巾。

（2）根据订单重新摆换餐具。

（3）根据餐桌、餐位的实际状况，合理确定上菜位置。

（4）按服务规范进行汤、主菜和派菜等服务，要求餐具配备准确、手法规范、动作利落、姿势优美。

（5）左侧左手服务沙拉。有的沙拉需要加胡椒，此时应当主动询问宾客是否加胡椒，并按礼仪要求规范送胡椒瓶。

（6）每上一道菜前，都应当清理用过的各种餐具。清理时，轻拿轻放，避免发出较大响声，影响就餐氛围。

（7）在撤走展示盘（底盘）时，应使用正确的手势告知宾客，以免引起误解。

2. 甜点服务礼仪

宾客用完主菜后，进行甜点服务。如果点菜的时候宾客没有点甜点，服务员可以适时推销，再次将甜点菜单呈递给宾客。现在越来越多的酒店餐厅将摆有各种甜点盘的服务车，推到宾客面前，请宾客自选。甜点服务礼仪的注意事项如下：

（1）适时推销。宾客用完主菜，服务员要进行甜点服务。如果此时宾客没有点甜点，可以适时推销。常用语如：

Would you like to have some dessert? We have……（您想来些甜点吗？我们有……）

（2）按摆台礼仪将吃甜点所需餐具摆上餐台。服务员从宾客右侧为宾客送上冰激凌、水果、点心等甜品。送冰激凌时，将匙放到底盆内与冰激凌一道端上去；送水果时，则应摆上菜匙；送点心时，应摆上中叉与点心匙。待宾客平行放下刀叉后，询问宾客是否可以撤盘，得到宾客的允许后，从宾客的右侧将盘和甜食叉勺一同撤下。

（3）尊重宾客。服务甜点时，用右手在宾客右侧按顺时针方向服务，“女士优先，先宾后主”。

（4）同桌宾客的甜点必须同时服务。

（5）注意保持甜点的温度。

3. 撤盘服务礼仪

在宾客用西餐的过程中，每吃一道菜都需要换一副刀叉，这就需要服务员随时注意并掌握好撤盘的时机。撤盘顺序要正确；同时，为了不影响宾客的就餐情绪，要轻拿轻放，干净利落。

（1）所有宾客用完同一道菜后一同撤下空盘。

（2）根据宾客盘中刀叉的摆放进行撤盘服务，要体现尊重宾客之意。

（3）撤换小件物品（如面包盘、黄油碟、胡椒瓶）时，应使用托盘。

（4）撤盘时，左手托盘，右手收盘。将刀叉集中放在托盘的一头，留出近身的地方摞放其余的盘子，让重心偏里，保持托盘平衡，体现服务美感。

二、常见的西餐厅及其服务礼仪

世界上最有代表性的西餐厅有法式西餐厅、意式西餐厅、德式西餐厅、美式西餐厅、英式西餐厅、俄式西餐厅以及南美风情西餐厅，它们兼容并蓄，博采众长，可以说是西方饮食文化的一个缩影。

（一）法式西餐厅

1. 法式西餐简介

法式西餐厅在众多的西餐厅中起主导作用。其装饰豪华、高雅和考究，以欧洲宫殿式为特色，设计高雅、富丽、神秘，多以暖色为基调，厅内摆放雕塑，悬挂油画，吸顶灯、吊灯、壁灯亮度均能调节，餐具常采用精美的瓷器和镀金、银刀、叉，酒具常采用水晶杯。

法式菜单中的菜品很有特色，其中，牛排、鹅肝、芝士蜗牛等菜品的精美出品会让人垂涎欲滴；酒单制作精美，提供琳琅满目的各式酒水，法国波尔多地区产的红酒更是其酒单中不可缺少的部分。至今，法式大餐仍名列世界西菜之首，法式大菜领导着西餐的潮流。

2. 扒房（Grill Room）

在法式餐厅中，又以“扒房”最为典型。

扒房是高星级饭店为体现自己的菜肴特色和服务水准，满足部分高消费宾客的需求，增加经济收入而开设的高级西餐厅，它是豪华大饭店的象征。

扒房以供应法式大菜和法国的特色菜为主，主要有烧、烤、煎、扒的牛排，同时兼营冷、热头盘，汤类，鱼、海鲜，沙拉等菜肴品种。菜单、酒水单和甜品单一般是分开的。酒水的品种较齐全，世界各地著名的红、白葡萄酒及其他名牌酒品，多采用法式服务。

（1）扒房服务员以男性为主，穿着紧身西装，佩戴领结，或穿着燕尾服佩戴领结。所有服务员都能熟练地用英语对话，有些扒房还要求服务员懂法语。

（2）到扒房用餐的宾客一般都会提前预订，其预订服务较其他餐厅更加完善。

（3）在开始正餐前先在扒房的酒廊里喝杯鸡尾酒，然后再由领位员引领到预订的就餐区。

（4）扒房多采用法式手推车服务，许多特色菜肴都采用客前烹饪的方法进行，服务烦琐且用餐时间较长，尤其是正餐。宾客一边享受美味佳肴，一边享受高雅的就餐环境。

3. 法式服务礼仪

在传统的法式服务当中，法式服务主要用手推车上菜，一般需要两名服务员同时进行服务，分别是主服务员和助理服务员。通常，主服务员由领班或者有经验的服务员来担任，任务是为宾客点菜、点酒水、上酒水，在宾客面前即兴烹制表演，当着宾客的面进行烹制表演或切割装盘，以烘托餐厅的气氛。分菜装盘、递送账单和为宾客结账。助理服务员的任务是将点菜单送入厨房，将厨房准备好的餐盘放在推车上送入餐厅，将主服务员已装好盘的菜肴端送给宾客。除了两名服务员外，还有一名领位员引领宾客就座，一位斟酒服务员协助选酒斟酒。

法式服务礼仪有 3 个原则：第一，主菜采取右上右撤的原则；第二，沙拉、面包、黄油采取左上左撤的原则；第三，热菜用热盘上，冷菜用冷盘上。

（1）前菜服务礼仪。

在传统的法式服务当中，一餐被分为 3 类不同的菜。当宾客走进餐厅时，第一类菜即前菜已经上齐，前菜也被称作开胃菜，但是有的餐厅也会等宾客就座之后再上。前菜具体操作的时候，服务员应当严格按照餐厅规定的服务方式上菜。

（2）汤羹服务礼仪。

在宾客点汤之后，助理服务员将汤用银盆端进餐厅，然后把汤置于熟调炉上加热和调味。所加工的汤一定要比宾客所需要的量多一些。当助理服务员把热汤端给宾客时，应当将餐盘置于垫盘上方，并使用一条叠成正方形的餐巾，以免端盘时烫手，同时可以避免服务员把大拇指按压在垫盘上。主服务员从银盘中用大汤勺将汤装入宾客的汤盘后，再由助理服务员用右手从宾客右侧服务。

（3）主菜服务礼仪。

当我们在进行主菜服务时，按照国际惯例，采用法式服务提供主菜服务时，主服务员将现场烹调的菜肴分别盛入每一位宾客的主菜盘内，然后由助理服务员端给宾客，如主服务员为宾客上牛排时，助理服务员从厨房端出烹调至半熟的牛肉、马铃薯及蔬菜等，由主服务员在宾客面前调配佐料，再将牛肉加热烹调，然后根据宾客的要求切分，并将菜肴放在餐盘中。之后就由助理服务员从宾客右侧上主菜并报菜名。如果是上牛排、羊排类，要告知宾客是几成熟，上主菜的同时应配沙司。沙司一般放在沙司船内，由服务员依次为宾客服务。不同的菜肴搭配使用不同的沙司。不同的沙司，其服务方法也有所不同。如果是塔塔沙司，不能将其直接浇在鱼菜上；如果是液态状的黄油沙司，应将 1/3 的沙司浇在鱼菜上，将剩下的沙司放在餐桌适当位置处。注意服务沙司时不能将其浇到蔬菜配料上去。如果要为宾客提供整形菜的切割服务，如整条鱼的切割服务，就要询问宾客是否需要剔骨。菜肴装盘的顺序是主菜、蔬菜、配料。沙司按照各种食物在餐盘上的定位原则分配菜肴，酱汁不沾盘边。上了主菜之后，应随即从宾客的左侧送上沙拉。跟何种调味汁搭配，要事先征求宾客的意见。当全部宾客用完主菜后，助理服务员撤走主菜盘和刀叉，并清理台面，用服务巾和面包盆将桌上的面包屑清理干净，询问宾客对菜肴是否满意。

（4）甜点服务礼仪。

至少每一桌征询一次地道的西餐甜点，包括奶酪、甜点、水果等。一般在上甜点之前先请宾客点奶酪。服务员需要将若干品种的奶酪放在大的提前底盘中，用餐车送到餐桌旁，请宾客观赏并挑选，然后将宾客所点的奶酪当场切割并装盘摆位。切割时要注意，不同品种的奶酪不能使用同一把刀，服务时要跟配胡椒盅、盐盅，待宾客用完奶酪后，收取所有用过的餐具、胡椒盅、盐盅等。展示甜品车或呈递甜品单，请宾客下单，在提供甜品服务时使用甜品刀叉或甜品勺，个别的甜品可以在宾客面前进行表演，如火焰、草莓、醋、三特煎饼等。

（5）咖啡与茶礼仪。

用完甜品后，服务员应询问宾客喝茶还是喝咖啡，送上糖盅和奶盅并置于餐桌中间。通常糖盅内摆放两包低糖，4 包咖啡、精糖，6 包白糖，奶盅内倒 1/2 杯量的奶，一般 2~3 人合用一套，摆上咖啡杯，具或茶具，用咖啡壶或茶壶为宾客斟到 2/3 杯量的咖啡或茶，然后将壶放于宾客右手边。注意壶口不能对着宾客。由售酒服务员向宾客推销餐后酒如利口酒白兰地等，并为宾客提供相应的服务。斟酒的顺序有两种：一是礼仪式，即从主人右侧开始依次斟倒，不考虑宾客的年龄和性别；二是传统式，即先斟女士再从年长到年幼或先贵宾后常客的顺序斟倒。

（二）俄式西餐厅

1. 俄式西餐简介

俄式服务起源于俄国沙皇时代，在俄法战争时期传至欧洲，同法式服务相似，也是一种讲究礼节的豪华服务，需采用大量的银质餐具，因而被称为银盘式服务（见图 4-16）。

图 4-16　俄式大银盘

俄罗斯地处寒冷地区，人们的饮食习惯深受地理环境和气候条件的影响，菜肴口味较重，喜酸甜、油、咸、微、辣，其调味品也特别重，用酸奶、油，甚至在沙司和有些点心中也要加上一些烹调方法，以烤烟熏为特色。酸黄瓜、酸奶渣是常用的菜品。酸黄瓜、酸白菜、酸萝卜等都是著名的俄罗斯腌菜，而这些又是俄罗斯的必备配菜。黄油在俄式菜中使用较多，许多菜在烹制完成后要浇上一些黄油，所以口味较肥浓。因此，在俄式餐厅中，菜单上少不了俄餐三巨头——沙拉、汤和面包。其中，沙拉和汤的款式品种繁多；牛肉、鸡肉、鱼类琳琅满目；提供的各式酒水中伏特加酒的品种应有尽有。

2. 俄式服务礼仪的特点

（1）俄式西餐因为使用了大量的银器，摆台优美文雅，但银饰餐具投资较大，使用和保管要求高，因此对于服务员的服务技能要求也比较高。

（2）与法式服务相比，俄式服务虽不如法式服务那样炫耀，但较节省人力，每桌仅需一名服务员，服务时效高，餐厅空间利用率高，因而成为世界各国高级西餐厅和大型西餐宴会盛行的服务方式，又被称为“国际式服务”。

（3）俄式服务的宗旨是保证宾客顺利快捷地吃到烹制好的热食。食物端上来时不冷不热，想要做到这一点，就必须注意两点：①要严格控制上菜的时间；②要做到厨师装盘和服务员分餐协调一致，要保证在准确的时间内将菜肴装盘。

3. 俄式服务礼仪注意事项

俄式服务的规则有以下几点：①所有的食物都在厨房做准备；②分餐前先将空盘从宾客右侧摆放在每位宾客面前；③分餐从宾客左侧逆时针进行；④从宾客右侧按照顺时针方向将用过的盘子撤掉；⑤从宾客右侧按顺时针方向上饮料及汤。

（三）英式西餐厅

1. 英式西餐简介

英式餐厅的装饰重视窗子与门面。凸肚窗、角塔、大进深入口与门廊，都是英式餐饮设计的重点。绅士、淑女、传承的文化使英国人在用餐礼仪上极为讲究，其中重要的一点便是不能大声喧闹。庄重、神秘、严肃的门面设计就能体现这一点，同时也能感受到餐厅浓重的仪式感。

英国人在对待一日三餐方面有着自己独特的要求。早餐，是英国人眼中最重要的一餐，因此可选择的食物很多，将熏肉、煎蛋、面包片、煎肉肠等食物放在一个盘子里食用，当然还有必不可少的咖啡或茶。午餐就相对简单，一个三明治、一包薯片便能解决。晚餐虽为主餐但是吃起来也没有那么讲究，只是甜点必须在正餐后才可食用。在晚餐中有一种用餐方式值得一说，他们有时会将餐点用微波炉打热后端到电视面前吃，还给这种吃饭方式取了名字叫做“电视晚餐”。

2. 英式下午茶

英式下午茶起源于 17 世纪的英国，现在多指享有盛名的英国维多利亚时代的英式下午茶。当时英国上流社会的早餐都很丰盛，午餐较为简便，而社交晚餐则一直到晚上 8 点左右才开始。人们便习惯在下午 4 点左右吃点点心，喝一杯茶。下午茶被英国贵族视为社交入门和时尚的象征，是英国人招待朋友和开办沙龙的最佳形式。

一般来说，英式下午茶的用茶以红茶中的香槟、印度大吉岭的红茶为首选，并以斯里兰卡锡兰茶、中国红茶为基茶调配的混合茶伯爵茶为主。如果是喝奶茶则是先加牛奶，再加以正统的英式下午茶的点心。点心是用三层瓷盘装成的，第一层主要放三明治，第二层放传统英式点心松饼，第三层则放蛋糕及水果塔，再由下往上吃（见图 4-17）。

图 4-17　英式下午茶点心摆盘

3. 英式服务礼仪的特点

英式服务应与欧美家庭用餐方式类似，故又被称为家庭式服务。该服务由服务员协助主人服务整个用餐过程，主人将整块食物亲自动手切片装盘，并配上蔬菜。英式服务中，宾客可以挑选用餐分量，对服务员的服务技能要求不高，不需要太多的人力。

4. 英式服务礼仪的注意事项

对于英式服务的上菜方式，我们需要注意：①菜肴在厨房制作并装饰好，由服务员用大盘端送至主人面前，并按宾客人数准备好加热过的空盘，放在主人左手边。②在宾客右侧给宾客斟上佐餐酒。③主人亲自动手切割装配。④服务员把已装好的菜肴按宾主次序依次端送给每位宾客，在宾客右面上菜时，注意将主菜对准宾客，配菜在主菜的上方。⑤当主人将菜肴分配完后，服务员要把分盛的菜肴重新装盘，并清理主人分菜的桌面。⑥配菜调味汁和分盛的菜肴放在餐桌上，由宾客互相传递，或者自行取用。

（四）美式西餐厅

1. 美式西餐简介

美式餐厅的设计不像欧式那样繁杂，装饰独具匠心，采用粗犷而又不失细腻的美式西部风格，空间追求立体感和灵动性。美国人独立、自由，因而其美食也简单、营养，不花哨。快餐是美国人追求效率讲究省时的产物。美国的快餐文化是美国饮食文化的代表。

美国人偏爱生食，因此各种类型的沙拉很常见。沙拉选料广泛，别具一格，主要以开胃菜、主菜、配菜和甜品等各种形式出现。

美国菜的烹调方式多种多样，但以烧烤最为流行。番茄、小南瓜、海鲜、禽肉等，都可以用来烧烤烹食。美国人喜欢在户外烧烤。烧烤也成为美国社交的主要形式，并会因自家拥有独特的烧烤菜谱而自豪。酱料各州有各州的特色。

2. 美式服务礼仪的特点

美式服务起源于美国，因为所有的菜肴均在厨房分别装盘，而被称为餐盘式服务。美式服务具有自由、快速、廉价、简单、大众化等特点，常见于咖啡厅，也用于服务速度快、服务量大的西餐宴会服务中。

美式服务简单、速度快，餐具和人工成本都比较低，空间利用率及餐位周转率比较高，一名服务员可以看数张餐台。在美式服务中，数量有限的服务员为了提高工作效率，用左手从宾客的左侧端上菜肴，同时可以兼顾右边的宾客，用右手从右侧撤掉宾客的脏盘。可见，美式服务可以迅速应付大量的宾客，因而以方便便捷著称。

3. 美式休闲餐厅服务礼仪

（1）就座礼仪。

服务人员应立即用双手将餐巾摊开铺在宾客腿上，尽量避免碰触宾客的身体。为宾客倒水不宜太多，八分满即可。同时应注意顺序，女士、长者及主宾优先。摊开餐巾和倒水都从宾客右侧进行。

（2）餐前酒服务礼仪。

在正式享用西餐前，宾客通常会先点餐前酒来助兴。因此，服务人员应先为宾客呈上酒单以供宾客挑选。宾客较多时，可以利用座次平面图记录宾客所点的酒，并详细记录所点酒水名称、数量、配料和做法，记录完毕后应向宾客复述一遍以确认无误。点酒单一式三联，一联交由柜台出纳入单结账，一联交给酒吧准备酒水，一联服务人员自留。宾客用完餐前酒后，应及时将酒杯收走。

（3）点菜服务礼仪。

美式餐厅的点菜服务礼仪基本与中餐相同，只是应以座次平面图来为宾客点菜，依照宾客所点的前菜、汤、沙拉、主菜、甜点等，依序记录特点、数量、配菜、烹调熟度、搭配酱料、特殊需求等。同时，服务人员应在点菜单上注明上菜顺序，以方便厨房出菜。

（4）点佐餐酒服务礼仪。

点完菜肴之后，服务人员可适时询问宾客是否点佐餐酒来搭配菜肴。这就要求服务人员具备食物和酒类搭配的基本知识。只有做足功课，才能根据宾客所点菜肴的种类，为宾客提出中肯的建议。

（5）餐具调整服务礼仪。

开始上菜之前，应根据宾客所点菜肴和酒类，收走不必要的餐具和酒杯，或增添必备的餐具和酒杯。若餐具过多，可先安排主菜之前所需的餐具，等上主菜时再增添餐具。

（6）上菜服务礼仪。

西式餐饮对上菜顺序有严格的要求，服务人员应给予高度重视。一般按下述顺序上菜：

①面包。面包应在开胃菜之前端上桌，与面包搭配的黄油、果酱等也需事先上桌。面包可以以派送方式或直接以篮装方式上桌，供宾客取用。派送面包时，使用服务叉匙；若是以面包篮提供，则应等到收拾餐盘后或是服务餐后甜点前再收走。

②佐餐酒。宾客点好佐餐酒后，服务人员应立即帮宾客准备好葡萄酒杯。将从酒架、酒库、酒窖或冰箱冷藏室取出的酒，用服务巾包覆或以酒篮、酒架装置，保持平稳，小心地送到宾客面前，右手扣住瓶口，左手以服务巾托住瓶底，将酒标正面朝向宾客，请宾客确认。确认无误后，将酒放在宾客面前的餐桌上，或将其放在酒篮内置于宾客面前。

根据各类酒的适饮温度，将酒置于加了冰块及水的冰桶内，将冰桶置于桌上，或将冰桶及支架放在宾客的右侧桌边，并将服务巾盖在冰桶上，以方便宾客开瓶使用。开启瓶盖后，服务人员应用右手持酒瓶，左手臂挂上服务巾，倒出约一盎司酒，并请点酒主人试酒。待点酒主人满意之后，再为其他宾客斟酒。斟酒时，应遵照女士、长者、尊者优先的原则，最后为点酒主人斟酒。同时应注意使每一位宾客都能获得等量的酒。倒完酒后，应将剩余的酒放回冰桶内。

③冷盘开胃菜。西餐的第一道菜便是冷盘开胃菜。上菜时，应直接将餐盘摆在宾客面前的展示盘上。

④汤。一般西餐的汤分为两种：一种是清汤，以双耳汤碗搭配底盘盛放；另一种是浓汤，以汤碗盛装。上汤时要注意礼貌，应先告知宾客，以防发生碰翻、烫伤等意外。

⑤沙拉。服务人员应将沙拉刀叉分别放置于主菜刀叉的外侧，以供宾客使用。收拾沙拉盘时，应将展示盘一并收走。

⑥开胃热菜。宾客享用完开胃菜后，应先收走开胃菜的餐盘，并上一道冰果汁，让宾客清舌润喉，准备继续享用接下来的主菜。

⑦主菜。上主菜前，服务人员应先检查餐桌上的餐具是否摆放正确、数量是否足够。上主菜时，应按照宾客的需求将所有佐料、配菜一起摆放，并依序为宾客添加。宾客用完主菜后，应将桌面上所有的面包盘、黄油刀、调味罐收走，只在桌面上剩下水杯和点心餐具。

⑧餐后点心。在宾客用完主菜正餐后，服务人员应根据菜单为宾客端上餐后点心。

⑨饮料。为宾客上完餐后点心后，还应提供饮料，一般为咖啡或红茶。

总之，西餐厅的种类繁多，各具特色，只有市场定位准确、经营特色鲜明、能提供优质服务的西餐厅才会受到宾客的欢迎和追捧。

知识拓展

怎样才能让宾客满意?

1. 投其所好。根据宾客不同的性格爱好、生活习惯、宗教信仰、民族习俗等提供恰如其分的服务。宾客的爱好是服务环节中的关键信息，只有掌握信息才能在服务中做到游刃有余。

2. 雪中送炭。急宾客所急、想宾客所未想，提供及时准确、到点或到位的服务，往往会给宾客留下深刻的印象。这种服务一方面突出时效性，另一方面讲究准确性，如果能够把握住宾客的心理，就能“花小钱办大事”。

3. 锦上添花。服务在某种程度上体现为宾客的感受，餐厅提供的服务如果超出宾客的预期，就会给宾客带来意外的惊喜。当然，不同层次的宾客出现好感受的条件是不一样的，它与宾客的期望值有关，服务人员要根据不同类型的宾客提供不同的服务。

餐厅就是一个小社会，在这里会遇到形形色色的人。在餐厅工作，足不出户就可以锻炼自己的社会交际能力、突发事件的应变能力以及连续数小时站立服务的耐力。具备了这些能力，将来再想深造或在职场上大显身手，则会比较容易。

常见英语表述

1. Good afternoon，welcome to our hotel. what can I do for you?
2. Do you have a reservation?
3. Ok，may I have your name/number?
4. This way please. /follow me please.
5. Drink some water first.
6. Here is our menu. You see it first，I'll be right back.
7. Are you ready to like to order? I recommend your……，would you like to have try? And anything else?
8. Wait a moment ，please .
9. Here are you dishes ，enjoy yourself.
10. Hello，welcome to our cocktail bar，this way please.
11. What can I do for you?
12. What do you want to drink?
13. Do you like cocktail?
14. Then I recommend pina colada to you，which includes Rum，Malibu，coconut juice

and pineapple juice. This sweet cocktail is more suitable for lady. Do you want to have a try?

15. OK, and for the gentleman I recommend whestone , it is our specialty. This cocktail has a high alcohol content and is composed of whisky and lemon juice. It is suitable for gentleman. Do you want to have a try?

16. Excuse me here comes your drink , enjoy yourself.

17. Excuse me sir , how do you think it? If you have any suggestion, please tell me, we will do better next time.

18. I am so glad that you like it.

19. Glad to be your service.

20. Welcome next time.

21. Hope to see you again.

22. Have a nice day.

任务实施

评价内容	任务评价内容	是/否
任务一	能够说出法式服务的服务方法	
	能够说出法式服务的服务规则	
任务二	能够说出俄式服务的服务方法	
	能够说出俄式服务的服务规则	
任务三	能够说出英式服务的服务方法	
	能够说出英式服务的服务规则	
任务四	能够说出美式服务的服务方法	
	能够说出美式服务的服务规则	

思考练习：

1. 查询法式、俄式、英式、美式西餐服务形式的优缺点。
2. 俄式服务为什么被称作银盘式服务？

技能技巧训练：

熟知西餐点菜服务礼仪，为宾客提供正确的点菜服务；掌握西餐酒水服务礼仪，为宾客提供优质服务；掌握西餐就餐服务礼仪，为宾客提供规范服务；完成西餐礼仪技能训练。

任务五　酒吧/咖啡吧服务礼仪

任务导入

酒吧是酒店住店宾客经常消费娱乐的场所。通常，这些地方布置讲究、格调高雅，为酒店创造了良好的经济效益。服务员在接待时要针对宾客的不同需求，提供个性化服务。

在酒吧有节奏的背景音乐声中，宾客们正三三两两地相互交谈，饮着酒水，服务员在不停地忙碌着。调酒师正在为吧台前的两个年轻人调制一款“特吉拉日出”。他精神饱满，面带微笑，动作熟练、潇洒，吸引了周围人的眼光，随后将调好的酒礼貌地放在宾客面前。

思考：

到底是什么吸引了人们的眼球？

任务解析

调酒师以专业的服务、娴熟的技艺和饱满的精神面貌体现出了服务的规范与艺术，其极高的职业素养和服务礼仪在工作环境中吸引了人们的眼球。

一、酒吧服务礼仪

“酒吧”一词来自英文“bar”的谐音，原意是供应酒的长条柜台，发展到现在成为各种酒类供应和消费的主要场所。酒吧服务人员一般包括酒吧服务员和调酒师，他们主要负责提供酒水服务和为坐在吧台前的宾客现场演示调酒的技能。

（一）酒水服务礼仪

酒吧服务员需要用一流的服务礼仪，为宾客提供高标准的服务，同时还要机动、灵活，善于处理各种突发状况。

酒吧礼仪

1. 呈递酒单

宾客坐好后，酒吧服务员应从方便宾客的一侧双手递上酒单，准备好为宾客进行酒水服务。服务过程中，介绍酒水知识要耐心，回答问题要及时，敬献手势要规范，服务顺序要正确，重视宾客的感受，让其觉得受到尊敬。

2. 推介酒水

根据口味，主动推介。服务员应主动轻声征询宾客，如：“请问您需要什么酒水饮料？”安排饮料品种时，要照顾宾客口味。准备饮料时，应该大致了解宾客的口味；为了有备无患，还应该多准备一些品种。常规的做法是，强调一冷一热、一瓶一杯，即一杯热茶、一瓶冰矿泉水。双手为宾客递送酒水饮料单。如果宾客是初次来，可以根据宾客口味向宾客推荐几款畅销的酒水饮料并征求宾客意见。

3. 示酒

示酒是酒水服务中的重要礼仪。为了表示对宾客的尊重，要向宾客展示所点酒水的酒标，将酒瓶放在左手口布中间，将口布拉起，展示酒标，请宾客确认（见图 4-18）。

让宾客确认酒的品牌，品尝、鉴别酒的质量和温度。服务员在给宾客示酒时，酒瓶要干净，双手消毒；示酒动作文雅，展示到位。

图 4-18　示酒礼仪

4. 核实点单，当面唱清

点完酒水饮料后，服务员应当面重复宾客所点的饮料种类、数量及是否需要冰块等，并请宾客稍等。

5. 轻拿轻放，斟酒品尝

给酒水开瓶时，注意不要用力晃动，对有汽的酒水要轻拿轻放，切忌将瓶口朝向宾客。酒水开启后，先由主宾品尝，然后按序斟酒，每倒完一杯酒，将瓶子转动一次，用口布擦净瓶口（见图 4-19）。

图 4-19　斟酒礼仪

6. 注意事项

（1）饮料端送，注意细节。端送饮料、食品时不要挡住宾客的视线，妨碍宾客交流。为宾客端送酒水饮料时要使用托盘，需要特别注意的是，要从宾客的右侧上酒，手指接触杯子下半部，不要碰杯口或瓶口。上完酒水和食品后，应立即离开宾客的桌子，不要侧耳倾听宾客讲话。

（2）选择器皿时注意三点，即卫生、适用、干净。

（3）顺序合理，注意先后，即先宾后主，先女后男，先高身份后低身份。

（二）调酒师服务礼仪要求

调酒师是酒吧的关键人物，也可以说是酒吧的灵魂，其娴熟而又潇洒的动作将带给宾客美的享受和视觉冲击。

1. 仪容仪表

身材和容貌是选择调酒师的条件之一，一般要求身高适中，体形匀称，五官端正，灵活机敏；手无污渍、无异味，不能留过长指甲，不能涂抹带颜色的指甲油。男调酒师不留胡须，女调酒师化淡妆，不喷抹香水。

2. 服饰打扮

调酒师应穿着舒适得体，方便工作，而且能够体现酒吧的经营特色和风格，与酒吧风格对应，不宜过于花哨。调酒师常见着装是衬衫或西服马甲。

3. 仪态

调酒师应保持站姿服务，不能依靠吧台，或用手臂支撑吧台等，亦不能在吧台前与同事闲聊，不顾及对宾客的服务。行走时不能与宾客争抢道路。

4. 操作卫生

调酒师既要时时苛刻个人卫生，也要注意操作时的卫生。这不仅是对自己的健康负责，也是对宾客的负责和尊重，使宾客在消费和饮用酒水时得到安全感和卫生感。具体操作要求如下（见图 4-20）：

（1）每次制作鸡尾酒或果盘前要洗手。

（2）不能用手直接接触干净杯具、用具、水果。

（3）制作鸡尾酒或果盘过程中手不要接触任何物品及身体其他方面。

（4）每次制作完鸡尾酒或果盘后要再洗手。

（5）品尝成品时要用干净的吸管。

（6）不要用手接触宾客的杯口、盘子、刀、叉。

（7）撤完烟缸及宾客用完的杯具时要洗手。

图 4-20　调酒师操作

5．接待礼仪

调酒师接待宾客时要尊重客人，对生客、熟客一样热情。常来的宾客要记住其爱好，热情地为其提供喜爱的饮品；遇孤身宾客，可适当地陪他交谈，应以倾听为主，不能喧宾夺主。

6．风度气质

风度和气质是个人各种素质形成的综合表现，因此，需要调酒师从各个方面来加以修养和锻炼。

（1）文化内涵。提升自我文化素质，养成良好的习惯，规范自我行为。

（2）操作规范。调酒师在调制各种饮品时，要根据规范进行操作，文明操作，摇晃调酒壶要适度，除非是表演类调酒，否则动作不宜过大；严格按配方要求调制，态度认真，不敷衍。例如，取用冰块、装饰物时应使用工具规范操作。

（3）动作娴熟。在 3 分钟内调好酒水，调酒姿势端正、潇洒，坚持站立服务，始终面向宾客，取酒应侧身而不是背对宾客，以示尊重。

（4）斟酒标准、出品一致。同时斟倒多杯酒时要来回依次斟倒，使酒的浓度一致。

（三）矿泉水服务礼仪

酒吧服务员为宾客服务矿泉水时，服务员要熟悉矿泉水的种类，提供到位的服务（见图 4-21）。其礼仪要点如下：

（1）为宾客服务带汽矿泉水时，要提前准备好柠檬片，根据宾客需要服务，避免宾客饮用时因为汽太多频频打嗝而失礼。

（2）调酒师服务时请宾客检验后当着宾客的面开瓶。

（3）瓶装矿泉水饮用前应冰镇，以保证最佳饮用温度；宾客要求提供常温矿泉水时就不宜冰镇。

图 4-21　矿泉水斟倒

（四）香烟服务礼仪

酒吧中的宾客，通常需要香烟服务。宾客订香烟后，服务员要立即开出订单，到吧台处领取香烟，为宾客服务。其礼仪要点如下：

（1）使用托盘为宾客服务香烟。

（2）将盛有香烟和火柴（打火机）的盘子轻放在宾客的吧桌上，礼貌地告诉宾客："这是您点的香烟。"

（3）主动为宾客点烟。当宾客准备吸烟时，服务员要立即上前为其点烟。点烟时火柴要划向自己，待火苗稳定后，再为宾客点烟（见图 4-22）。一根火柴最多可以为两位宾客服务。

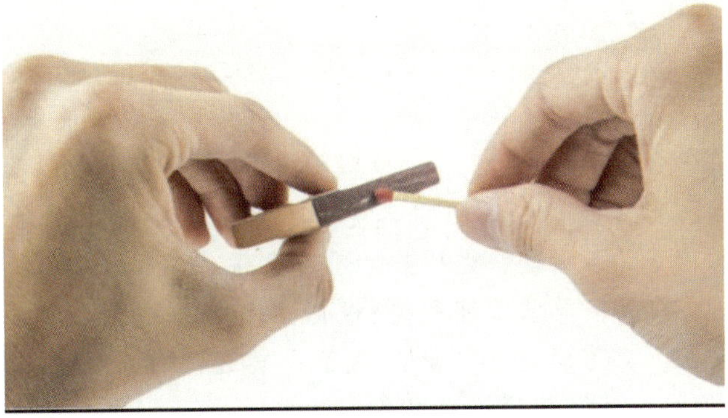

图 4-22　点火柴的手势

（4）后退半步，轻轻摇灭火柴，将火柴梗倒插回火柴盒。

（5）如果用打火机为宾客点烟，应先侧身打火，待调节好火苗大小后再为宾客服务。每次最多为两名宾客点烟。

二、咖啡吧服务礼仪

酒店咖啡吧的规格一般都比较小，除了咖啡外，还供应一些简单的食品，如面包、三明治、沙拉及一些地方小吃，有些咖啡吧还有一些中式小吃。咖啡吧的营业时间一般都比较长，甚至是 24 小时营业，要求服务员必须以饱满的精神随时迎接宾客，提供最佳服务。

（一）咖啡服务礼仪要求

（1）保持站姿礼仪，表情愉快，迎宾等候，热情相迎，礼貌引领。

（2）为宾客介绍咖啡饮品恰当，尊重宾客的选择。

（3）开单准确、迅速，多位宾客饮品不同时，标注要清楚无误。

（4）核对咖啡，检查感官质量，确认应服务的餐位，保证服务准确，使用托盘端托咖啡，站在宾客右侧服务，面带微笑，亲切有礼。

（5）上咖啡时操作规范灵活、迅速准确，以提高宾客满意度。

（6）服务语言要多变，使宾客感受到礼貌、热情与尊重。

（7）席间多关注宾客需求，服务于宾客开口之前，让宾客享受超值服务。

（二）咖啡早餐服务礼仪

有些住店宾客喜欢在咖啡吧用早餐，服务员服务时要快捷、周到，保证宾客满意。其礼仪要点如下：

（1）微笑迎客，记录人数，选择区域，引领到位，拉椅让座。

（2）铺设餐巾，呈递菜单，预祝宾客好胃口。

（3）尊重宾客点餐或者自助选择，服务迅速、到位。

（4）结账并礼送宾客。

知识拓展

早餐服务

1. 早餐服务。向宾客问候，询问宾客是否要咖啡或茶，主动介绍当日新鲜果汁、咖啡或茶；站在宾客右侧 0.5 米处，按女士优先的原则，征询宾客是点菜还是吃自助餐；按顺时针方向请宾客点菜，下单前复述一遍；根据宾客所订的早餐种类提供相应的服务。

2. 自助早餐服务。宾客就座后上咖啡或茶；宾客到自助餐桌取所需食品；如果宾客没有额外的散餐需求，可提前为宾客准备好账单。

3. 欧陆式早餐服务。宾客就座后服务咖啡或茶；询问宾客所需果汁的种类；询问宾客需要面包还是烤面包片。

4. 英式早餐服务。宾客入座后上咖啡或茶；询问宾客所需果汁或水果的种类；询问宾客所需面包的品种（丹麦包、牛角包、小松饼、烤面包片或大麦面包）；询问宾客所需蛋类、肉类及鱼类等的烹制方法和特殊要求；英式早餐按照热饮、果汁、面包、谷类食物、蛋类食物、甜食的次序上菜和服务。

5. 中式早餐服务。宾客入座后上茶；问宾客所需粥和点心的品种；将订单送入厨房制作食品；根据宾客所点菜品调整餐具；将食品送入餐厅；及时为宾客撤掉空碟和空杯，添咖啡或茶，为吸烟宾客撤换烟灰缸并清洁桌面。

任务实施

如果你是咖啡吧服务员，面对下面这些情景，该如何进行服务？

1. 桌子上开着电脑，衣服搭在椅背上的宾客。

2. 急匆匆地进来，说话很快，边点早餐边看表的宾客。

3. 一对情侣手拉着手，很悠闲地步入咖啡吧。

4. 早上，打着哈欠来点餐的男士。

思考：

1. 酒吧的两位男士已经有了醉意，情绪变得激动起来，又招手再点 4 瓶啤酒，你该不该给宾客上呢？如果让你劝酒，该如何进行？

2. 正值酒吧营业高峰，服务员们忙得不亦乐乎。调酒师把一杯冰水递给一位宾客，宾客说："我不要冰水，我要'蓝带马爹利'。"调酒师一愣，心想："刚才这位宾客不是说先要一杯冰水吗？怎么转眼又说要'蓝带马爹利'了？是自己听错了还是宾客说错了？"

思考练习：

如果你是调酒师，怎样在兼顾酒吧与宾客利益的前提下，解决自己的"错误"呢？

1. 咖啡吧来了一位宾客，点了一杯摩卡。服务员迅速服务上好咖啡。恰好宾客手机响起，十几分钟后，宾客发现咖啡已经凉了，便投诉咖啡不热。

2. 该怎样做才能体现良好的服务意识和礼仪，尊重宾客，赢得宾客的赞许？

技能技巧训练：

酒吧服务礼仪训练

训练目的：熟练掌握酒吧上酒服务的礼仪要求，接待好宾客，为宾客提供满意的服务。

礼仪要求：将学生每 5 人分成一组，分别扮演酒吧服务员和宾客，针对下面的场景完成训练。

训练要求：

1. 服务员热情迎客；

2. 宾客向酒吧服务员咨询酒的类别和价格。

任务六 茶艺服务礼仪

任务导入

小王是一名刚毕业的大学生，第一天进入茶馆工作，由于当天宾客太多，茶艺师不够，经理吩咐小王中途进一个包房为宾客续茶。小王没有实际经验，战战兢兢地走进包房为宾客续茶。当小王正在为宾客续茶冲水时，只见宾客立马把茶杯里的茶水倒掉，生气地说："你这个服务员怎么回事？我们在这里消费，就是冲着你们茶馆的名气来的，现在时间这么早就赶我们走。马上把你们经理叫来，我要投诉，要不然我就不买单。"小王一脸茫然地看着宾客，不断地给宾客道歉，赶紧出来请经理帮忙处理。事后经理对小王进行了严厉的批评，并告知小王宾客生气是因为她冲水过程中采用顺时针方向冲水，以为小王在赶他们离开。希望其在以后工作中注意，不能犯同样的错误。

思考：

在茶艺服务过程中，待客茶礼应注意哪些细节？

任务解析

茶艺服务过程中有很多无声的寓意礼，小王初次进入工作岗位，由于过于紧张，就没有注意服务过程中的冲水寓意礼，导致宾客误以为小王在赶他们离开，非常生气。所以在茶艺服务过程中一定要牢记茶艺中的各种寓意礼，尽可能不让宾客产生误会，减少茶馆的投诉率，为茶馆赢得更好的口碑和更多的回头客。

中国自古以来就有客来敬茶、以茶待客、以茶为敬的传统礼俗。茶文化是中华民族优秀文化的思想结晶，充分吸收了传统文化中以“礼之用，和为贵”为核心的礼仪文明与行为规范，而这种礼仪规范又集中体现在茶艺活动中。茶艺作为特殊的饮茶活动，从日常生活方式演变为社会生产方式。茶艺师应该具备深厚的文化修养，得体的行为举止，熟悉和掌握茶文化知识以及泡茶技能，做到以神、情、技动人。也就是说，无论在外形、举止乃至气质上，都有更高的要求。

世界茶文化的起源地

一、茶艺服务人员的仪表

茶艺服务人员得体的着装不仅可以体现他的文化修养，反映他的审美趣味，而且还能赢得宾客的好感，给宾客留下良好的印象，提高茶艺服务的质量。茶艺服务人员的服装不宜太鲜艳，要与环境、茶具相匹配。品茶需要一个安静的环境与平和的心态。如果泡茶者服装颜色太鲜艳，会破坏和谐优雅的气氛，使人有浮躁不安的感觉。另外，服装款式以中式为宜，袖口不宜过宽，否则会沾到茶具或水，给人一种不干净的感觉。服务员人员的服装也要保持整洁。

二、茶艺服务人员的仪容

茶艺服务人员的容颜、容貌，着重在修饰方面，总的要求是适度、美观。

（一）整齐的发型

茶艺服务人员的头发应梳洗干净整齐，长发必须束起来，避免头部向前倾时，头发散落到前面来。这样不仅会挡住视线，而且会让宾客感觉很不卫生。

（二）干净的面容

茶是淡雅的事物，为宾客泡茶时可化淡妆，不能化浓妆，也不要喷味道强烈的香水，不仅会破坏茶香，还会给人一种与茶叶不一致的感觉。平时也要注意面部的护理保养，保持清新健康的肤色。

（三）优美的手型

对于茶艺服务人员来说，拥有一双白净、细嫩的双手是十分必要的（见图 4-33）。因为在泡茶过程中，双手处于主角地位，宾客的目光会停留在服务员的双手上，因此服务员平时要注意对手部的保养和修护。首先，要保持手的洁净，不要残留肥皂水或化妆品的味道，以免污染茶叶或茶具，也不得留长指甲或染带色的指甲油。其次，手上不要佩戴过多饰物。因为佩戴过于出色的首饰，会有喧宾夺主的感觉，显得不够礼貌。而且体积过大的饰物也容易敲击到茶具，发出不和谐的声音，甚至会打破茶具，影响正常的茶叶冲泡服务。

图 4-23　泡茶手势

三、茶艺人员的仪态

泡茶时，茶的味道十分重要，但茶艺服务人员优雅的举止也会给人一种赏心悦目的感觉，使品茶成为一种真正的享受。

（一）站姿

站姿是茶艺服务人员的基本功，挺拔的站姿会给人以优美高雅、庄重大方、精力充沛、信心十足和积极向上的印象。在茶艺表演中，女服务员多呈“丁”字步站立。

（二）坐姿

由于茶艺服务人员在工作中经常要坐着为宾客进行茶叶冲泡服务，所以，端正的坐姿也格外重要。坐姿的基本要求是：挺胸，收腹，头正肩平，双腿并拢，双手不操作时应平放于操作台上。根据泡茶时的具体要求，坐姿又可分为正式坐姿、侧点坐姿、跪式坐姿和盘腿坐姿 4 种。

1. 正式坐姿

入座时，走到座位前转身，右脚后退半步，左脚跟上，轻稳地坐下。但要注意：不要将椅子坐满，一般只坐椅子的 1/2 或 1/3。坐下后，上身正直，双肩放松；头正目平，下颌微收，双眼可平视或略垂视，面部表情自然；两膝间的距离，男服务员以松开一拳为宜，女服务员则双腿并拢，与身体垂直放置，或左脚在前，右脚在后交叉成直线；女性右手在上，双手虎口交握，置放胸前或面前桌沿；男性双手分开与肩，半握拳轻搭于前方桌沿；全身放松，调匀呼吸、集中思想。（见图 4-24）

图 4-24　正式坐姿

2. 侧点坐姿

如果由于茶椅、茶桌的造型不允许正式坐姿，可采用侧点坐姿的方式。具体方法为：双腿并拢偏向一侧斜坐，脚踝可以交叉，双手如前交握轻搭于腿部。

3. 跪式坐姿

跪式坐姿即“正坐”，具体要求为：坐下时将衣裙放在膝盖下，手臂腋下留有一个品茗杯大小的余地，两臂似抱圆木，五指并拢，手背朝上，重叠放在膝盖上，双脚的大拇指重叠，臀部坐在其上似有一纸之隔之感，上身如站立姿势，头顶有上拔之感，坐姿安稳（见图 4-25）。

图 4-25　跪式坐姿

4. 盘腿坐姿

盘腿坐姿一般适合于穿长衫的男性或表演宗教茶道，坐时用双手将衣服撩起（佛教中称提半把），徐徐坐下，衣服后层下端铺平，右脚置于左脚下，用双手将前面衣服下摆稍稍提起，再将左脚置于右腿下，不露双脚（见图 4-26）。

图 4-26 盘腿坐姿

（三）走姿

茶艺服务人员在行走时应注意保持一定的步速，不宜过急，否则会使宾客感觉不安静、急躁。步幅不宜过大，否则会使宾客感觉不舒服。茶艺服务人员在工作中经常处于行走的状态中，其行云流水般的走姿，可以充分展现茶艺服务人员的温柔端庄、大方得体，轻盈的步态也可以给宾客以丰富的动态美感。所以，茶艺服务人员应通过正规训练，熟练掌握正确优美的走姿，并运用到工作中。

（四）蹲姿

茶艺服务人员经常处于动态状况，因此身体各躯干的动作都要讲究端庄优雅，灵活得体。在取拿低处物品或为宾客奉茶时，应注意不要弯身翘臀，这是极不雅观和极不礼貌的动作。为宾客进行奉茶时可采取交叉式蹲姿或高低式蹲姿的方法以示优雅。

（五）举止、表情

对于茶艺服务人员来讲，为宾客泡茶过程中的一举一动都尤为重要。以手的动作为例：如果左手趴在桌上，右手泡茶，看起来人显得很懒散；右手泡茶，左手不停地动，给人一种紧张的感觉；一手泡茶，一手垂直吊在身旁，在对方看来，就像缺了一只手，不用的手最好自然放在操作台上。泡茶时身体尽量不要倾斜，避免给人失重的感觉。

另外，还要保持真诚的微笑。茶艺人员的脸上永远只能有一种表情，那就是有魅力的微笑，发自内心的微笑。

四、其他几种基本礼仪

（一）鞠躬礼

鞠躬礼分为站式、坐式和跪式 3 种。站立式鞠躬与坐式鞠躬比较常用，其动作要领是：两手平贴大腿徐徐下滑，上半身平直弯腰，弯腰时吐气，直身时吸气；弯腰到位后略做停顿，再慢慢直起上身；行礼的速度宜与他人保持一致，以免出现不协调感。（见图 4-27）

图 4-27　站立鞠躬礼

根据行礼的对象分为真礼（用于主客之间）、行礼（用于宾客之间）与草礼（用于说话前后）。真礼要求行 90° 礼，行礼与草礼弯腰程度相比较低。在参加茶会时会用到跪式鞠躬礼。真礼以跪坐姿势为预备，背颈部保持平直，上半身向前倾斜，同时双手从膝上渐渐滑下，全手掌着地，两手指尖斜对，身体倾至胸部与膝盖间只留一拳空当（切忌低头不弯腰或弯腰不低头）。稍做停顿慢慢直起上身，弯腰时吐气，直身时吸气。行礼两手仅前半掌着地，草礼仅手指第二指节以上着地即可。

（二）伸掌礼

伸掌礼是品茗过程中使用频率最高的礼节，表示请与谢谢，主客双方都可采用。两人面对面时，均伸右掌行礼对答。两人并坐时，右侧一方伸右掌行礼，左侧方伸左掌行礼（见图 4-28）。伸掌姿势为：将手斜伸在所敬奉的物品旁边，四指自然并拢，虎口稍分开，手掌略向内凹，手心中要有含着一个小气团的感觉，手腕要含蓄用力，不至显得轻浮。行伸掌礼同时应欠身点头微笑，讲究一气呵成。

图 4-28　伸掌礼

（三）叩指礼

叩指礼是从古时中国的叩头礼演化而来的，叩指即代表叩头。早先的叩指礼是比较讲究的，必须屈腕握空拳，叩指关节。随着时间的推移，逐渐演化为将手弯曲，用几个指头轻叩桌面，以示谢忱（见图 4-29）。

晚辈向长辈行礼

平辈之间行礼

长辈向晚辈行礼

图 4-29　叩指礼

（四）寓意礼

在长期的茶事活动中，形成了一些寓意美好祝福的礼仪动作，冲泡时不必使用语言，宾主双方就可进行沟通。最常见的礼仪如下：

1. 凤凰三点头

凤凰三点头即用手提水壶高冲低斟反复 3 次，寓意为向来宾鞠躬 3 次以示欢迎（见图 4-30）。高冲低斟是指右手提壶靠近茶杯口注水，再提腕使水壶提升，接着仍压腕将开水壶靠近茶杯口继续注水。如此反复 3 次，恰好注入所需水量即提腕断流收水。在进行回转注水、斟茶、温杯、烫壶等动作时如单手回旋，则右手必须按逆时针方向、左手必须按顺时针方向动作，类似于招呼手势，寓意“来、来、来”表示欢迎；双手同时回旋时，按主手方向动作。

图 4-30　凤凰三点头

2. 斟茶量

放置茶壶时壶嘴不能正对他人，否则表示请人赶快离开（见图 4-31）；斟茶时只斟七分即可，暗寓“七分茶三分情”之意，也便于宾客握杯品饮（见图 4-32）。

图 4-31　倒茶七分满

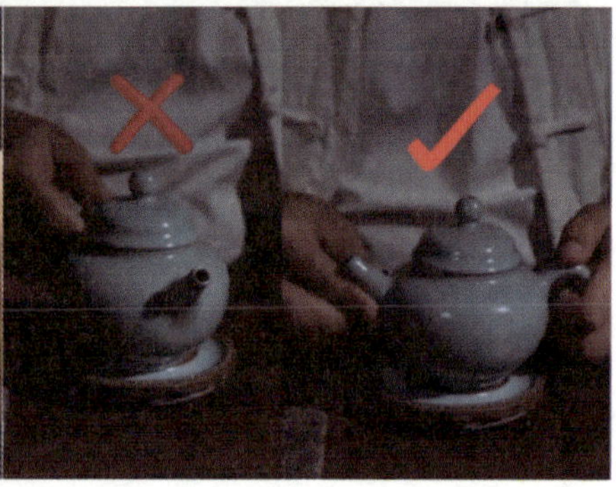

图 4-32　壶嘴不对人

（五）敬茶礼

标准的上茶步骤是：双手端着茶盘进入客厅，首先将茶盘放在临近宾客的茶几上或备用桌上，然后右手拿着茶杯的杯托，左手附在杯托附近，从宾客的左后侧双手将茶杯递上去，置于宾客左前方。茶杯放置到位之后，杯耳应朝向右侧。若使用无杯托的茶杯上茶时，亦应双手奉上茶杯。为宾客敬茶时，一定要注意尽量双手奉茶，切勿将手指搭在茶杯杯口上，或是将其浸入茶水，污染茶水（见图 4-33）。放置茶杯时，不要把茶杯放在宾客的文件上，或是其行动时容易撞翻的地方。将茶杯放在宾客面前与右手附近，是最适当的做法。

图 4-33　敬茶礼

（六）续茶礼

为宾客端上第一杯茶时，通常不宜斟得过满。得体的做法是：应当斟到杯深的 2/3 处，不然就有厌客或逐客之嫌。一般来说，宾客喝过几口茶后，即应为之续上，绝不可以让其杯中的茶叶见底。

知识连接

2020 年 5 月 21 日，习近平总书记在致信祝贺首个“国际茶日”时指出：“茶起源于中国，盛行于世界。联合国设立‘国际茶日’，体现了国际社会对茶叶价值的认可与重视，对振兴茶产业、弘扬茶文化很有意义。作为茶叶生产和消费大国，中国愿同各方一道，推动全球茶产业持续健康发展，深化茶文化交融互鉴，让更多的人知茶、爱茶，共品茶香茶韵，共享美好生活。”

作为世界茶树的起源中心与世界茶文化的发源地，中国在茶文化中的地位无可取代，而中国素有客来敬茶的礼俗，这既是习俗，同时也反映出中国“和与敬”的处世规范。在整个茶艺活动中，无处不在的礼仪规范体现出以礼待茶、以礼待人、以礼待己，而茶文化雅致、和谐的内涵也是我国广博文化的一角。

准备干净、雅致、美观的品茶环境；挑选适合宾客的茶品，精心冲泡一杯高质量的茶汤，敬奉给宾客；以凤凰三点头的方式注水冲泡，激发茶叶内含物质的溶解，同时表示对宾客的尊敬；等等。茶事活动处处体现着尊重、关怀、和谐的气氛，以增进彼此之间的感情。

资料来源：习近平致信祝贺首个“国际茶日”（2020-05-21）[2023-08-19]. https://baijiahao.baidu.com/s?id=1667267082338005337&wfr=spider&for=pc.

五、其他要求

（一）动作要求

茶艺人员泡茶的动作要从容优雅、井井有条。放取物件手要轻，动作要连贯。在进行注水、斟茶、温杯、烫杯等动作时单手回旋，右手必须按逆时针方向，左手按顺时针方向，表示对宾客的欢迎，反之则有暗示赶宾客走的意思（见图 4-34）。

图 4-34 倒茶

（二）语言要求

茶室是现代文明社会中高雅的社交场所，它要求茶艺人员在交往中要谈吐文雅、语调轻柔、语气亲切、态度诚恳。使用规范的语言，对人要彬彬有礼、热情庄重，使人感觉亲切。与宾客交流时要注意技巧，与宾客对话时，要用友好的目光关注对方，表现出自己思想集中、表情专注，要认真听取宾客的陈述，随时察觉对方对服务的要求，以表示对宾客的尊重。无论宾客说出来的话是误解、投诉或是无知可笑，也无论宾客说话时的语气多么严厉，都要耐心、友善、认真地听取，不能在表情和举止上流露出反感、藐视之意，只可婉转地表达自己的看法，而不能当面提出否定的意见。在茶事活动中要使用敬语，注意用“您”而不用“你”或“喂”，主动向宾客打招呼说“您好”。

知识拓展

中国是茶的故乡，中国人饮茶，据说始于神农时代。直到现在，中国各族同胞还有以茶代礼的风俗。中国茶文化是中国制茶、饮茶的文化。作为开门七件事（柴米油盐酱醋茶）之一，饮茶在古代中国是非常普遍的。中华茶文化源远流长，博大精深，不但包含物质文化层面，还包含深厚的精神文明层面。唐代茶圣陆羽的《茶经》在历史上吹响了中华茶文化的号角。从此茶的精神渗透了宫廷和社会，深入中国的诗词、绘画、书法、宗教、医学。几千年来中国不但积累了大量关于茶叶种植、生产的物质文化，更积累了丰富的有关茶的精神文化，这就是中国特有的茶文化。

资料来源：中国茶文化[EB/OL].（2022-04-19）[2023-08-19]. https://mp.weixin.qq.com/s?__biz=MzI3NjMxNzAzMA==&mid=2247535484&idx=1&sn=3b252fed640fdbab7aa1f152b321c9c4&chksm=eb755d75dc02d4638ad1a32919d6282ad23c7ed1304cf5886de00aeb55c36a8e523b23f66e88&scene=27.

任务实施

请问您今天还是喝红茶吗?

陈先生是茶馆的忠诚顾客，每次来都喜欢约一帮朋友，坐在靠湖景的厅房，赏景聊天。第一次来，陈先生点了一壶红茶，第二次来依然点了红茶，第三次来的时候，有心的服务员小林礼貌地征询陈先生："请问陈先生今天还是喝红茶吗?"陈先生开心地对朋友说："这儿的服务就是不错，服务员很用心。我来过两次，就已经知道我爱喝红茶，但是今天我想换换口味改喝绿茶了。"服务员小林赶紧将茶单拿来，向宾客介绍茶馆的绿茶。

思考：

服务员小林是如何俘获顾客的心的?

思考练习：

1. 在茶艺服务中，如何让客人感受到尊重和热情?
2. 茶艺服务人员如何上茶才能得体又优雅?

技能技巧训练：

茶艺接待模拟

训练要求：

1. 全班 5 人一组进行分组，每组模拟茶艺接待模拟。
2. 一名学生扮演茶艺服务人员，一名学生负责拍摄视频，其余学生扮演宾客，进行模拟茶艺接待服务。
3. 小组间对比讨论找问题。
4. 教师点评各小组的茶艺接待服务，并选出最佳茶艺服务组。

任务七　会务服务礼仪

任务导入

开好一次成功的会议，良好的会议服务保障工作不可或缺。现代会议服务，不再只是端茶送水的简单劳动，文化、高科技设备的使用也渐渐融入其中。因而会议服务员应具备良好的服务意识，能熟练地利用信息化设备。

思考：

在会议服务过程中应遵循哪些原则？

任务解析

做好当前的会议服务工作，应把握好6个原则，即充分准备的原则、热情周到的原则、严密组织的原则、讲究礼仪的原则、确保安全的原则、厉行节约的原则。

会议接待服务是一种专门为会议、研讨会、活动和会议参与者提供的服务，旨在确保会议的顺利进行，并满足与会者的需求，同时为会议组织者提供支持。会议接待贯穿于整个会议流程，涉及的服务范围广泛，包括会前工作、会中工作、会后工作3个环节。每个环节都囊括了众多的接待内容和服务礼仪。

一、会议接待服务

（一）会前的准备工作

会前准备工作是保证会议顺利召开并圆满结束的前提和基础。会前准备工作较多较细，应一一落实，避免出现错误。一般会前将根据主办方的会议内容和主题，选择适合的会场。会议召开之前，必须确定参加会议的人员名单或者人员范围，协助主办方寄发会议通知。会议通知的内容要全，即会议名称、内容、范围、时间、地址都要一一列出，缺一不可。寄发通知时要做到“早、细、规范”。

1. 会议座次安排

会议座次十分讲究礼仪，座次安排以面门为上，以左为尊。正式会议必须安排座次，放席卡，以便与会人员对号入座，避免相互谦让。会议服务礼仪中应灵活掌握座次安排。对德高望重者，可适当往前排；对邀请的上级单位或兄弟单位来宾，其实际职务略低于主办方领导的，可安排在主席台适当位置就座。常见的会议座次安排有课桌式、回字形、商务条形3种。会议座次的选择会根据参会人数的多少来确定。

（1）课桌式座次安排。

当讲台领导人数为奇数时，首要领导要居中就座，按“左为尊”的原则，1号领导左手边为2号领导，右手边为3号领导，以此类推安排座位。甭管面对讲台还是观众席，在台上还是台下坐，就以首要领导的视角看，“他的左手边为2号领导，右手边为3号领导”，以此类推（见图4-35）。

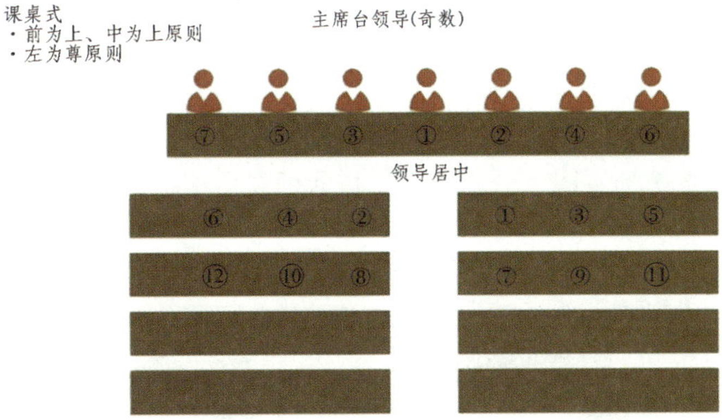

图 4-35　课桌式座次安排（1）

当讲台领导为偶数时，细分两种情况：一种为 1 号领导级别明显高于 2 号领导，则 1 号领导还是居中就座，其他领导还是以“左为尊”的原则安排座位（见图 4-36）。

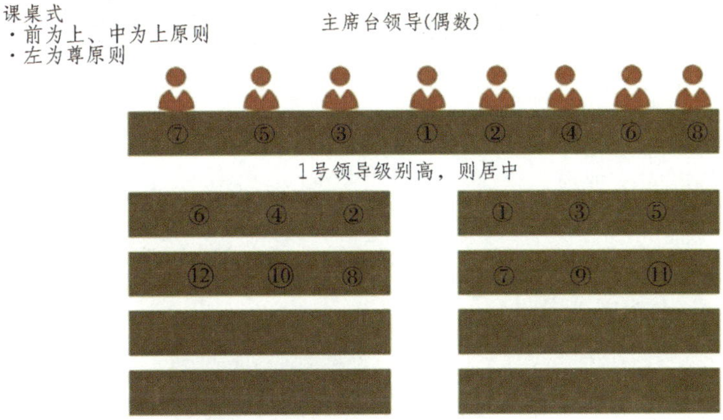

图 4-36　课桌式座次安排（2）

另一种是 1 号、2 号领导级别差不多，则两者居中，其他领导还是按顺序左右分布（见图 4-37）。

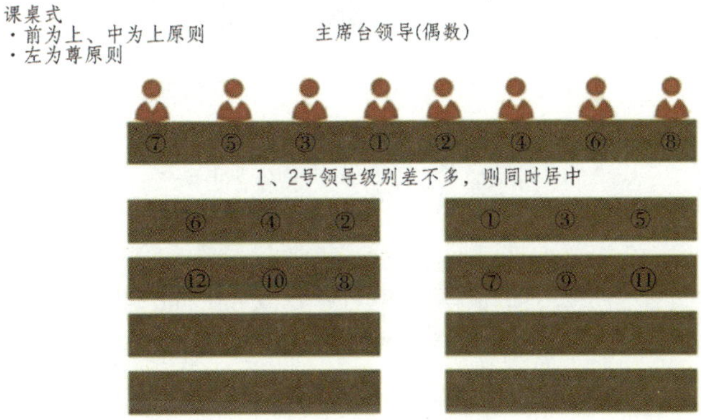

图 4-37　课桌式座次安排（3）

（2）回字形座次安排。

回字形也是以按“左为尊”的原则，如会议室有投影仪或白板，则领导的位置要正对投影仪幕布或白板，12 号、13 号座位可在左右两侧安排，不用闭环就座（见图 4-38）。

一般来说，在回字形会议桌上，主持人应坐在正中央，以便更好地控制会议的进程。其他参会者应根据身份的不同，分别坐在主持人的左右两边，从而使参会者之间形成一个对称的结构。

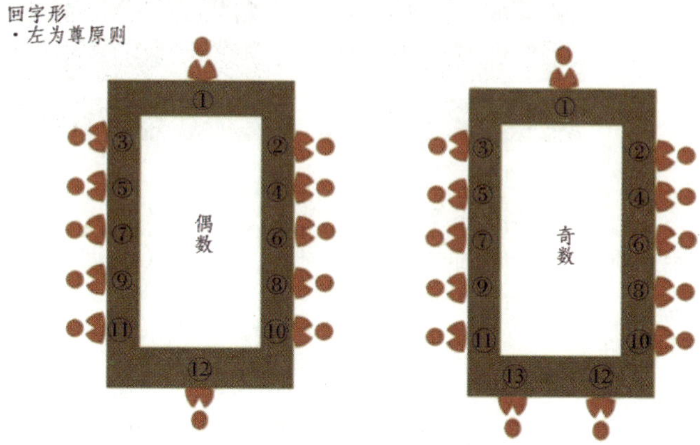

图 4-38　回字形座次安排

（3）商务条形座次安排。

商务条形座次其实和餐桌座位差不多，客位要远离门的位置，面对门（见图 4-39）。

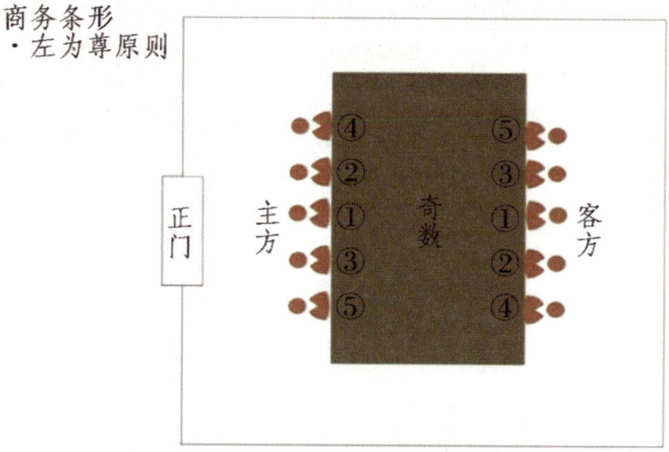

图 4-39　商务条形座次安排

2. 物品准备

（1）酒店的会议服务员必须按会议主办方要求的时间提前做好会前物品及会议服务的准备工作（见图 4-40）。根据要求，摆放名牌、茶杯、矿泉水，准备果盘、牙签、湿纸巾、抽纸、加热小毛巾等，所有的会议准备工作必须在会前 30 分钟内全部完成。

图 4-40　物品准备

（2）会场桌椅、茶杯、名牌等物品摆放要求整齐、规范，用尺子衡量，达到横对齐、竖对直的标准。

（3）提前 30 分钟备好开水。

（4）一律使用会议室专用茶杯，定期进行高温消毒（也可使用一次性纸杯）。

（5）茶杯放在参会人员的正前方，与参会人员保持 0.67 米左右的距离，杯与杯摆放的距离相等，摆放在一条直线上，杯把朝向右侧；矿泉水摆放时，牌子一律朝向参会人员。

（6）提前 30 分钟打开会议室门，进行室内通风，会前准备工作就绪。

（二）会中服务

1. 迎宾礼仪

（1）一般按照会议的规模性、重要性安排 2 名或 4 名服务员提前 30 分钟对称站立在会议室门口进行迎宾。服务员应化淡妆、身着礼仪服饰（旗袍）、面带微笑，主动向宾客点头问好。向宾客递钢笔，请宾客在签到本上签到。递钢笔时，应脱下笔套，笔尖对自己，将笔双手递上。如需要发放资料，也应礼貌地双手递上。

（2）会议服务员要熟悉会场内座次的摆放，可以引导与会人员迅速寻找到座位。

2. 倒水和递毛巾服务礼仪

（1）会议人员倒水时应面带微笑，动作要轻、稳。

（2）倒水时，服务员站在客人右侧，用中指与无名指夹起杯盖，拇指与食指托起杯把，侧身站在参会人员的右后侧，杯子倾斜 45°，倒 8 分满即可。

（3）倒水的先后顺序要先客人后主人，如在一个单位内要先领导后其他人。

（4）在有茶几的接待室内进行倒水服务时，不要臀部正对着客人，应侧身对客人屈腿倒水，饮料要当着客人的面打开。

（5）会议服务员行走时要轻、稳，不能让鞋与地面磨出声响，以免影响会议的进行。

（6）小毛巾应在会议召开前10分钟摆好，并放在统一的小托盘里。一般可在休会期间更换新的小毛巾。更换时，不要用手直接接触已经消毒好的毛巾，要使用夹子将毛巾放入托盘，送至客人跟前摆放整齐。

3. 上果盘服务礼仪

（1）按照会议人数的要求准备水果，一般是 2 人一盘。每个水果盘内的水果不要超过2种，水果要洗净，摆放时将光洁美观的一面朝上。水果要搭配摆放，颜色岔开，带皮的水果一起摆放。一般尽可能选择小巧易吃的水果。

（2）如果是大型水果，事先应切好备用，备好牙签。使用前，要用透明塑料膜包裹，既能保鲜，又能防落灰尘。

4. 添加茶水

（1）时间控制在 15~20 分钟一次。夏季和冬季客人喝水频率不一，可根据会场人员的需要灵活掌握，但是倒水的时间不能过于频繁，以免影响会议的正常召开。

（2）添加茶水的顺序和初次倒水的顺序一致。

5. 物品补充和更换

（1）会议中烟缸内有3个烟头就要更换。更换时，要用干净的烟缸替换脏的烟缸，先将脏的烟缸撤回，再把干净的烟缸放回原处。

（2）会场休息时要及时更换毛巾、湿纸巾，补充水果，将水壶的水蓄满，并将会议桌面上的杂物清理干净。

6. 特殊需要

（1）会议服务过程中经常会遇见宾客有临时的服务要求，要注意观察的眼神、举动。服务员可上前略欠身体轻声问道："您好，请问您有什么事情……"（如要求换杯清水、空调温度调低点、喝浓茶、传递手表等）"……好的，您稍等……"

（2）对宾客在会议期间提出的一些要求，能办到的不能推诿拒绝，尽力去完成；不能完成的要如实、合理地向客人解释。

（三）会后工作

1. 送客礼仪

会议结束后，会议人员应提前站在门口顺门把方向站立，送宾客。

2. 检查工作

（1）检查宾客是否有遗留物品，如有，应保存好，并通知宾客。

（2）检查有无烟头洒落，如有，应及时清理。

知识拓展

会议接待服务中的操作技能

一、毛巾的叠法

小毛巾的叠法应该依据小托盘的形状大小而定，一般使用较多的是长方形的纯白色瓷器小托盘。毛巾的叠法如图 4-41 所示。

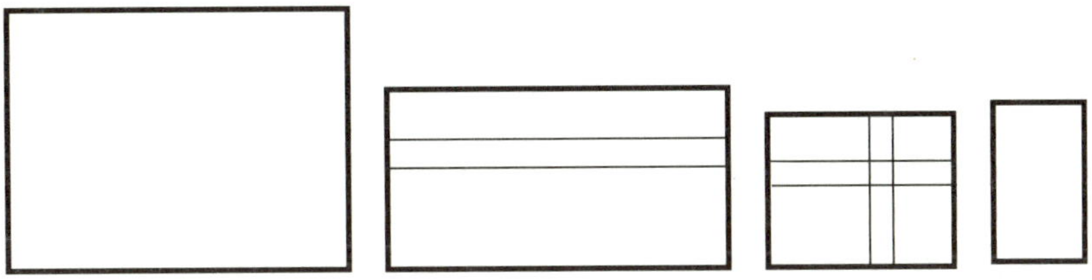

图 4-41　毛巾的叠法

二、选择茶叶的技巧

夏季使用绿茶，冬季使用红茶，其他季节可以使用花茶。茶水不宜太浓。

二、签字仪式

（一）签字准备礼仪

酒店工作人员应按签字仪式的礼仪规范和签字双方单位的基本情况合理地进行签字场地的布置，具体要求如下：

（1）对于重大的签字仪式，应该布置专用的签字厅。一般情况下，没有专用签字厅，也可以临时用会议厅、会客室来代替。签字厅内铺上地毯，除了签字用的桌椅外，其他陈设都不需要。

（2）通用的签字桌是长型桌，桌子上一般铺深绿色的台呢。铺台呢时要注意平整，台呢四边要自然下垂，前边下垂长度离地面 10~20 厘米。

（3）签字桌横放在室内。签字桌后面可以放两把座椅，供签字人就座。签署多边合同时，一般仅放一把座椅，供各方签字人轮流签字时就座，也可以给每位签字人都提供一把座椅。签字人一般面对正门就座。

（4）签字桌上需要事先放好需要签署的合同文本和签字笔、吸墨器等签字文具。合同文本需要用白纸印制，按大 8 开的规格装订成册，并以高档质料，如真皮、金属、软木等作为封面。

（5）签字桌的正后方，最好挂上“××签字仪式”字样的条幅或背景布，上面标明签字各方名称。条幅按惯例是红底白字或黄字，而背景布一般以蓝底为多，有时也可以加上其他图案，如项目合作图，而字的颜色白、黄、红均可。

（6）签涉外合同时要在签字桌上插放各方的国旗。各方的国旗插在该方签字人座椅正前方。

（7）如果安排致辞，则可以在签字桌的右侧放置发言席或落地式话筒。

（二）签字现场礼仪

签字仪式是签署合同的高潮，它的时间不长，但程序规范，现场庄严、隆重而热烈。酒店工作人员在签字现场的礼仪要求如下：

（1）签字仪式是非常正式的商务活动，礼仪人员可穿酒店的工作制服，也可以穿着旗袍一类的礼仪性服装。

（2）签字仪式如需使用香槟，应开始前半天把香槟酒放到冰箱里使之凉透。开香槟酒时，注意开瓶的动作要规范、优雅；提前 5 分钟开瓶即可。签字仪式即将结束时由 2 名或 4 名礼仪人员，端着香槟酒站在签字台两端的适当位置等候。

（3）签字结束，签字人起身握手时，服务员应立即从主人和主宾处分别向两端宾客依次递上香槟酒，随即以标准站姿站立，随时准备收起宾客的杯子。

（三）签字结束礼仪

签字结束后，大量嘉宾和宾客相继离开签字场地，酒店工作人员也应积极做好后续的礼仪服务工作，具体如下：

（1）签字仪式结束后，酒店服务员应第一时间打开签字室的门，按照标准的礼仪站姿，站在签字场地的出口处，向离开的嘉宾道别。

（2）嘉宾离开后，返回到签字现场，检查是否有宾客遗落的物品。若有，应及时将遗落的物品进行报告和保管，等待宾客回来领取。

（3）记录并总结此次签字仪式礼仪的亮点和不足之处。

[同步案例 4-4]

“签字风波”

今天是我国 A 公司与法国 B 公司经多次谈判后达成协议，准备正式签字的日子。我国 A 公司负责签字仪式的现场准备工作，公司将位于总部七楼的大会议室作为签字现场，并在会议室摆放了鲜花，在长方形签字桌上铺设了深绿色的台布，还在签字桌上摆放了两国的国旗。法国的国旗放在签字桌左侧，中国的国旗放在右侧，签字文本一式两份放在黑色塑料的文件夹内，签字笔、吸墨器等文具分别放置在两边，将会议室空调温度控制在 20℃。办公室陈主任亲自检查了签字现场，觉得一切安排妥当，便让办公室刘秘书通知公司董事长、总经理等签字人员在会议室等待，自己到楼下准备迎接法国 B 公司的相关人员。

上午 9 点，法国 B 公司总经理一行人乘坐轿车，准时驶入我国 A 公司总部办公楼。陈主任一边引导宾客进入大厅，来到电梯口，一边告知宾客，董事长在会议室等待。电梯到达七楼后，陈主任按住电梯控制开关，请客商先出，自己后出，然后引导宾客到会议室。在会议室等待的我国 A 公司的签字人员在宾客进入会议室时，马上起立鼓掌欢迎，刘董事长急忙从座位上站起，主动与对方宾客握手。不料，法国 B 公司签字人员在扫视了会议室后，似乎非常不满，不肯就座，好像是临时改变了主意，不想签字了。这是怎么回事呢？

资料来源：关于国际商务谈判中的签约礼仪[EB/OL].（2022-05-02）[2023-09-15]. https://wenku.baidu.com/view/804a4c4e081c59eef8c75fbfc77da26925c596c4.html?_wkts.

案例分析：原来，中方的工作人员在签字桌上摆放中法两国国旗时，误以中国的传统做法“以左为上”代替了目前所通行的国际惯例“以右为上”，将中方国旗摆到了签字桌的右侧，而将法国国旗摆到签字桌的左侧。结果让法国公司人员不满，他们甚至因此拒绝进入签字厅。这场风波经过调解虽然平息了，但它给了人们一个教训：在商务交往中，对于签约的礼仪不可不知。

知识拓展

科技型大屏电子签约有哪些好处？

1. 实时显示签署过程：大屏幕签约可以将签署的流程及具体步骤实时呈现到大屏幕上，让参与者能够直观地了解当前签署进度和状态，增强参与感。

2. 签署效率更高：通过大屏幕签署，签署方可以直接在电子设备上在线签署文件及合同，大大缩短了传统签署方式所耗费的时间和人力。

3. 降低纸质文件使用量：采用大屏幕签约，签署的文件及合同可以完全进行电子签名和存储，达到节省资源和保护环境的效果。

4. 使用方便简单：大屏幕签约操作简单，签署方只需要在电子设备上一个个点击确认即可完成整个签署过程。

5. 保障安全性：大屏幕签约采用最先进的信息技术手段加密保证文档的安全性和可靠性，以保护签署方各种信息不被泄露。

6. 签署记录可跟踪：大屏幕签约可以完全进行电子化存储，所有签署记录均可跟踪和查询，方便后续审批和管理。

7. 增强活动体验：采用大屏幕签约，可以增加现场互动性，提高参与者的体验感，增强签约仪式的观赏性。

任务实施

请柬发出后

某酒店定于某月某日在酒店会议厅举行优秀员工表彰大会。事前已发出请柬邀请酒店集团的相关领导到会参加。请柬上注明了表彰会的时间和地点。表彰会当天，几位酒店集团的领导提前来到酒店会议厅，但此刻酒店会议厅的会场布置不像开表彰会的样子。经询问会议厅负责人后才知道，表彰会改时间和地点了。几位集团领导感到莫名其妙，一气之下离开了酒店。事后得知，造成此事件的原因是秘书工作人员的疏忽，以及酒店领导在此事的监督上也不到位。

思考：

在案例中，该酒店既是会议的组织者，也承担着本次会议的服务工作，怎样做才能避免类似事件的发生呢？

思考练习：

1. 想要成功安排一次会议，会前应该进行哪些准备工作？
2. 饮用香槟酒常常作为签字仪式成功的标志，请收集了解香槟酒礼仪知识。

技能技巧训练：

某五星级酒店与某企业深度合作，欲共同打造酒店别墅群的建设与经营。双方经过前期的沟通和协调，现已达成最终的合作协议。双方商定于 2023 年 8 月 1 日上午 10：00 在该五星级酒店的会议厅举行“签字仪式”。

请你对此次“签字仪式”现场进行合理安排和设计。

要求：

1. 分小组自行准备“签字现场”所需物品，并按要求布置“签字仪式现场”。
2. 注意签字仪式现场礼仪的规范性。

项目五

谦和雅韵 万游无忧

知识目标

1. 了解旅游接待礼仪的概念；
2. 掌握旅行社门市接待礼仪的步骤和服务规范；
3. 了解导游服务礼仪的概念；
4. 掌握导游带团各阶段服务礼仪要求；
5. 了解旅游商品导购礼仪的基本内容；
6. 掌握旅游商品导购员的导购技巧和礼仪。

能力目标

1. 能为客人营造舒适的旅游接待环境；
2. 能运用正确的礼仪规范进行旅游接待；
3. 能够运用技巧树立良好的第一印象；
4. 能够具备良好的语言修养；
5. 能正确地与客人进行交谈。

素养目标

1. 培养学生的爱国情怀，使其热爱祖国、关注国家发展，自觉维护国家形象；

2. 弘扬工匠精神，让学生明白旅游接待工作需要注重细节和服务质量的精神；

3. 增强文化自信，让学生认识到本土文化的独特性和价值，从而更好地向旅客展示和传播中国文化。

任务一　旅行社门市接待礼仪

任务导入

一位客人来到一家旅行社门市，咨询一项复杂的跨国旅行套餐。客人表示，他希望旅行的行程能够尽可能地满足他的个人兴趣和需求，并且他对服务和住宿质量有很高的要求。接待员小李热情地接待了这位客人，并耐心地询问了他的具体需求和偏好。小李根据客人的需求，用简洁明了的语言向客人介绍了一些符合要求的旅行套餐，同时详细解释了每个套餐的特点和优势。在客人有些犹豫时，小李又拿出一些成功的客户反馈和评价给客人看，以增强客人的信心。同时，小李还向客人展示了一些旅游目的地的新颖活动和景点照片，以激发客人的兴趣。最后，客人选择了一个旅行套餐。小李便帮助客人完成了预订流程。预订完成后，小李向客人表达了感谢和祝福，并提醒客人旅行中需要注意的事项。

思考：

1. 如果你是客人，你会如何评价小李的服务和接待礼仪？
2. 这个案例对于旅行社管理或服务提供了哪些实用的建议或启示？

任务解析

这个案例展示了小李作为旅行社门市接待员的专业素养和良好的接待礼仪。小李的热情接待、专注介绍、巧妙回答问题和礼貌地告别等行为，都给客人留下了深刻的印象。具体来说，小李在接待客人时表现出热情友好的态度，主动询问客人的需求并关注客人的反应。在介绍旅行套餐时，小李能够根据客人的需求和偏好进行有针对性的推荐，并且能够用简洁明了的语言解释每个套餐的特点和优势。

当客人犹豫不决时，小李能够提供一些成功的客户反馈和评价来增强客人的信心，并且还能够提供一些新颖的旅游活动和景点照片来激发客人的兴趣。此外，小李能够在预订完成后向客人表达感谢和祝福，并且还能够提醒客人旅行中需要注意的事项。

通过这些行为，小李展示了旅行社门市接待员应该具备的专业素养和良好的接待礼仪，这有助于提高旅行社的业务水平和客户满意度。

旅游业的迅速发展，使旅游市场的竞争更加激烈，作为旅游媒介的旅行社要在竞争中立于不败之地，除了生产有形的旅游产品外，更要不断提升服务的质量。建立起旅行社的专业形象，提供热情、周到的服务，使客人感受到尊重和舒适。良好的接待礼仪能够提高客户满意度，增强客户忠诚度，从而促进旅行社业务的发展。

一、旅行社门市

旅行社门市是旅游者与旅行社第一次面对面“亲密接触”的地方，是旅行社给旅游者留下“第一印象”的地方。旅行社门市的主要功能是招徕游客并提供咨询、宣传等服务，一般设立在方便旅游者出入的公共场所，能一眼看见有旅行社的名称和营业部字样的标识，并具备直线电话、传真、电脑等必要的办公设备和与设立社联网的条件。

二、旅行社门市接待礼仪

门市接待是旅行社的重要业务之一。它是游客整个旅游活动的第一步，能为旅游产品增值，影响后续旅游环节的顺利进行。因此，服务礼仪在旅行社接待中有着十分重要的作用：一是可以很好地体现旅行社工作人员的综合素养；二是可以让旅游者感受到“被尊重”；三是可以为旅行社带来更多的回头客。

（一）旅行社门市接待人员的基本素养

1. 礼貌礼仪

旅行社门市接待人员应该具备良好的礼貌礼仪，包括衣着整洁、言谈举止得体、微笑服务等，给客户留下良好的第一印象。

2. 服务态度

旅行社门市接待人员应该积极主动、热情周到地为客户服务，关心客户的需求和意见，并尽可能地提供帮助和建议。

3. 专业素养

旅行社门市接待人员应该具备足够的专业素养，能够根据客户的需求和旅游目的提供专业的旅游建议、方案，并对旅游线路、旅游产品等内容有深入的了解和认识。

4. 沟通技巧

旅行社门市接待人员应该具备良好的沟通技巧，能够与客户进行良好的沟通和交流，了解客户的需求和意见，并尽可能地解决客户的问题和疑惑。

5. 礼仪细节

旅行社门市接待人员应该在接待过程中注重细节，如及时给客户倒水、递名片、送礼品等，让客户感受到热情和关怀。

6. 保护隐私

在接待过程中，门市接待人员应该尊重客人的隐私权，不要向其他人透露客人的个人信息和旅游计划等信息。同时，要注意保护旅行社的数据安全。

（二）营造舒适的接待环境

1. 布置温馨的接待环境

旅行社门市的选址一般都在人流量相对较大的地方，如机场、车站、码头、市中心等。外面的环境相对嘈杂，所以旅行社门市接待环境更应该高要求：环境卫生要整洁、布局摆放要合理，装修氛围要温馨，室内温度要适宜、设施设备要齐全。展台要美观、整洁、干净、有序，摆放一些旅游宣传资料和景区照片等，让客人可以自由翻看。

2. 提供舒适的座位

门市接待时应该提供舒适、干净、易于进出的座位，让客人可以在舒适的环境中等待咨询或办理业务（见图 5-1）。

图 5-1　温馨的接待环境

（三）建立良好的沟通氛围

1. 提供旅游咨询服务

应向客人提供专业的旅游咨询服务，在接待过程中，要积极帮助客户解决问题和回答疑问，并关注客户的需求和意见。帮助客人了解旅游线路、景点情况、行程安排等信息。门市接待人员应该具备专业的旅游知识和经验，能够为客人提供有用的旅游建议和服务，让客人感受到专业的服务。

2. 销售旅游产品服务

主动询问客人的需求和意见，要懂得预测和判断客人的心理需求，取得其信任；旅行社要不断开发创新旅游产品，主动向客人介绍旅行社的服务和旅游线路，帮助客人了解旅游产品的特点和优势；适时地向客人推销旅游产品，并尽可能地满足客人的需求。

知识连接

贵州红色旅游新名片——贵州长征数字科技艺术馆“红飘带”

红飘带是贵州红色旅游新名片，也必将成为贵州红色旅游经典名片。2019 年，贵州被确定为长征国家文化公园重点建设区。贵州将“红飘带”项目定位为长征国家文化公园贵州重点建设区的标志性、引领性工程，并以此作为推进长征国家文化公园建设的重要抓手和破题之举，建设全国第一个以长征为主题的全域行浸式数字科技体验馆（见图 5-2）。

“红飘带”是“长征国家文化公园建设保护规划”重点项目之一、长征国家文化公园贵州重点建设区标志性项目，也是首个以长征为主题的全域行浸式数字科技体验馆。紧扣文化和科技融合这一方向，以“地球的红飘带”为建筑主题，充分运用国内外前沿数字技术和声光电设备，以历史视角、战略视角、领袖视角、士兵视角等多重叙述角度，生动还原并展示红军长征在贵州的伟大史诗。

图 5-2　贵州长征数字科技艺术馆“红飘带”俯瞰图

“红飘带”项目用数字科技的语言向世界讲述长征故事，传承红色基因。项目立足中国传统文化属性与历史基因，将视野着眼于中国独特的红色文化体验，不忘初心，以科技艺术的手段讲述中国故事，科技艺术赋能红色文旅产业发展。立足于长征精神，运用最新的数字科技和设计理念，展开基于史实的文化创作，打造成为国际一流的红色文化体验场馆和优质爱国主义教育载体。

“红飘带”项目作为长征国家文化公园重点建设区的龙头项目，将引领贵州乃至全国红色文旅品牌的整体升级。同时，还为全国范围内开展红色革命文化教育、培养下一代爱国主义情怀提供了全新的资源与场域，对贵州民族特色文化强省和旅游强省建设，打造世界级旅游目的地，具有重要的意义。

举世闻名的长征，是中国工农红军在中国共产党的领导下，谱写的团结战斗的光辉史诗，是中国革命史上的奇迹。翻开历史篇章，红军长征来到贵州，在这里留下了深刻烙印。

2021 年 2 月，习近平总书记在贵州考察时指出，当年长征时，红军在贵州活动时间最长、活动范围最广，为我们留下宝贵精神财富。

长征经过贵州的 61 个县，涉及全省 9 个市州，占全省 88 个县（市、区）的 2/3 以上。“娄山关战斗”“遵义会议”“四渡赤水”“强渡乌江”……一次次重要的历史时刻，映射着共产党人强大的精神力量。

如果把长征比作一条红飘带，那么贵州在这条红飘带上，留下的色彩最为厚重，红色也成为“多彩贵州”最亮丽的颜色。黔贵大地升腾起一抹耀眼的红。

资料来源：王淑宜. 高质量发展调研行丨记者手记：红飘带，贵州红色旅游新名片[OL]. 天眼新闻，2023-10-23.

（四）旅行社门市接待礼仪的步骤

旅行社门市接待人员工作期间，不应和同事聊天，不接打私人电话，不应衣冠不整，不应上班吃东西等，应符合旅游服务礼仪规范标准。具体的门市接待礼仪有以下几个步骤：

1. 起身招呼

当有客人来门市咨询时，门市接待人员应立即放下手里的工作，起身站立加以迎接，双目注视客人并面带微笑，使用标准规范的问候语，如 “先生，您好”“上午好，二位”“欢迎光临”“请问有什么可以帮助您的吗”等。

对于比较熟悉的客人，称呼时应该在问候语前冠以对方姓氏，以表示对对方的尊重，为联络感情，应适当寒暄，询问近况，以拉近彼此的关系。

2. 引领与介绍

引领客人入座，问明客人身份和来意，并简单地介绍自己，以方便后续提供服务。

3. 奉茶或咖啡

根据不同季节准备热饮或者冷饮，接待人员要询问客人需要茶或咖啡还是其他饮料。为客人奉茶时，手部不要碰到杯沿，右手握在杯子中间，左手托底，如是多位客人要用托盘奉茶。奉茶时，按主宾—次宾顺序，如分不清对方身份，则按顺时针方向奉茶。摆放茶杯时应将手柄转动到方便客人取用之处，如是咖啡还要为客人准备齐全糖、奶、勺。

4. 交谈

礼貌地询问客人需要什么帮助，根据客人的实际需求合理推荐各种旅游产品。向客人推荐旅游产品时应该利用已有信息，做全方位的推荐，推荐内容不应单一，否则会引起客人反感，但也不能自己一个人滔滔不绝，要适时征求客人的意见。推荐方案应该多元化，推荐时语气、语速、语调适中，口齿清晰，内容突出明确，专业术语通俗化，尽可能回答客人提出的一系列问题。

客人对于旅行社安排的路线、活动内容有意见时，应该尊重客人的意见，合理修改以满足客人的需求。由于客观原因难以满足客人需求时，应耐心向客人解释，以求得客人的理解；不能漠视、厌倦客人的合理需求。

如果客人不能马上确定购买旅游产品，接待人员不能出现不耐烦的情绪，而应面带微笑表示欢迎下次光临，必要时请客人留下联系方式，方便适当的时候进行电话回访。

5. 结束交流送客

当客人决定回去后再思考时，表示客人有要离开之意，因此接待人员就不应该过分推荐，否则会让客人觉得有强买强卖之意，故应适时停止。

当客人欲起身离开时，应热情相送，不能因客人没有选择相应产品而面露不悦之色；同时应该感谢客人的光临，并表示希望其下次惠顾。一般应送客人至门市门口处。

（五）旅行社门市电话接待服务礼仪

（1）左手拿话筒：在与客户进行电话沟通的过程中往往需要做必要的文字记录，因此，接待人员应左手拿话筒，右手写字或操纵电脑，达到与客户沟通的目的。

（2）及时接听：门市接待人员在电话铃声响起后，应尽快接听电话（铃声不要超过 3 声），并使用标准规范的问候语，如“先生/女士您好！这里是××旅行社”，同时询问客户有什么需要帮助的地方。

（3）认真倾听：在与客户沟通时，门市接待人员应认真倾听客户的需求和意见，并做好记录。如果客户的需求与旅行社的服务范围不符，接待人员应委婉地告知客户，并表达感谢。

（4）详细介绍：门市接待人员在向客户介绍旅游产品时，应注意咬字清晰，语速、语音和语调正常，要耐心细致地和客人沟通，根据客户的需求和预算，推荐适合的旅游线路和产品，同时详细介绍旅游产品的详细信息、价格、行程安排等。

（5）明确回复：在客户询问或咨询旅游产品时，门市接待人员应明确回复客户，不要模棱两可或隐瞒事实，以免造成误解。

（6）礼貌道别：在通话结束后，门市接待人员应使用标准规范的语言礼貌道别，如“感谢您的咨询/预订，如有需要请随时联系我们”，同时等待客户挂断电话后再轻轻放下话筒。

（7）记录备份：对于客户的咨询或预订，门市接待人员应及时做好记录和备份，以便后续跟进和提供服务。

[同步案例 5-1]

一天，某旅行社接线员小王和往常一样坐在电话前接听前来咨询的电话，由于是旅游旺季，又是周末，所以打电话咨询的人比较多，弄得小王有些措手不及。这时，有一部电话的铃声响起，小王按照标准的接电话礼仪规范接听电话，在询问了几句之后，因为对方说的是方言，双方的沟通不是很顺畅，小王也有些不耐烦了。正在这时，又一部电话铃响起，小王见对方没有反应，就“啪”的一下挂断了电话，接起了另一部电话。说方言的客人被挂电话的声音吓了一跳，便选择了另一家门市进行咨询。

案例分析：

1. 耐心和敬业很重要：在接待工作中，无论遇到什么情况，都需要保持耐心和敬业精神。当户人使用方言时，小王可以选择多询问几句，或者请懂方言的同事帮忙，而不是因为沟通不顺畅就产生不耐烦的情绪。

2. 情绪管理很重要：在工作中，情绪管理是非常重要的。小王在挂断电话时没有考虑到对方可能会受到惊吓或者不舒服，这种行为会对旅行社的形象造成负面影响。因此，在面对压力和忙碌的情况下，应该学会控制自己的情绪，避免因为个人情绪而做出不利于工作的行为。

3. 服务质量很重要：旅行社门市接待是客人接触旅行社的第一道窗口，因此服务质量直接影响客人对旅行社的印象。小王的行为可能导致客人对旅行社产生不信任，从而选择其他竞争对手。因此，为了提高服务质量，应该注重细节，如语气、礼貌用语、接待流程等。

4. 改进和提升很重要：面对问题和失败，应该采取积极的改进和提升措施。例如，小王可以向同事或上级反映自己的困惑和难点，寻求帮助和建议，提高自己的接待能力和应对技巧。同时，旅行社也可以组织相关的培训和活动，帮助员工提高服务质量和职业素养。

任务实施

在一家旅行社的门市，一位游客走进来询问一项旅游产品的信息。门市接待人员小张见状，便迎上前去接待。然而，小张的态度却让客人感到不适。小张在回答客人问题时，一直低头看着电脑屏幕，没有与游客进行任何眼神交流。她的语气也显得不耐烦，甚至有些傲慢，让客人感到不受重视。客人接着询问了一些更详细的问题，但小张却表现得不够耐心，回答时也没有太多细节。她只是草率地回答了几句，便匆匆让客人去交款。当客人走到收银台时，小李虽然面带微笑，但是她的目光却一直盯着电脑屏幕，没有与客人进行任何眼神交流。在客人询问一些收银方面的问题时，小李的语气有些生硬，缺乏热情和耐心。最后，当客人离开旅行社时，小张也没有向客人道别或表达任何问候，只是面无表情地站在那里。

思考：

案例中，旅行社门市接待礼仪存在哪些缺陷？如果是你，你会如何做？

思考练习：

1. 如果你是旅行社的门市接待人员，如何通过接待礼仪让客人感受到热情、专业、周到的服务？

2. 在旅行社门市接待中，哪些因素会影响客人最终选择的旅行套餐？

3. 怎样通过接待服务礼仪提升旅行社的品牌价值和理念？

技能技巧训练：

模拟一个门市接待场景，扮演接待人员和客人两个角色，进行模拟练习。在练习中要注意以下几点：

1. 接待人员要注意自身的形象和职业素养。统一着装、整洁干净、专业自信的形象能够提升旅行社的形象和信誉。

2. 接待人员要保持微笑、热情、主动和亲切的态度，保持良好的情绪管理和应对能力，面对突发情况时能够冷静、专业地处理问题。

3. 接待人员要具备良好的沟通技巧和语言表达能力，注意语气、语速和语言的清晰度。

4. 接待人员要主动向客人介绍旅游线路、景点等旅游产品，并提供专业的建议和意见。

5. 接待人员要主动了解客人的需求和期望，并尽可能提供个性化的服务，让客人感受到旅行社的关心和贴心。

6. 接待人员要尊重客人的隐私和数据安全，避免泄露客人的个人信息和重要资料。

任务二　导游服务礼仪

导游服务礼仪

任务导入

导游小王带领一个来自国内的旅游团参观一个著名的古建筑。在游览过程中，小王热情地为大家讲解古建筑的历史和文化背景。然而，一名游客总是打断小王的讲解，并提出一些与景点无关的问题。

思考：

1. 小王该如何处理这种突发情况呢？
2. 导游如何通过加强团队管理来提高旅游团队的凝聚力和向心力？

任务解析

在这个案例中，导游小王遇到了一名喜欢打断导游讲解的游客。为了处理这种情况，小王可以采取以下措施：

保持冷静和耐心：小王需要保持冷静和耐心，不要受到游客的干扰，并继续为其他游客讲解。

私下交谈：在游览结束后，小王可以与这位游客进行私下交谈。在交谈中，首先肯定游客对景点的兴趣和关注，并感谢游客对景点的关注。随后，可以礼貌地提醒游客在讲解过程中保持安静，并尊重其他游客听讲解的权利。同时，也要表达出对游客提问的欢迎，并鼓励游客在恰当的时候提问。

提高讲解技巧：小王可以进一步提高自己的讲解技巧，使用生动、有趣的方式吸引游客的注意力。这样可以让游客更加愿意听讲解，并减少不必要的干扰。

加强团队管理：在旅游过程中，导游应该加强团队管理，组织好游客的游览活动。合理地安排和引导，可以减少游客间的互相干扰，并提高整体的游览体验。

提供个性化服务：对于喜欢提问的游客，导游可以提供个性化服务，给予更多的关注和耐心。在讲解过程中，适当调整语速、内容等，以满足游客的需求。

一、导游服务礼仪概述

作为旅行社的一线工作人员，导游人员提供的服务对整个旅游接待服务工作的成败起着至关重要的作用。旅游专家认为“一名好导游会带来一次愉快的旅游，反之，肯定是不成功的旅游”。为了强调导游人员的重要作用，国际旅游界将导游人员称之为“旅游业的灵魂”“旅行社的支柱”“参观游览活动的导演”。

导游服务礼仪是导游在为旅游者提供旅游服务过程中，应该遵循的尊重旅游者、提升旅游体验的行为准则和规范。它包括良好的仪容仪表、准确的讲解技巧、主动热情的服务态度以及尊重游客的宗教信仰、民族风俗和生活习惯等方面。其核心目的是创造一个和谐的旅游氛围，提高旅游者的旅游质量和满意度（见图 5-3）。

图 5-3　导游人员的风貌

二、导游服务礼仪在旅游业中具有重要作用

良好的导游服务礼仪可以提升旅游者的旅游体验，增强旅游者对旅游企业的信任和忠诚度，同时也可以提高导游人员自身的职业素养和形象。其重要作用主要体现在以下方面：

（一）提高旅游质量

导游人员是旅游者直接接触的对象，他们的服务态度和言行举止直接影响旅游者的心情和旅游体验。良好的导游服务礼仪能够让旅游者感受到尊重和关注，增强旅游者的满意度和忠诚度，从而提高旅游质量。

（二）树立旅游形象

旅游业是我国的窗口行业，导游人员是旅游业的代表，他们的一举一动都代表着旅游企业和国家的形象。良好的导游服务礼仪能够让旅游者感受到中国旅游业的优质服务和热情待客的传统文化，增强对中国旅游业的信任和好评。

（三）维护旅游秩序

导游人员是旅游团队的核心人物，他们负责协调和组织旅游活动。良好的导游服务礼仪能够让旅游者遵守旅游规定和秩序，保证旅游团队的顺利和安全。

（四）促进文化交流

导游人员是不同文化之间的桥梁，他们需要向旅游者介绍旅游目的地的文化、历史和社会背景等。良好的导游服务礼仪能够让旅游者更好地理解和尊重当地的文化、风俗习惯，促进不同文化之间的交流和理解。

三、导游服务礼仪的原则

（1）敬己原则：导游人员要自尊自爱，严格要求自己，以身作则，维护自身形象和信誉。

（2）适度原则：导游人员在服务中要掌握好尺度，做到言行举止得体、不过分，尊重旅游者的同时也要维护自己的尊严和权利。

（3）自律原则：导游人员要时刻保持良好的自我约束力，做到遵守旅游规定和秩序，不擅自离队、不随意更改旅游行程等。

（4）宽容原则：导游人员要有宽容的心态，能够容忍旅游者的不满或者脾气，并在适当的时候给予指导和帮助，对于旅游者的一些不当言论或者行为，要适时地进行提醒。

（5）诚信原则：导游人员要诚实守信，不欺骗旅游者，不进行虚假宣传，以诚信为本，树立良好的行业形象。

（6）平等原则：导游人员要平等对待每一位旅游者，不因旅游者的身份、性别、年龄等差异而给予特殊对待或不公平的待遇。

[同步案例 5-2]

××旅行社导游小王，长相出众、亭亭玉立，特别喜欢打扮，总是走在时代的前沿。一次，小王接了一个全是年轻女性的团队，当小王以特别出众的形象出现在这些年轻女游客面前的时候，让游客们瞬间黯然失色。在旅游的几天时间里，小王每天更换各种名牌，更是使这些女游客成为她的反衬者。虽然小王讲解生动，但总是无法很好地调动女游客的积极性，女游客也不太愿意跟她在一起，就连拍集体照都不愿意请小王帮忙。这让习惯了注重自身形象、习惯一身名牌的小王百思不得其解，有了些许失落。

案例分析：

1. 调整形象：小王可以适度调整自己的形象，避免过分打扮或穿着引起游客注意的服装。同时，要注意穿着得体、整洁，符合职业形象。

2. 关注游客需求：小王应该更加关注游客的需求和感受，尽可能地与游客建立友好的关系。在旅游过程中，可以适当与游客进行互动和交流，了解游客的兴趣爱好和文化背景，以便更好地为游客提供服务。

3. 提升讲解技巧：小王可以提升自己的讲解技巧，使游客更加了解旅游目的地的文化和历史背景，同时也可以提高游客的参与度和兴趣。

4. 加强团队管理：小王可以更加注重团队管理，确保游客的安全和秩序。同时，可以组织一些有趣的活动或游戏，增加与游客的互动，以增进友谊。

四、导游的服务礼仪

（一）树立良好的第一印象

导游人员的一举一动、一言一行不仅代表着自身的形象，代表着旅游企业的利益，更代表着一个地区甚至一个国家的颜面。

据调查，在人际交往中，视觉信号、声音信号、语言信号在整体印象中所占的比重分别为 55%、38%和 7%，可见视觉信号在人际交往中的重要作用。然而在视觉信号中，仪表给人留下的第一印象是最重要的。

（二）导游的仪容仪表仪态

导游的仪容仪表是旅游业中非常重要的一部分，良好的仪容仪表能够给游客留下美好的印象，提高游客的旅游体验，提升导游的职业素养和形象。导游的仪容仪表需要注意以下几个方面：

1. 发型

美丽从“头”开始，女性导游的发型要符合美观、大方、整洁、实用的原则，要与脸型、体型、年龄相协调。导游人员的发型应该是活泼开朗、朝气蓬勃、干净利落、稳重端庄的，切不可把头发染成红色、多色或夸张的颜色，不佩戴色泽鲜艳的发饰，要保持头发干净整洁，无异味和头皮屑。

2. 面部

导游的面容应该整洁、端庄、自然。男性导游应该经常剃须，保持面部清洁。女性导游可以适度化妆，要少而精，要强调和突出本身所具有的自然美部分，一般以浅妆、淡妆为佳，不能浓妆艳抹，还要避免使用气味浓烈的化妆品。

3. 口腔、鼻腔

个人保持口腔清洁是讲究礼仪的先决条件。导游人员在上班前不要喝酒，不要吃有刺激性的异味食物，避免口臭或异味，以免引起客人的反感。要经常清理鼻腔，修剪鼻毛。

4. 佩饰

导游可以适度佩戴一些佩饰，如胸针、手表等，但不要佩戴过多或过于昂贵的佩饰，以免让游客感到不适。

5. 着装

导游人员和游客一起活动，甚至比游客的活动量更大，也更加辛苦，因此服务应以休闲装为主。然而，导游毕竟是在工作场合，所以服装又不能只是一味追求舒适和方便，更不能一味强调自己的习惯，一定要注意自己着装的美观和标识的意义，注重着装对游客情绪的影响。也就是说，导游人员要把注重穿戴和追求工作质量结合起来，要注意着装的时间（time）、场合（occasion）和地点（place），也就是我们通常说的“TOP”原则。进入室内，男性导游人员应摘帽，男女导游人员应脱下大衣、风雨衣，不能戴太阳镜。

正确佩戴导游证，做到持证上岗、挂牌服务。

6. 仪态

导游人员坐、立、站都应端正、自然，不能懒散随便（见图 5-4）。

导游的仪容仪表仪态要体现出职业素质和形象，保持整洁、端庄、自然和朴素的特点，同时要符合旅游行业的规范和要求，为游客提供优质的旅游服务。

图 5-4　导游人员的仪态

（三）导游人员的接待礼仪

1. 接站礼仪

导游应提前 30 分钟抵达接站地点，手举接站牌，站在醒目的位置迎候旅游团；接站牌要正规、整洁，字迹大而清晰，尽量不要使用白纸黑字，会让被接者感到不受尊重；看到游客要主动上前委婉询问，简单介绍自己并致以问候。（见图 5-5）

图 5-5　接站礼仪

在步出迎接地点时，导游人员要主动为游客拎行李，但是游客手中的外套、提包或密码箱则没有必要代劳。导游人员在引导时，应主动走在外侧，请游客行走于内侧；在单行道行进时，导游人员行走在前面，使游客行走在我们的后面，以便为游客带路；在转弯或有楼梯时，导游人员要提前示意或提醒游客。引导时不要影响游客观赏的视线，且要按游客的步速行进。

游客上车时导游人员要恭候在车门旁，搀扶或协助老弱游客上车。游客登车后，导游人员才登车。上车后，导游人员应协助游客就座。待游客坐稳后，再检查一下行李架上的行李物品是否放稳，礼貌地清点人数，待游客到齐后再请司机开车。（见图 5-6）

图 5-6　恭候游客上车

导游人员清点人数时应五指并拢，以默数的方式进行清点，切勿用食指清点人数，更不能拿着导游旗清点人数，这样不仅会给游客留下不好的印象，也不礼貌。

2. 带团礼仪

（1）讲解礼仪。

①讲解内容准确顺畅。导游人员应熟悉业务，知识面广。讲解内容健康、规范，热情介绍，答复游客的提问或咨询耐心细致、不急不躁；对游客的提问，尽量做到有问必答、有问能答；对回答不了的问题，致以歉意，表示下次再来时给予满意回答；与游客进行沟通时，说话态度诚恳谦逊，表达得体，如“请您随我参观”“请您抓紧时间，闭馆时间到了”“欢迎您下次再来”等。（见图 5-7）

图 5-7　讲解礼仪

②讲解的诀窍。第一，填鸭式讲解不可取。游客不愿听导游人员的讲解，原因有许多：有的是疲劳太累，不愿听导游人员讲解；也有的是导游人员讲解水平很一般，提不起兴趣；还有的是导游人员给游客交流的时间太少，以及游客忙于自己的事情或在考虑问题等。游客不愿听讲解，导游人员首先要控制自己的情绪，并分析原因，然后再根据具体情况对症下药。游客自感疲劳太累，导游人员则应给游客一定的休息时间，有时在旅途中也要让游客抓紧时间注意休息。此时，导游不要过多讲解介绍。若是游客对导游人员有意见，导游人员则要及时调整讲解内容，既突出重点，又不啰唆，努力把导游词讲出新意和特色，以此来激发游客的联想和兴趣。若是游客的交流时间太少，导游人员在安排游览项目时则要稍微放宽松些，给他们适当的交流时间。若游客在忙于个人事务

以及考虑自己的问题，导游人员就不要去打扰他们。

第二，导游讲解要精彩。景点讲解是导游人员的重头戏，也是游客较为看重的旅游产品之一。为此，讲解好景点，让游客高兴满意是极为重要的。导游人员要在控制时间的基础上，有效运用各种导游技巧，突出重点，讲出新意。

在景点讲解中，导游人员要根据不同的对象和文化层次，因人而异地选择好讲解内容。游客层次高导游人员要讲得深一些，游客层次低导游人员要讲得浅一点，通俗一点。在运用导游技巧上也是如此。比如对一般的游客，导游人员可多一些虚实结合法、问答法、借用故事法、拟人比喻法以及活用数字法等。而对层次较高的游客可运用画龙点睛法、制造悬念法、设置疑问法、巧妙穿插法以及含蓄幽默法等。

导游人员在讲解前，首先要有意识地“占领”最佳位置，面向游客面带笑容，既不要靠游客太近，也不要离游客太远，大约离游客 1 米即可。导游人员的语音大小高低要根据当时的环境而定，手势的幅度不要过大，也不宜过多，讲解的景点空间距离也不要跨越过大。

第三，观念不同莫强求。在旅游过程中，导游人员所宣传讲解的观点和内容与外国游客持有的观点发生矛盾和分歧，这属于正常现象。其原因是多方面的，有国情的不同，有东、西方文化上的差异，也有意识形态领域的不同等。

有上述情况时，导游人员要改变游客在其本国所接受的教育以及长期形成的观点是非常困难的，游客自然也不可能说服导游人员。这时就要避开不同点，寻求共同点，要尽量回避上述几个不同而造成的隔阂和摩擦，力争互相谅解，千万不可强求。

第四，打扰讲解要冷静。导游人员在讲解时，有个别游客会打扰导游人员的讲解，此种现象的出现无非有几种原因：一是有个别游客喜欢在众人面前炫耀自己的学问；二是游客对导游人员所讲的内容持有不同意见和观点；三是导游人员所讲内容和知识确实存在问题；四是游客知道的内容要比导游人员讲得多并且更丰富。

如果导游人员在介绍景点时遇到有个别游客打扰你的讲解时，此刻，导游人员最好冷静想一想或认真分析一下情况，若来不及细想和分析，不妨采用“先人后己”的办法，即可以先让那位游客暂时作为一名“讲解员”。游客讲解得不好也没关系，在他讲解完后，导游人员再给予补充。当然，要尽量肯定和赞赏游客讲得好，讲得合理和有特色的地方。如果游客讲解得很精彩和有水平，那么，导游人员就要放下架子好好地向人家学习。必须注意的是：导游人员切忌让游客反客为主，自己要牢牢把握住整个旅游团队的主动权。让游客临时讲解一下景点内容的目的在于缓和一下尴尬的场面，而绝不是被极个别游客牵着鼻子走，更不能让他来控制整个团队。

若是游客对导游人员所讲内容持有不同意见和观点，导游人员也用不着与游客争执，更不要翻脸，而是在求同存异的基础上，个别地、友好地与其交流、探讨，相互取长补短。要知道旅游团队的核心和灵魂是导游人员，如果导游人员失去了应有的作用，那团队也失去了实际的意义。

③讲解时的注意事项。讲解时，导游人员应该背靠车辆站立讲解（见图 5-8）。旅游车上高速时，导游人员应坐在车辆前排侧身讲解，以能见到每一位旅游者为合适。

使用话筒时，切忌向话筒吹气或用手拍话筒来试音，而应以问候的方式来询问客人音响效果和音量是否适度。话筒不宜离嘴边太近，太近容易引起杂音。

在讲解时，如果电话响了，必须要接听电话的情况下，导游人员要先向游客道歉并关闭话筒，再接听电话。

在景点进行现场讲解时，应做到声音洪亮，语言生动，原则上不用喇叭。为了兼顾全团成员，要站在团队的中央并能照顾到每一位游客观赏景物的位置。

图 5-8　沿途讲解

（2）一视同仁、微笑服务、积极向上。

导游人员要始终坚持主动热情地对待每一位旅客，做到一视同仁，不能厚此薄彼，同时要跟游客保持适当的距离。

导游人员要多向旅客提供微笑服务、细致服务，使旅游客对导游人员产生亲切感。当然，导游人员的微笑一定要是发自内心的、真诚的微笑，切忌假笑、冷笑、皮笑肉不笑。

导游人员还要善于与旅客沟通情感，与他们建立友情。要多干实事，少说空话，做到言必行、行必果，做到处事不惊、果断、利索，给旅客以安全感。

除此以外，在带团的过程中，还要注意几个问题：一是不要随便单独去游客的房间，更不要单独去异性游客的房间；二是不得携带自己的亲友随旅游团活动；三是不与同性外国旅游团领队同住一室；四是导游带团喝酒的量一定不能超过自己酒量的 1/3。

[同步案例 5-3]

某旅行社的导游小张接待了一个来自不同国家和地区的旅游团。游客们有着不同的文化背景和旅游需求，这让小张受到了挑战。尽管如此，小张还是尽职尽责地为大家提供服务。

在旅游过程中，小张对待所有游客都一视同仁，无论是来自哪个国家的游客。他为每个游客提供相同的服务和关注，不偏袒任何一方。

小张一直以微笑服务为准则。他认为，微笑是一种世界性的语言，能够拉近人与人之间的距离，增强人与人之间的信任。因此，无论遇到什么困难或挑战，他总是保持微笑，用亲切的语言、热情的态度来与游客沟通和交流。

在旅游团中，有一个来自美国的女士，因为身体不适而晕船。小张得知情况后，在行程中给予她更多的关照和休息。此外，他还主动向这位女士表达歉意，因为行程中的一些活动可能会让她感到不适。小张的关心和微笑让这位女士非常感激、感动。

还有一个国内家庭，带着一个小孩。小张看到后，主动走到他们身边，帮助他们安排座位和行李，并为他们提供了更加舒适的旅游体验。当小孩哭泣时，小张还主动安慰和照顾他，让这个家庭感受到了无微不至的关怀和温暖。

案例分析：这个案例告诉我们，导游人员要时刻让游客感受到尊重和关心，从而提高游客的旅游体验。小张做到了以下几点：

1. 职业素养：导游小张展现了高度的职业素养，他对待每一位游客都一视同仁，不论其来自哪个国家或地区。这说明他具备了公平公正的原则和良好的道德品质。在工作中，我们应该秉持公平公正的原则，不偏袒任何人，尊重每一个人。

2. 跨文化交流：这个案例中，导游小张面对来自不同国家和地区的游客，他展现出了良好的跨文化交流能力。这提示我们，在面对不同文化背景的游客时，我们需要有开放的心态，尊重他们的文化习俗，并提供适当的帮助。

3. 服务意识：小张以微笑服务为准则，用亲切的语言、热情的态度与游客沟通和交流。这表明他具备了强烈的服务意识，能够设身处地为游客着想。我们应该培养自己的服务意识，不仅在言语上，更要在行动上让游客感受到我们的关心和热情。

4. 解决困难：当游客遇到晕船等困难时，导游小张安排游客得到更多的关照和休息，这表明他具有较强的应变能力和解决问题的能力，能够在紧急情况下迅速做出决策。我们也应该培养这种应变能力，以便在工作中遇到问题时能够冷静处理。

5. 旅游业的可持续发展：游客来自不同的国家、属于不同的阶层、拥有不同的文化背景，但导游小张通过一视同仁和微笑服务，让游客得到了公正和公平的待遇。这体现了旅游可持续发展的理念，即通过优质的服务和公平对待游客，来保持旅游业的长期稳定发展。

3. 送团礼仪

在陪游客度过愉快的行程之后，就要送旅游者返回温馨的家了。那么送团的时候，又有哪些需要注意的礼仪礼节呢？

一般情况下，导游人员不应保管旅游团的旅行证件，用完后应立即归还给游客或领队。

旅游者上车后、离开饭店前，导游人员要礼貌地清点人数，并得到领队的确认，要再次提醒旅客有效证件是否随身携带，有无遗漏物品等。

致欢送词应该情真意切，不能矫揉造作，也不能虚情假意。如果旅游过程中有什么没有做到位的地方，要礼貌地征求游客的意见，请他们提出宝贵的建议，并请求游客的谅解，弥补旅途中服务不足带来的缺憾。

当游客进入安检口或隔离区时，导游人员应与游客告别，祝他们一路平安，并欢迎他们下次再来。

（四）导游人员的语言技巧

导游人员的语言技巧是导游人员必备的素质之一。良好的语言技巧可以提高导游人员的工作效率和游客的满意度。通过不断提高自己的语言技巧，导游人员可以为游客提供更好的服务，树立良好的形象，并创造一个愉快的旅游体验。

沟通技巧：导游人员要善于与游客沟通，了解他们的需求和意见，同时要善于表达自己的意图和要求。导游人员要使用礼貌、友好、尊重的语言，避免使用生硬或冷淡的语言。

讲解技巧：导游人员在讲解景点、历史文化、民俗风情等内容时，要使用简单明了、正确且生动形象的语言，同时要注意声音的抑扬顿挫、语言的节奏和语气的变化，使游客更容易理解和记忆。

应变技巧：导游人员要善于应对各种突发情况，包括游客的投诉、意见和建议，以及不可预料的事件。导游人员要冷静、机智、果断地处理问题，避免与游客发生冲突或争吵。

幽默技巧：导游人员可以使用幽默风趣的语言来活跃气氛，缓解紧张情绪，增强与游客之间的互动。但是导游人员要避免使用过于粗俗或冒犯他人的幽默，以免引起争议或冒犯他人。

语言技巧：导游人员要掌握各种语言技巧，包括语音、语调、语速、停顿等，使自己的语言表达更加清晰、准确、生动、形象；同时要注意与游客进行互动和交流，增强游客的参与感和积极性。

知识拓展

场景 1：导游人员正在带领游客参观一个古老的城堡，他开始用神秘而低沉的声音讲解城堡的历史和传说：“在这个古老的城堡里，据说住着一位幽灵，他在这座城堡里游荡了几个世纪。有些人甚至声称曾经在这里目睹过这位幽灵。”导游人员用这种神秘、低沉的声音来吸引游客的注意力，使他们对这个城堡的历史和传说更加感兴趣。

场景 2：导游人员正在带领游客参观一家博物馆，他开始向他们介绍博物馆的背景和展品：“这个博物馆是 19 世纪末建立的，当时是由一位富有的收藏家创立的。他的收藏品包括各种珍贵的艺术品、历史文物和自然标本。现在，这个博物馆已经成为一个著名的文化景点，吸引了成千上万的游客前来参观。”导游人员用清晰、缓慢的语速来讲解这个博物馆的背景和展品，使游客更容易理解和记忆。

场景 3：导游人员正在带领游客参观一个自然保护区，他开始向他们介绍这个保护区的生态环境和野生动植物：“在这个保护区内，生活着许多珍稀的野生动物，如大熊猫、金丝猴、亚洲象等。这些珍稀动物都是保护区的重点保护对象。为了保护这些野生动物，保护区内实行了严格的环保措施，游客需要遵守相关规定和要求。”导游人员用简明易懂的语言向游客介绍了这个保护区的生态环境和野生动植物，同时强调了环保意识和游客的责任。

场景 4：导游人员正在带领游客参观一个城市的历史街区，他开始向他们介绍这个街区的文化和历史背景：“这个街区是这座城市最古老、最具历史文化价值的区域。这里的建筑风格多样，包括古罗马、中世纪等不同时期的建筑。每栋建筑都有着自己的故事和历史背景。在游览过程中，您可以感受到这座城市深厚的历史底蕴和独特的文化氛围。”导游人员用生动形象的语言向游客展示了这座城市历史街区的文化和历史魅力，使游客更加热爱和尊重这座城市的文化及历史。

（五）导游人员的言谈举止礼仪

1. 言谈礼仪

交谈内容要委婉含蓄，表达巧妙。涉及不愉快的话题要尽量避免，如无法避免则要注意措辞。与人交谈要善于倾听，要集中注意力，主动反馈，尊重对方的意见。坦率诚恳，切忌过分客气。尽管不同国家和地区的习惯有所不同，但基本原则是尊重和体谅对方。大方自然，避免扭捏腼腆、惊慌失措或心不在焉。交流中，顾全大局，不要冷落任何人。同时要诙谐幽默，避开矛盾的锋芒。

2. 礼貌用语

使用礼貌用语首先要求先态度诚恳，发自内心地尊重他人；使用敬语和谦语，以示尊重；根据不同场合和对象，灵活恰当地使用不同用语。

在接待宾客过程中，要努力做到声音优美、动听、语言标准、咬字清晰、音量适度，使人感到亲切自然。

3. 举止礼仪

合理利用日常交际礼仪，包括正确的称呼、握手、面带微笑、目视对方等，要展现自信、专业和热情。

游客，不是一般意义上的朋友，所以导游在工作期间与之不可太随便和亲热，为游客服务要有幽默感，但绝不能低级趣味；导游人员的仪表应清新、高雅，保持端庄优雅的风度，精神饱满、乐观自信、热情友好，努力使旅游者感到你是一位可信赖的导游人员；不亢不卑，恭而有礼，保持民族的尊严和荣誉，做到守时、守分、守法、守纪、守密；说话不模棱两可，办事既要沉着冷静，又要果断利索，出现紧急问题时要知道如何控制局面，要敢于承担责任，使旅游者有安全感；随时关心旅游者，了解他们的个别需求，并在“合理且可能”的情况下尽量给予满足。

导游服务礼仪是旅游业中不可或缺的一部分。导游人员应牢固掌握旅游业中的礼仪规范和技巧，提高旅游体验和服务质量。同时，也需要注意培养自己的跨文化交流能力、应变能力和团队协作精神等职业素养。只有这样，才能真正做到让每一位游客都感到满意和受到尊重，实现旅游业的可持续发展。

知识连接

“内外有别”的原则

在导游服务中，自尊自爱，不失人格国格，同时注意“内外有别”的原则，是非常重要的。以下是一些相关的建议：

1. 自尊自爱：作为一名导游，首先要自尊自爱，遵守职业道德和行为规范，保持良好的个人形象和职业素养。要有自信和自尊，不卑不亢，不自轻自贱，以得到游客的尊重和信任。

2. 不失人格国格：在服务过程中，要始终保持中华民族的传统美德和道德标准，不失人格国格。在任何情况下，都不能做出有损国家形象和尊严的事情，要维护国家的荣誉和尊严。

3. 注意内外有别：在导游服务中，要注意“内外有别”的原则。在与游客沟通和交流时，避免泄露内部信息或产生误解。

4. 尊重游客：在服务过程中，要尊重游客的信仰、文化、习惯等，避免因文化差异等原因引起不必要的冲突或误解。同时，要注意听取游客的意见和建议，及时改进服务质量和提升游客体验。

5. 保持中立：在导游服务中，要保持中立，不偏袒任何一方。对于游客之间的矛盾或纠纷，要客观公正地进行处理，维护旅游秩序和游客的合法权益。

总之，在导游服务中，自尊自爱，不失人格国格，同时注意“内外有别”的原则是非常重要的。只有始终保持职业素养和道德标准，尊重游客和他们的文化差异，保持中立和公正，才能获得游客的信任和支持，提升导游服务的质量和水平。

任务实施

某旅行社的导游人员接待了一个来自国内某城市的旅游团。在旅游团的首次集合地点，导游人员没有按时到达，也没有向游客给予任何解释或道歉。当游客自己组织起来并开始等待时，导游人员才姗姗来迟，并且没有对游客们的等待表示任何形式的关心或安慰。在接下来的行程中，导游人员也没有按照规定的礼仪规范进行服务，如没有向游客介绍旅游目的地的文化、历史和风俗等，也没有为游客提供足够的帮助和指导。

思考：

案例中导游人员的行为是否符合导游接待礼仪规范？他应该怎么做？

思考练习：

1. 假设你是一名导游，如何主动热情地接待游客？

2. 当你带领游客参观景点时，如何保持专业的讲解水平和适当的交流互动？

3. 解决问题和提供服务时，如何注重内外有别的原则，避免泄露内部信息或产生误解？

4. 假设你正在带领一个多语言游客的团队，如何处理不同语言之间的交流障碍，确保游客都能获得相同的旅游体验和服务？

技能技巧训练：

如果遇到游客对旅游计划或行程安排有不满或抱怨，你会如何处理和解决？请设计一个模拟情境，并展示解决策略。

任务三　旅游商品导购礼仪

导购礼仪

任务导入

小张是某旅游景区一家纪念品商店的导购员。一天，一个来自国外的旅游团进入了商店。一位游客对小张说："你好，我想买一个有特色的纪念品，可以帮我推荐一下吗？"小张热情地回答说："当然可以，先生。我们有很多有特色的纪念品供您选择。请问您对什么类型的纪念品感兴趣呢？"游客回答说："我喜欢有地域特色的纪念品，最好是可以长久保存的。"小张说："好的，我推荐您选择这款当地特产的木雕工艺品，非常有地域特色，而且可以长久保存。"游客听了小张的介绍，非常高兴地购买了木雕工艺品。

思考：

1. 旅游商品导购员如何将当地特色与旅游商品相结合，以增加游客的兴趣和购买欲望？
2. 旅游商品导购员在推荐商品时，需要考虑哪些因素？
3. 旅游商品导购员如何根据不同类型的游客需求提供个性化的服务？

任务解析

案例中，小张作为旅游商品导购员，通过以下礼仪和沟通技巧，成功地完成了销售任务：

热情接待：小张对游客热情接待，微笑着回答游客的需求。这种热情和友好的态度让游客感到舒适和受到欢迎。

倾听需求：小张仔细地倾听游客的需求，了解到游客需要一个有特色、可长久保存的纪念品。通过了解游客的需求，小张能够为游客推荐最适合他们的产品。

专业建议：小张对旅游商品非常了解，能够根据游客的需求给出专业的建议。在这个案例中，小张向游客推荐了具有地域特色的木雕工艺品，并介绍了其独特之处和价值。

礼貌送客：当游客离开商店时，小张礼貌地送别游客，并感谢他们的光临。这种礼貌、友好的态度让游客感到满意和愉快。

以上这些技巧能够帮助导购员更好地为游客服务，提高游客的满意度和忠诚度，从而促进旅游商品的销售。同时，旅游商品导购员也需要了解和熟悉旅游商品知识，以便能更好地为游客提供专业的建议和指导。小张在推荐旅游商品时，注意扬长避短、诚信待客，让游客感受到了被尊重和关注。此外，小张还具备一些地域文化知识，能够将当地特色与旅游商品相结合，增加游客的兴趣和购买欲望。

在旅游商品导购过程中，礼仪和沟通技巧是非常重要的。良好的导购服务，可以让游客感受到宾至如归的体验，从而促进旅游商品的销售。因此，对于旅游商品导购员来说，不断提高自身的礼仪素养和沟通技巧是非常必要的。

旅游购物是旅游六大要素“食、住、行、游、购、娱”中的一个重要部分，几乎占到了旅游消费的一半左右。都说商场如战场，在竞争激烈的旅游市场中，旅游商店要想立于不败之地，必须有一支高素质的导购团队。旅游商品导购人员只有掌握良好的导购礼仪，才能给顾客留下良好的印象。

一、旅游商品导购接待仪容规范

（一）发型发式

发型发式的选择，要考虑与脸型、身材、发质、发色、服饰等相适应、协调。

（二）面部修饰

男导购员注意面部清洁，女导购员应化淡妆。同一品牌店内，女导购员建议使用同一颜色的眼影。

（三）服饰选择

一般来说，旅游商品导购员要求按照所在品牌店要求穿好工装，其型号一定要合体、整洁，佩戴好工作牌。

二、导购接待礼仪的基本常识

（一）热情周到服务，一视同仁待客

旅游商品导购人员接待顾客时要真正用“心”，要以“情”见长，以“情”动人，以“真”感人，最重要的是这一切都必须出自真心，杜绝皮笑肉不笑，虚情假意，逢场作秀。在服务中，不能以年龄取人，不能以服饰取人，不能以性别取人，不能以职业取人，不能以地域取人。在顾客多的情况下，要做到手中接待先来者，嘴里照顾次来者，目光招呼后来者，要让顾客感觉到你时刻都在关心、关注着他们。

（二）诚意礼待顾客，服务以质见长

旅游商品导购员在迎客时应采取礼仪式站姿，引领顾客时应配以横摆式手势，切忌斜靠在墙或柜台上，无精打采。为顾客展示商品时，应双手递送，耐心地为顾客介绍商品的特点与功能。平时顾客不多时，导购员也应保持购物场所的安静，切忌高声叫喊，或三五成群地聊天、吃东西，也不能抽烟、看报、干私人的事情。另外，导购员之间的用语也要文明礼貌。

在与顾客交谈中，表情要自然、大方，要运用准确、规范、得体的语言，加之神韵、动作配合，多征询顾客的意见，耐心回答顾客的问题，显示出对每一位顾客的友善与尊重，自始至终保持微笑服务。

（三）为顾客排忧解难，积极促成交易

顾客进入商店后，如果需要帮助，导购员应及时、迅速、热情地为顾客解答疑问，排忧解难。若顾客只是随便浏览商品，不需要过多的服务，导购可以不打扰顾客，留在顾客视线可以看到的地方，等候顾客的示意。顾客对旅游商品有疑问时，导购员应耐心地为顾客介绍旅游商品的特性、功能、使用方法和优缺点，适当地给顾客提建议，当好顾客的购物参谋。

除此之外，顾客往往由于各自的背景、年龄、性别、职业和文化层次等不同而有着不同的心理特点和需求，这就要求旅游商品导购员熟悉商品特性和把握顾客心理，多与顾客进行交流和沟通，了解他们的需求，为其提供最适合的商品。当顾客存疑或摇摆不定时，导购员切忌强迫销售，应因势利导，找出问题所在，使用恰当的推销技巧化解顾客的疑问和犹豫，从而促成交易。即使顾客没有购买意愿，也应礼貌待客。

（四）礼貌送别顾客，期待下次光临

不管顾客是否购买旅游商品，在顾客离店时，导购员都应礼貌送客。顾客结账后，导购人员应将顾客所购买的商品包装好，双手递给顾客。顾客临走时，还应向顾客解说相关的售后服务及注意事项。顾客离开时，导购人员应把顾客送至大门，礼貌道别："谢谢您的惠顾!欢迎下次再来!"

旅游商品导购员在为顾客服务的过程中，不应肤浅、表面化、数量化地服务，而应质量化、系列化、规范化、标准化地服务。导购员的形象被塑造好后，不仅会让顾客感受到应有的尊重，而且还会使之在购买过程中有赏心悦目、轻松舒畅的感受，进而增加顾客选购的时间，进一步促成交易，久而久之就会使旅游商店得到较好的口碑效应，得到广泛宣传，进而能够吸引更多的顾客，成为一种无形的"品牌"。

[同步案例 5-4]

小陈是一家旅游商店的导购员，看到有旅游团进入商店，便立即热情地招呼顾客，但当她得知顾客来自某个山区后，很快就失去了推销商品的意愿。在看到顾客决定购买某一字画后，小陈又难以掩饰内心的激动，用规范的语言，不厌其烦地为这名顾客解答各种问题。当这位顾客结账后，她马上将目光投向刚刚进店的另一名顾客，随即走了过去。

案例分析：小陈需要提高自己的专业素养和服务意识，尊重每一位顾客，关注顾客的需求和购买行为，提供更加周到的服务。她做得不对的地方有以下几点：

1. 对顾客不够尊重：当小陈得知顾客来自山区时，她很快就失去了推销商品的意愿。这表明她对顾客的背景、需求缺乏尊重和理解，没有意识到不同地区的游客可能有不同的需求和购买能力。

2. 不够专业：在看到游客决定购买某一字画后，小陈难以掩饰内心的激动。这表明她没有保持专业态度，没有对顾客的购买行为保持冷静和关注，从而忽略了顾客的需求。

3. 服务不够周到：当这位顾客结账后，小陈很快就将目光投向另一名顾客，没有为这位顾客提供足够的服务。

在旅游商品导购服务中应做到以下两点：

1. 尊重顾客，小陈应该尊重每一位顾客的背景和需求，而不应该因为他们来自山

区而对他们的需求和购买能力产生偏见。导购员应该对每一位顾客热情、友好、尊重、一视同仁，并尽可能地为他们提供优质的服务。

2. 态度热情，守规矩：小陈作为导购员，应该遵守商店的规定和要求，不能将自己的个人情感带入工作中，要时刻关注顾客的需求和购买行为，为顾客提供热情、周到的服务。当顾客结账后，她应该主动与顾客道别并询问是否需要帮助，然后再将目光投向其他顾客。

知识连接

贵州红色旅游商品

贵州红色文化资源丰富、传统文化独具特色、民族文化多姿多彩。近年来，贵州红色旅游深受游客青睐，红色文创产品也正吸引着越来越多的关注，成为传播红色文化的重要载体之一。

在贵州的红色旅游景区，红军马灯书签、长征精神不疼盐袋、长征不怕远征难瑶族足浴包、小红军盆栽、思竹水韵保温杯、100 周年永恒笔、59 坦克模型摆件、那兔软胶手绳钥匙扣、那兔小团子毛绒玩偶等越来越多的文创产品让人目不暇接，红色文化渐渐变得鲜活生动起来，让游客感受到“红色文化+旅游”的独特魅力。这些旅游产品既能够承载我国的优秀传统文化内涵，又兼具实用性和时尚度，传递出红色文化和爱国精神（见图 5-9）。

习近平总书记在主持中共中央政治局第三十一次集体学习时强调：“红色资源是我们党艰辛而辉煌奋斗历程的见证，是最宝贵的精神财富。要用心用情用力保护好、管理好、运用好红色资源。”我们必须始终赓续红色血脉，把革命先烈流血牺牲打下的红色江山守护好、建设好。围绕这些要求，红色旅游必将在未来继续迈上一个新台阶。

贵州省委省政府提出将打造世界级旅游目的地的同时，还致力于打磨出更多的跨界联名文创产品，开发特色文化和旅游创意产品，立足红色文创产品领域，不断创新，吸引更多青年自发了解其背后的文化内涵和精神核心，让文创产品既能将长征文化与红色旅游深度融合，又能讲好长征故事，讲好中国人自己的历史与创新，不断丰富贵州红色文化。

图 5-9　贵州红色旅游商品陈列

导购在介绍红色旅游商品时应该遵循的原则：

1. 了解商品：在向游客介绍红色旅游商品之前，首先需要了解这些商品的特点、历史背景、制作过程等方面的知识。比如，红色刺绣、红色文化创意产品等，都有其独特的历史和文化背景。只有深入了解这些商品，才能更好地为游客介绍和推荐。

2. 专业知识：导购需具备相关的专业知识，包括旅游景点的历史文化背景、红色旅游线路的设计等，从而在销售旅游商品的同时，为客人提供丰富、准确的信息。

3. 诚信经营：导购应该秉持诚信经营的原则，不夸大宣传、不误导游客。实事求是地向游客介绍商品的优缺点，让其自主选择。同时，还应该遵守商业道德，不谋取不当利益。

任务实施

在一个旅游景区，游客张先生看到了一家纪念品店，里面展示了许多当地的特色商品。他进入店铺后，热情的店员小李立刻迎了上来。小李非常耐心地为张先生介绍店里的各种纪念品，包括当地的特色手工艺品、美食、文创产品等。在店内逛了一圈后，张先生对当地的一个传统手工艺品产生了兴趣，他向小李询问了关于这个手工艺品的制作方法和产地，并表示自己很感兴趣。小李非常热情地回答了张先生的问题，并向他保证这个手工艺品是正宗的当地特产。张先生听了小李的介绍后，决定购买这个手工艺品。但在结账时他发现，这个手工艺品的标价非常高，他询问了小李是否有折扣或者优惠活动，小李表示这是景区内的正规店铺，明码标价，没有折扣。张先生觉得有些不划算，但是他又很喜欢这个手工艺品，再三考虑，最终还是决定购买。但是在付款前，他询问了小李是否可以让他检查一下手工艺品的产地和质量，小李表示这些商品都是经过严格检验和筛选的，可以放心购买。

思考：

在这个案例中，小李有哪些做得对或者做得不对的地方，为什么？

思考练习：

1. 什么是旅游商品导购？请简述其职责和重要性。
2. 旅游商品导购需要具备哪些能力和素质？为什么？
3. 在旅游商品导购过程中，如何建立与游客之间的信任关系？请举例说明。

技能技巧训练：

1. 假设你正在接待一位来自国外的游客，该游客对购买当地传统手工艺品很感兴趣，但希望价格合理。请模拟一段你和该游客的对话，展示你的导购技巧和沟通能力。

2. 假设你正在为游客介绍一款当地传统美食，该美食具有较高的营养价值和使用价值，但部分游客对其口感存在疑虑。请模拟一段你和这些游客的对话，展示你的导购技巧和说服能力。

参考文献

[1] 金正昆．商务礼仪[M]．北京：北京大学出版社，2004.
[2] 王丽华，吕欣．旅游服务礼仪[M]．北京：中国旅游出版社，2009.
[3] 于昕，张秋敏．旅游从业人员的礼仪礼节在旅游服务接待中的重要性[J]．现代营销·营销学苑，2011（3）.
[4] 闫秀荣．现代人际交往中的实用礼仪[M]．北京：中国物资出版社，2003.
[5] 关彤．现代社交礼仪[M]．北京：中国社会出版社，2004.
[6] 金正昆．社交礼仪教程[M]．北京：中国人民大学出版社，1998.
[7] 柯古，张林．礼仪大全[M]．北京：中国友谊出版社，2009.
[8] 高艺娜，孙树桐．高校加强大学生礼仪教育对策的思考[J]．佳木斯职业学院学报，2020，36（2）.
[9] 李晓兰，张洪铭．大学生礼仪修养教育探析[J]．湖北函授大学学报，2018，31（20）.
[10] 胡囡囡．跨文化交际视角下的中西方礼仪文化差异[J]．青年文学家，2021（5）.
[11] 陈乃法，吴梅．饭店前厅客房服务与管理[M]．北京：高等教育出版社，2015.
[12] 刘真明．会议服务[M]．济南：山东科学技术出版社，2016.
[13] 曹希波．新编现代酒店服务与管理实战案例分析实务大全[M]．北京：中国时代经济出版社，2013.
[14] 李丽．旅游行业礼仪实训教程[M]．北京：北京大学出版社，2014.
[15] 王伟．中国饭店行业服务礼仪规范（试行）指南[M]．北京：旅游教育出版社，2007.
[16] 吴玲．旅游社交礼仪[M]．北京：高等教育出版社，2014.
[17] 薛群慧，邓永进，庄新城．现代旅游接待礼仪[M]．北京：北京大学出版社，2006.
[18] 张四成，王兰英．现代酒店礼仪规范[M]．广州：广东旅游出版社，2008.
[19] 李晓丹，王瑛．酒店服务礼仪[M]．上海：上海交通大学出版社，2016.
[20] 花立明．酒店服务礼仪[M]．上海：上海交通大学出版社，2016.
[21] 李丽，严金明．西餐与调酒操作实务[M]．北京：清华大学出版社，北京交通大学出版社，2006.
[22] 王立．咖啡调制与服务[M]．北京：中国铁道出版社，2009.
[23] 李雨轩．旅游服务礼仪[M]．北京：机械工业出版社，2018.
[24] 汪珊珊，刘畅．西餐与服务[M]．北京：清华大学出版社，2019.
[25] 姜楠．葡萄酒侍服[M]．北京：清华大学出版社，2019.
[26] 王明景．旅游服务礼仪[M]．北京：科学出版社，2021（8）.